Matthias Blazek

Scharfrichter in Preußen und im Deutschen Reich 1866 - 1945

Es kam auch vor, daß der Scharfrichter und seine Gehilfen Stunden vorher die Todeskandidaten aufsuchten. Sie schauten dem Verurteilten in den Mund nach Goldzähnen, die man später ausbrechen konnte.

Aufbau –
kulturpolitische Monatsschrift, Band 5,
Chefredaktion: Bodo Uhse
Berlin 1949, S. 30

Matthias Blazek

SCHARFRICHTER IN PREUSSEN UND IM DEUTSCHEN REICH 1866 - 1945

ibidem-Verlag
Stuttgart

Bibliografische Information der Deutschen Nationalbibliothek
Die Deutsche Nationalbibliothek verzeichnet diese Publikation in der Deutschen Nationalbibliografie; detaillierte bibliografische Daten sind im Internet über http://dnb.d-nb.de abrufbar.

Bibliographic information published by the Deutsche Nationalbibliothek
Die Deutsche Nationalbibliothek lists this publication in the Deutsche Nationalbibliografie; detailed bibliographic data are available in the Internet at http://dnb.d-nb.de.

Umschlaggestaltung, Bildbearbeitung und Satz: Matthias Blazek

Abbildungen auf dem Umschlag: Scharfrichter Christian Schwarz aus Groß Rhüden (Foto: Dietrich Alsdorf), Reproduktion des Fallbeils, Modell München, von 1854 nach historischen Fotos und Bauplänen (Modellbau und Foto: Michael, Wikipedia.de), Scharfrichter und Profoß (Die Gartenlaube 1890, S. 253), Schwert von Christian Schwarz mit der Aufschrift „Thue Recht undt schewe nimandt" (Foto: Corinna Kolf). Abdruck erfolgt jeweils mit freundlicher Genehmigung.

Lektorat: Petra Ludwig, Bernd Schneider

∞

Gedruckt auf alterungsbeständigem, säurefreien Papier
Printed on acid-free paper

ISBN-10: 3-8382-0107-8

ISBN-13: 978-3-8382-0107-8

Printed in Germany

Geleitwort

Herr Blazek richtet den Blick auf das düsterste Kapitel der deutschen Justizgeschichte, die Anwendung der Todesstrafe. Im Zentrum stehen die Scharfrichter, die er in elf Biographien genauer vor Augen führt. Die Scharfrichter waren im 19. Jahrhundert häufig Gegenstand sensationslüsterner Darstellungen. Sie stießen wohl auf umso größeres Interesse, als auf öffentliche Hinrichtungen immer mehr verzichtet wurde. Das Sensationsinteresse will Blazek nicht befriedigen. Er berichtet nüchtern auf der Grundlage von Zeitzeugnissen, wie archivalischen Quellen, Zeitungsartikeln und Literatur, und vermag so die Figuren auch in die verschiedenartigen Zusammenhänge des „Rituals der Vergeltung" einzuordnen. Dabei wird angedeutet, dass die deutsche Öffentlichkeit der Todesstrafe im Laufe des 19. Jahrhunderts zunehmend kritisch gegenübertrat. Es hat den Anschein, dass es in der Zeit Kaiser Wilhelms I. überhaupt nur noch wenige Hinrichtungen in Preußen gab. Andererseits deutet das von Blazek vorgelegte Zahlenmaterial darauf hin, dass sich danach bis zum Ende des Kaiserreiches mehrere Hundert Hinrichtungen ereigneten. In der Weimarer Republik dagegen fühlten sich die Scharfrichter unterbeschäftigt. Es wurde ernsthaft die Abschaffung der Todesstrafe diskutiert. Anders war es dann im NS-Staat. Selbst die hohe Anzahl von Hinrichtungen in der wilhelminischen Ära wirkt gering im Vergleich zu der Orgie von Hinrichtungen im NS-Staat, besonders im II. Weltkrieg. Herr Blazek hat in seinem Werk interessantes Material präsentiert, das zur weiteren Beschäftigung mit dem Thema anregt.

Dr. Enno Eimers, Leer
Mitglied des Preußeninstituts
Schriftleiter der Preußischen Mitteilungen

—As queer a social function as ever took place is reported from Magdeburg, where Herr REINDL, doyen of the Prussian "Scharfrichters," has just celebrated his golden wedding with much pomp and solemnity. Now, a "Scharfrichter" is a headsman, and Herr REINDL has followed that ancient, useful, but rather unpopular profession from his youth up. The official notice of the anniversary ran thus: "Executioner REINDL celebrates on Saturday next the feast of his golden wedding. The ecclesiastical ceremony will take place at St. Catherine's Church, Magdeburg. Among the guests of honor executioners from the different German States will be present." Incidentally, the Scharfrichter's son, who is in the same line of business as his father, celebrated his own silver wedding in conjunction with the more important ceremony, and it was, therefore, what the sportsmen call a "double event." Of course, the Emperor sent a telegram to Herr REINDL on this great occasion. It was as follows: "In memory of this happy family event his Majesty sends his best congratulations to the jubilee pair. His Majesty confers on them also the inclosed marriage jubilee medal, with the wish that under GOD's gracious protection they may live together in faithful fellowship, and long enjoy a happy and contented evening of life."

New York Times vom 18. September 1897: Goldene Hochzeit in der Scharfrichter-Familie Reindel in Magdeburg.

Vorwort

Das irdische Leben ist kurz, man kann es aber noch verkürzen. Von jeher haben die Völker die Todesstrafe verhängt, von jeher wurden Menschen angestellt, die nachrichten, was Justitia verkündet.

Die Scharfrichter in Preußen und im Deutschen Reich sind ein bislang noch weitgehend unbeschriebenes Blatt. Nachkommen findet man noch überall; lediglich die ganz großen Gestalten, die am Ende zum Tode verurteilten Menschen hinrichteten, scheinen, was die familiären Verhältnisse anbetrifft, nicht greifbar zu sein.

Da ist es gewiss als ein besonderer Verdienst anzusehen, dass wenigstens dem Scharfrichter Johann Reichhart eigens ein Buch gewidmet worden ist. Ansonsten liegen eher Tagebuchaufzeichnungen oder romanhafte Selbstdarstellungen vor, deren Richtigkeit teilweise anzuzweifeln ist.

Die weithin verbreitete Darstellung der Außenseiterrolle der Scharfrichter und ihrer Familien wird durch einen ausführlichen Beitrag aus dem Jahre 1825 relativiert. Es erscheint ein völlig neues Bild dieser vermeintlichen Randgruppe, die sehr wohl den Zugang zum bürgerlichen Leben haben sollte, wenigstens seit Beginn des 19. Jahrhunderts.

Und während der Scharfrichter bis 1933 vorwiegend Mörder hinzurichten hatte, waren es ab dem Zeitpunkt der nationalsozialistischen Machtübernahme im großen Umfang die Menschen, die dem Regime zuwider waren, die in Zeiten von Diktatur und Fremdenfeindlichkeit ihre Meinung sagten. Hier tauchen am Ende unvorstellbar hohe Zahlen von hingerichteten Personen, insbesondere in der Strafanstalt Plötzensee, auf, dass der Verfasser am liebsten auf diese Angaben verzichtet hätte. Dafür lassen sich diese Angaben gerundet viel zu leicht sagen, der einzelne Mensch, der Opfer der Gewaltherrschaft wurde, kommt dabei am Ende leider zu kurz.

Dennoch müssen Zahlen fallen, um am Ende wenigstens in etwa das Ausmaß, das gerade in der Zeit von 1933 bis 1945 angenommen wurde, zu erfassen.

Über die hier genannten Scharfrichter ist in der Regel nur wenig überliefert. Die Gründe ihres Tuns, die in der Psyche dieser Menschen zu suchen sind, dürften nur schwer definierbar sein. Vertraut man auf das, was das Internet preisgibt, riskiert man, zahlreichen Irrtümern aufzusitzen. Quellen sind nur selten genannt, und es wird schnell deutlich, dass Webseitenbetreiber häufig den Weg ins Archiv scheuen.

Das vorliegende Werk liefert insofern vordergründig eine auf einschlägigen Quellen gegründete Darstellung des Gewesenen. Die beschriebenen Scharfrichter stellen am Ende auch nur eine Auswahl dar, die nach Möglichkeit chronologisch vorgestellt werden sollen.

Matthias Blazek

Gliederung

Scharfrichter
in Preußen und im Deutschen Reich
1866-1945

Die Todesstrafe in Deutschland

Die Todesstrafe entwickelte sich aus einem ungeschriebenen Sippenrecht in vorstaatlichen Gesellschaften, das es jedem Angehörigen eines Mordopfers erlaubte, Rache am Täter und an dessen Sippe zu nehmen.

In der frühen Neuzeit zwischen 1525 und 1648 stieg die Zahl der Hinrichtungen ständig an. Die Methoden dazu wurden immer grausamer und vielfältiger. Mit Richtschwert, Galgen, Rad, Holzstoß und so weiter wurden immer geringere Vergehen, sogar kleinste Diebstähle, bestraft.

Titelseite der Brandenburgischen Halsgerichtsordnung von 1516. Repro: Blazek

Mit der Peinlichen Halsgerichtsordnung Kaiser Karls V. (Constitutio Criminalis Carolina) von 1532, dem ersten deutschen Strafgesetz, wurde eine Rechtsgrundlage geschaffen, die vielerorts noch bis ins 19. Jahrhundert hinein die Grundlage des Strafrechts bildete.[1]

Zum Zeitpunkt der Gründung des Deutschen Reichs war die Rechtslage, betreffend die Todesstrafe, uneinheitlich. Die Länder Bremen, Oldenburg und Sachsen hatten die Todesstrafe nach der Deutschen Revolution von 1848/49 abgeschafft. Sie führten sie zum Teil später wieder selbst ein, jedoch beließen es einige bei der Abschaffung bis zur Reichsgründung 1871.

In anderen Landesteilen wurde durchgehend daran festgehalten, öffentlich mancherorts gar bis nach 1860. Die letzten beiden öffentlichen Hinrichtungen fanden am 14. Oktober 1864 in Marburg und am 21. Oktober 1864 in Greiz statt.[2]

Am Vorabend der Hinrichtung. Nach einem Gemälde von Pierre Jan van der Ouderaa (Belgien, 1841-1915), wohl 1899. Repro: Blazek

Bei diesen in der Regel recht publikumswirksamen Veranstaltungen wurde zunächst dem vorwiegend auf dem Marktplatz versammelten Menschenvolk eine beinahe theaterreife Kriminalgerichtssitzung, das so genannte peinliche Halsgericht („hochnotpeinliches Halsgericht"), geboten, worin der zum Tod verurteilte

---

[1] Vgl. FRITZ LOOS, Rechtswissenschaft in Göttingen: Göttinger Juristen aus 250 Jahren, Band 6, Göttingen 1987, S. 195.

[2] WILHELM KOLBE, Das Ende des am 14. Oktober 1864 auf dem Rabensteine bei Marburg enthaupteten Ludwig Hilberg aus Ockershausen, Marburg 1864; HERMANN BAUER, „Der letzte Rabensteiner – Der Mord vom 9. September 1861 und seine Sühne am 14. Oktober 1864", in: Marburger Spiegel (Sonderdruck), Marburg o. J. [1950]; Thüringisches Staatsarchiv Greiz 3-11-4240, 0559 (Maßnahmen des Polizeiamtes Greiz bei der Hinrichtung der Marie Rosine Strauß, geb. Hemmann aus Leiningen am 21. Oktober 1864).

Inquisit in Gegenwart des Kriminalrichters (und der Schöppen) nochmals über seine Schuld und zwar in der Anklageform vernommen, dann das Todesurteil vorgelesen, hierauf der Stab über ihn gebrochen und der dabei gegenwärtige Scharfrichter zur sofortigen Vollstreckung des Todesurteils angewiesen wurde. Dieser Brauch war ein Überbleibsel der alten öffentlichen Rechtstage („Malefizrechtstage"). Nach der feierlichen Eröffnung („Hegung") des Halsgerichts bewegte sich der Zug in Richtung des oft entfernt liegenden Richtplatzes (wenn das Halsgericht nicht schon am Ort der Richtstätte gehalten worden war).[3]

In der seit 1866 preußischen Provinz Hannover und im Oberlandesgerichtsbezirk Köln wurde, wie schon vor dem Anschluss an Preußen, mittels Guillotine hingerichtet.

Fallbeil in Hamburg, genutzt 1856-1933.

Das Reichsstrafgesetzbuch schrieb in Paragraph 211 die Todesstrafe für Mord und Mordversuch an Kaiser oder Landesherrn vor. Als Hinrichtungsmethode wurde das Enthaupten festgelegt. Ab 1877 fanden Hinrichtungen nur noch nichtöffentlich statt.

---

[3] Autorenkollektiv, Verlag des Bibliographischen Instituts, Leipzig und Wien, Meyers Konversationslexikon, Vierte Auflage, 7. Band/1888 (Gehirn – Hainichen), S. 32.

Der Jurist Max Ramlau befasste sich in seiner Dissertation mit der Frage: „Wie wird im Deutschen Reich die Enthauptung vollstreckt?“ Dafür wurde ihm 1900 in Rostock der Doktortitel verliehen.[4]

Rekonstruktion des Fallbeils, Modell München, von 1854.

Während der Weimarer Republik (1918-1933) hielt man an der Todesstrafe fest, die Hinrichtungen nahmen aber stetig ab. Mit 17 zu elf Stimmen lehnte der Reichstagsausschuss für die Strafrechtsreform den von der SPD eingebrachten Antrag auf Abschaffung der Todesstrafe im Deutschen Reich am 2. November 1927 ab.[5]

Eine neue Dimension erreichte das Verhängen der Todesstrafe in der Zeit des Nationalsozialismus (1933-1945). Deutschland befand sich im Augenblick der Machtergreifung durch die Nationalsozialisten am 30. Januar 1933 auf dem Weg zur fabrikmäßigen Hinrichtung.

Als Charakteristikum der Strafjustiz des Dritten Reiches wird wohl immer das Todesurteil gelten, denn die Grausamkeit, die das Bild der NS-Justiz prägt, gipfelte in einem beispiellosen Missbrauch der Todesstrafe. Waren bis 1933 außer bei Mord und noch bei weiteren zwei Delikten Todesstrafen vorgesehen, wurden

---

[4] MAX RAMLAU, Wie wird im Deutschen Reich die Enthauptung vollstreckt?, Inaugural-Dissertation, Universität Rostock, Berlin 1900. Vgl. JAMES Q. WHITMAN, Harsh Justice – Criminal Punishment and the Widening Divide between America and Europe, Oxford University Press 2003, S. 252.

[5] Vgl. WERNER SCHUBERT (Hrsg.), Quellen zur Reform des Straf- und Strafprozessrechts, Berlin 1998, S. XIV.

die Tatbestände, für die die Todesstrafe vorgesehen war, bis Kriegsausbruch auf 25 und bis 1945 im „Namen des Volkes" und des „gesunden Volksempfindens" auf sogar 46 erweitert. Die Todesurteile zeigen die furchtbare Macht der Justiz in den Händen einer totalitären Staatsführung, die diese Macht für ihre Zwecke und Ziele brauchte und missbrauchte.[6]

Durch das Gesetz über Verhängung und Vollzug der Todesstrafe vom 29. März 1933 („Lex van der Lubbe", RGBl. I S. 151) wurde im Deutschen Reich das Erhängen als zusätzliche Hinrichtungsart eingeführt.

Die Sondergerichte waren eine Neuschöpfung der Nazis. Bereits im März 1933 wurden sie gebildet, und zwar in jedem Bezirk eines Oberlandesgerichts ein Sondergericht. Aufgabe der Sondergerichte war es zunächst, besonders heimtückische politische Straftäter abzuurteilen. Doch wurde ihre Zuständigkeit in den Folgejahren erheblich erweitert. 1938 räumte man der Staatsanwaltschaft das Recht ein, bei Verbrechen, die normalerweise zur Zuständigkeit der Amts- und Landgerichte gehörten, Anklage vor dem Sondergericht zu erheben, wenn „mit Rücksicht auf die Schwere die Verwerflichkeit der Tat oder die in der Öffentlichkeit hervorgerufene Erregung die sofortige Aburteilung durch das Sondergericht geboten ist".[7]

Nach Ausbruch des Krieges 1939 wurden die Schwurgerichte aufgehoben und die von ihnen verhandelten Strafsachen an Strafkammern, in überwiegender Zahl jedoch an die Sondergerichte verwiesen.

Reichspropagandaminister Joseph Goebbels nannte 1943 in einem Rundschreiben an alle Oberlandesgerichtspräsidenten und Generalstaatsanwälte die Sondergerichte „Standgerichte der inneren Front". Als solche sollten die Sondergerichte noch schneller aburteilen und noch härtere Strafen aussprechen. Sie wurden in jedem Oberlandesgerichtsbezirk errichtet. Das Reichsjustizministerium verstand sie als „das schnellste und schwerste Werkzeug, um Gangsternaturen blitzartig aus der Volksgemeinschaft für immer oder auf Zeit auszumerzen". Roland Freisler, Staatssekretär und später Präsident des Volksgerichtshofs, sprach von der Sondergerichtsbarkeit als der „Panzertruppe der Rechtspflege".[8]

---

[6] HERBERT SCHMIDT, Todesurteile in Düsseldorf 1933-1945: Eine Dokumentation, Droste Geschichte, Düsseldorf 2008, S. 9. Die Dokumentation basiert auf den 82 Verfahren, in denen in Düsseldorf während der NS-Herrschaft insgesamt 108 Todesurteile ausgesprochen wurden.

[7] HANS WULLENWEBER, Sondergerichte im Dritten Reich, Frankfurt a. M. 1990; WOLFGANG HANS STEIN, „Standgerichte der inneren Front" – Die Rechtspraxis der NS-Sondergerichte auf dem Gebiet des heutigen Rheinland-Pfalz, in: MEYER/BERKESSEL (Hrsg.), Zeit, Band 3, S. 136 ff.; CHRISTIANE OEHLER, Die Rechtsprechung des Sondergerichts Mannheim 1933-1945, 1997; ROBERT BOHN/UWE DANKER (Hrsg.), „Standgericht der inneren Front": das Sondergericht Altona/Kiel 1932-1945, Hamburg 1998.

[8] WULLENWEBER, a. a. O., S. 17 f. Vgl. NATIONALRAT DER NATIONALEN FRONT DES DEMOKRATISCHEN DEUTSCHLAND, Staatliche Archivverwaltung, Dokumentationszentrum, Braunbuch – Kriegs- und Naziverbrecher in der Bundesrepublik, Berlin 1965, S. 113. Über Freisler lies: MATTHIAS BLAZEK, „Roland Freisler wurde 1893 in Celle geboren", http://fkoester.de/kreiten/freisler/seite2.html.

Die Teilnahme an Hinrichtungen blieb einem beschränkten Publikum vorbehalten. Die Öffentlichkeit wurde indes durch Bekanntmachungen von der Vollstreckung des Todesurteils informiert.

In Berlin endeten im September 1943 infolge eines Missverständnisses sogar einige Inhaftierte unter dem Fallbeil, die nicht zum Tode verurteilt worden waren. Für 1933 werden einmal 64, ein anderes Mal 67, für 1934 83 beziehungsweise 95 Hinrichtungen angegeben. 1937 wurden nach einer Quelle 134, nach einer anderen 86, 1939 219 beziehungsweise 143 Personen hingerichtet. Im Jahre 1944 sollen laut einer Angabe aus dem Justizministerium 5764 Todesurteile vollstreckt worden sein, während eine Entlohnungsliste der damals tätig gewesenen Scharfrichter die Zahl 5476 angibt. Zwischen 1932 und 1945 wurden in Deutschland angeblich 11881 Hinrichtungen durchgeführt. Hinzu kommen noch etwa 20000 vollstreckte Todesurteile der Militärgerichte.

Auch nach 1945 wurde in Deutschland noch gehängt. Am 23. Mai 1949 wurde schließlich im Grundgesetz der Bundesrepublik Deutschland, Artikel 102, festgesetzt: Die Todesstrafe ist abgeschafft.

Die Scharfrichter

Der Scharfrichter (der *mit der Schärfe des Schwertes Richtende*) gilt als ein besonderer Beruf: Er vollstreckt seit dem Mittelalter die Todesstrafe; heute wird synonym dazu die Bezeichnung „Henker" verwendet (ursprünglich der Vollstrecker einer Hinrichtung durch „Henken"). So erläutert es Wikipedia – die freie Enzyklopädie.

Was hier und überhaupt vernachlässigt wird, ist die Tatsache, dass der Scharfrichter grundsätzlich nur mit den Hinrichtungen mit dem Schwert und den Anwendungen der Folter befasst war. Für alle weiteren Handlungen, insbesondere Abdecker-Arbeiten, leistete er sich Hilfspersonal, welches die verrufenen Tätigkeiten ausübte, wozu auch das Aufknüpfen am Galgen und das Wegschaffen gefallener Tiere zählten.

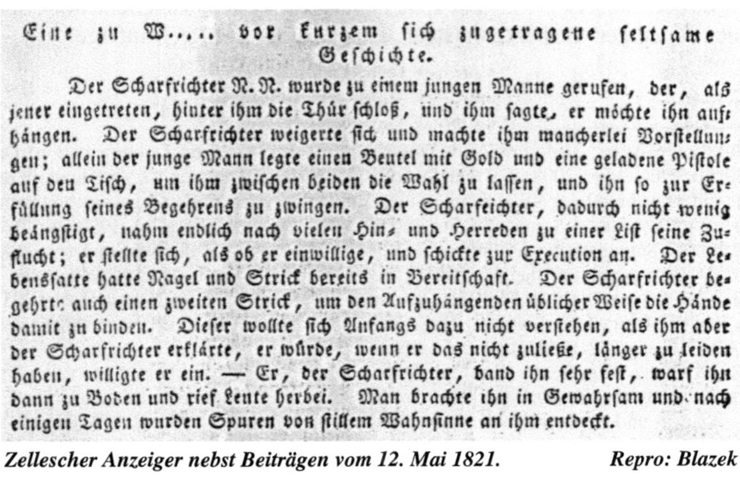

Eine zu W..... vor kurzem sich zugetragene seltsame Geschichte.

Der Scharfrichter N. N. wurde zu einem jungen Manne gerufen, der, als jener eingetreten, hinter ihm die Thür schloß, und ihm sagte, er möchte ihn aufhängen. Der Scharfrichter weigerte sich und machte ihm mancherlei Vorstellungen; allein der junge Mann legte einen Beutel mit Gold und eine geladene Pistole auf den Tisch, um ihm zwischen beiden die Wahl zu lassen, und ihn so zur Erfüllung seines Begehrens zu zwingen. Der Scharfeichter, dadurch nicht wenig beängstigt, nahm endlich nach vielen Hin- und Herreden zu einer List seine Zuflucht; er stellte sich, als ob er einwillige, und schickte zur Execution an. Der Lebenssatte hatte Nagel und Strick bereits in Bereitschaft. Der Scharfrichter begehrte auch einen zweiten Strick, um den Aufzuhängenden üblicher Weise die Hände damit zu binden. Dieser wollte sich Anfangs dazu nicht verstehen, als ihm aber der Scharfrichter erklärte, er würde, wenn er das nicht zuließe, länger zu leiden haben, willigte er ein. — Er, der Scharfrichter, band ihn sehr fest, warf ihn dann zu Boden und rief Leute herbei. Man brachte ihn in Gewahrsam und nach einigen Tagen wurden Spuren von stillem Wahnsinne an ihm entdeckt.

Zellescher Anzeiger nebst Beiträgen vom 12. Mai 1821. ***Repro: Blazek***

In Deutschland traten spätestens seit 1937 die meisten Scharfrichter als anonyme Personen auf, über deren Tätigkeit in der Öffentlichkeit nahezu nichts bekannt war. Nach außen hin waren sie Justizangestellte, ihre Gehilfen Justizhelfer. Selbst Decknamen wurden vergeben.

Diese Anonymität hat zur Folge, dass nur wenig über ihr Da- und Vorhandensein bekannt beziehungsweise überliefert ist. Lediglich der justizbehördliche Schriftverkehr liegt noch vor in den Landesarchiven und im Bundesarchiv Berlin. Und auch von den vollzogenen Hinrichtungen zeugen nur relativ selten Notizen in den Tageszeitungen. Die Scharfrichter wurden stets genau instruiert, über ihre Arbeit „strengstes Stillschweigen" zu bewahren.

Johann Reichhart, der ja immerhin bis 1972 lebte, stellt bezüglich der Öffentlichkeit gewiss eine Ausnahme dar, indem er ja im Nachhinein hinlänglich über seine Arbeit berichtet hat.

Scharfrichter und Profoß. Die Gartenlaube (1890), S. 253. Repro: Blazek

Zu beachten ist nun, dass es den Scharfrichtern freigestellt war, einem Gewerbe nachzugehen. In der Regel taten sie das nicht; sie begnügten sich mit ihrem Henkerslohn. Nur Reindel aus Magdeburg betrieb eine Tierkörperverwertungsanstalt (und beklagte sich prompt darüber, dass bei der Veranlagung zur Einkommensteuer die Einkünfte aus beiden Gewerben zusammengerechnet wurden).[9]

[9] VICTOR VON GOSTOMSKI/WALTER LOCH, Der Tod von Plötzensee: Erinnerungen, Ereignisse, Dokumente 1942-1944, Frankfurt am Main 1993, S. 61.

Julius Polke, Leiter der Kriminalpolizei in Duisburg, später in Bonn a. Rh. (Kriminaldirektor a. D.), der seit 1929 Aufsätze aus dem Bereich der Kriminalistik unter anderem im „Archiv für Kriminologie“ veröffentlichte, hatte, wie er 1930 berichtete, die Scharfrichter Schwietz und Reindel gar persönlich kennen gelernt und interessante Angaben über Rechte und Pflichten der Urteilsvollstrecker zu Papier gebracht. Insofern ist sein Aufsatz „Scharfrichter und Hinrichtungen“ als unvergleichlich zu bezeichnen. Er schrieb seinen Beitrag in einer Zeit, als die Zukunft jenes Handwerks bereits ungewiss war.

Der Vollzug von Hinrichtungen war von jeher, so stellte es Polke heraus, eine Aktion, die bis zuletzt im Verborgenen blieb. Seinen Text leitete er ein:

Meist erfahren wir von dem in § 454 der StPO. geordneten Vollstreckungsakt der Hinrichtung erst, wenn sie bereits vollzogen ist und die Tageszeitungen die Bekanntmachung der Staatsanwaltschaft bringen: „Durch Urteil des Schwurgerichts zu A vom ... ist der ... aus B wegen Mordes, begangen in B. an seiner Ehefrau C geb. N zum Tode verurteilt worden. In Vollziehung dieses vollstreckbar gewordenen Urteils ist der B heute 5½ Uhr im Hofe des hiesigen Untersuchungsgefängnisses enthauptet worden.

C., den ....

Der Erste Staatsanwalt.“

Eine solche Bekanntmachung verbirgt die vorangehende Arbeit einer sehr großen Anzahl von Beamten der Polizei und der Justiz. – Ich habe Gelegenheit gehabt, mit den Scharfrichtern Schwietz und Reindel über ihre Tätigkeit und ihre Pflichten, ihre Entlohnung, ihre Gehilfen und über die von ihnen ausgeführten Hinrichtungen eingehend zu sprechen.

Sobald von den Geschworenen die ihnen gestellten Fragen 1 und 2: „Ist der A schuldig, in B am .... 19.. die C geb. N vorsätzlich getötet zu haben?“ „Im Falle der Bejahung der Frage zu 1: ‚Ist der Angeklagte schuldig, die in der Frage 1 bezeichnete Tötung mit Überlegung ausgeführt zu haben“, mit „Ja, mit mehr als sieben Stimmen“ beantwortet war, war in der Vorkriegszeit meist über den Kopf des Verurteilten entschieden. In den selteneren Fällen machte der Landesherr von seinem Begnadigungsrecht Gebrauch, auch wenn Verteidiger und Geschworene sich für den Angeklagten verwandt und ein Gnadengesuch eingereicht hatten. Diese Tatsache wird dem Verurteilten von dem Oberstaatsanwalt bzw. seinem Vertreter in Gegenwart des Gefängnisdirektors und des Gefängnisgeistlichen sofort nach dem Eintreffen bekannt gegeben und die Hinrichtung im allgemeinen für den nächsten Tag festgesetzt. Der Verurteilte wird dann befragt, ob er noch etwas anzuführen habe. Und nun wird ihm mitgeteilt, daß seine Hinrichtung am nächsten Morgen 5½ Uhr im Gefängnishofe stattfinden werde. Bis dahin wird seitens der Gefängnisverwaltung für strenge Überwachung gesorgt, ebenfalls für geistlichen Zuspruch und Erfüllung des letzten Wunsches bezügl. der Henkersmahlzeit. Bekanntlich darf der Verurteilte seine letzte Mahlzeit selbst zusammenstellen. Von dieser altüberlieferten Vergünstigung wird fast ausnahmslos Gebrauch gemacht. Im Gegensatz zur allgemeinen Auffassung stellt L*AWRENCE fest, daß die zum Tode Verurteilten meistens recht gut essen und* *auch schlafen. Manchmal haben sie ganz besondere Wünsche. Der im Jahre 1920 hingerichtete Massenmörder Gordon Hamby wählte z. B. für seine Henkersmahlzeit Rumpsteak mit Pilzen, Hummersalat, Erdbeeren und Mokka. Er war bei so guter Laune, daß er sogar zu seinen Wärtern bemerkte, er brauche sich kaum den Kopf darüber zu zerbrechen, daß das Essen vielleicht zu schwer sein würde.*

Ein anderer zum Tode Verurteilter verschmähte die Kartoffeln und verlangte frisches Gemüse zu einer Jahreszeit, in der es in jener Gegend sehr schwer zu bekommen war. Aber auch dieser Wunsch wurde ihm erfüllt. Ebenso kam man seinem Wunsche nach einer Flasche Rüdesheimer Bergauslese nach.

Scharfrichter und Hinrichtungen.

Von Kriminaldirektor **Polke in Duisburg.**

Der Wiener Massenmörder Hugo Schenk verlangte am Tage vor seiner Hinrichtung einen neuen Anzug. Weiter stellte er ein ausgezeichnetes Menü zusammen, das die besten und teuersten Delikatessen enthielt, und rauchte in den letzten zehn Stunden 30 schwere Zigarren. Am Morgen der Hinrichtung machte er mit ganz besonderer Sorgfalt Toilette und schritt dem Galgen lächelnd entgegen. Vom Scharfrichter empfahl er sich mit äußerst freundlicher Miene und einem Händedruck und sagte: „Lieber Herr Lang, machen Sie's gut. Auf Wiedersehen!"

Der bekannte Raubmörder Sternickel, schrieb während der letzten Tage vor seiner Hinrichtung in Frankfurt a. Oder 1913 an seinen Memoiren und ließ sich dabei nicht aus der Ruhe bringen. Als er wenige Stunden vor dem kritischen Zeitpunkt damit fertig war, verlangte er ein Bad, kleidete sich hierauf sehr vorteilhaft an und hielt später auf dem Richtplatz an die Versammelten eine witzige Ansprache, die in den Worten ausklang: „Ich danke Ihnen nochmals für Ihr freundliches Erscheinen und wünsche Ihnen nun recht viel Vergnügen."

Bei dem von mir bearbeiteten Falle waren zur festgesetzten Zeit zu der Hinrichtung erschienen: Der Vertreter des Oberstaatsanwalts, der Gefängnisdirektor, zwei Mitglieder des Gerichts erster Instanz, vier Abgeordnete der Gemeinde, mehrere bei der Staatsanwaltschaft und bei dem Landgericht beschäftigte Beamte, sowie einige andere Personen, denen der Vertreter der Staatsanwaltschaft Zutritt gestattet hatte, zu denen ich auch gehörte. Hingerichtet wurde ein Geschäftsmann, der seine Frau ermordet hatte.

Vor dem Schafott standen drei Gehilfen des Scharfrichters, dasselbe verdeckend. Der Scharfrichter stand vor dem Richtertisch in der Nähe des Staatsanwalts. Etwas abseits stand ein Polizeikommissar mit 8 Polizeibeamten. Um 5 Uhr 30 ordnete der Staatsanwalt das Läuten der Glocke und die Vorführung des Verurteilten an, welcher bald darauf, von 2 Justizwachtmeistern begleitet, den Richthof betrat. Dem Verurteilten waren die Hände auf dem Rücken gefesselt. Neben ihm ging der Gefängnisgeistliche. Das Läuten der Glocke dauerte bis zum Schluß der Hinrichtung an. Auf Anordnung des Staatsanwalts verlas ein Sekretär der Staatsanwaltschaft die mit der Vollstreckungsbescheinigung verse-

hene Formel des Urteils des Schwurgerichts. Auf die Frage des Staatsanwalts an den Verurteilten, ob er noch etwas anzuführen habe, erwiderte dieser: „Nichts". Hierauf zeigte der Staatsanwalt die Urteilsformel und die Ablehnung des Gnadenbeweises dem Scharfrichter Schwietz vor und übergab ihm den Verurteilten mit den Worten: „Herr Scharfrichter hiermit übergebe ich Ihnen den Delinquenten". Nun begann die Arbeit der Henkersknechte. Zwei erfaßten den Verurteilten und legten ihn auf das Schafott mit dem Gesicht nach unten, während der Dritte den Nacken freimachte. Und schon trennte das Beil des Scharfrichters durch einen wohlgezielten Schlag den Kopf vom Rumpfe. Der Scharfrichter meldete: „Herr Staatsanwalt, das Urteil ist vollstreckt."

Von dem Eintritt des Verurteilten in den Richthof bis zur Enthauptung waren nur wenige Minuten vergangen. Der Leichnam des Hingerichteten wurde in einen bereit stehenden Sarg gelegt, dieser verschlossen und der Gefängnisdirektion übergeben. Da seitens der Angehörigen ein Verlangen zur Verabfolgung des Leichnams nicht gestellt worden war, wurde dieser der Ortspolizeibehörde zur Beerdigung übergeben, mit dem Hinweise, daß die Kosten der Beerdigung die Strafvollstreckungsbehörde, also der Staatsanwalt, zu tragen hat.

Dem Scharfrichter wurde auf Verlangen vom Staatsanwalt bescheinigt, daß er den Verurteilten schnell, sicher und vorschriftsmäßig mittels Beiles enthauptet, die Vorbereitungen dazu mit Geschick und Umsicht getroffen und während des ganzen Vollstreckungsaktes sich tadelfrei geführt habe.

(...)

Außer bei der oben geschilderten Hinrichtung habe ich auch der einer Frau beiwohnen können. Es sollten zu diesem Geschehnis nur Männer mit sehr starken Nerven Einlaß begehren. Ein höherer Polizeibeamter, für den ich noch im letzten Augenblick eine Einlaßkarte erhalten konnte, hat nahezu eine Woche lang nicht essen und schlafen können; so stark waren seine Nerven von den Vorgängen getroffen. Und ich selbst muß sagen, daß mich im Gegensatz zur Hinrichtung des Mannes eigenartige Gefühle beschlichen haben, als die verurteilte Frau, schon völlig ermattet, zur Richtbank geführt wurde, obwohl ich selbst Bearbeiter des Falles gewesen war und wußte, in welch bestialischer Weise sie einen alten Mann hinterlistig erdrosselt und ihm Salzsäure in das Gesicht gegossen hatte.

Hiernach brachte Polke die 196 im Zeitraum 1874 bis 1898 von „Vater Reindel" vollzogenen Hinrichtungen zu Papier (siehe S. 38 ff.) und schloss:

In wenigen Jahren wird in Deutschland die Entscheidung gefallen sein, ob Scharfrichter und Hinrichtungen in der Strafprozeßordnung oder im Strafvollzugsgesetz einen Platz finden, oder von jetzt ab der Kriminalgeschichte angehören.

Christian Schwarz (1793-1867)

Christian Schwarz war der letzte in Hannover ansässige Scharfrichter. Für Preußen war er nicht mehr tätig. An seine Stelle traten später auswärtige Herren und die Guillotine.

Das Königreich Hannover (1814-1866) scheint in Strafrechtssachen von jeher eine besondere Rolle gespielt zu haben. Beispielsweise wurde erst allmählich die Folter in Deutschland abgeschafft, am spätesten aber im Königreich Hannover, wo sie erst durch die von König Georg IV. erlassene Spezial-Verordnung vom 25. März 1822 verboten wurde.

Die Carolina, die ja bemerkenswerter Weise keine Rechtsmittel gegen das Urteil vorsah, wurde in Hannover erst 1840 zu Grabe getragen. Zeitgleich mit dem Herzogtum Braunschweig führte das Königreich Hannover in dem Jahr ein neues Strafgesetzbuch ein.[10] Dieses enthielt noch immer mittelalterliche Strafen, wie das Schleifen zum Richtplatz, Auspeitschen und Prangerstehen. Mit dem Erlass des hannoverschen Kriminalgesetzbuchs vom 8. August 1840 wurde dort auch das Rädern mit eisernen Keulen abgeschafft. Das letzte bekannte Beispiel dieser Hinrichtungsmethode im Hannöverschen datiert vom 10. Oktober 1828.[11] Als Vergeltung für den aus Habsucht begangenen Mord an Vater und Schwester wurde Andreas Christoph Beinhorn aus Grone auf einer Kuhhaut zum Richtplatz geschleift und dort, auf dem Leineberg in Göttingen, öffentlich von unten auf gerädert – wie es in einem zeitgenössischen Flugblatt heißt – „mit Keulen zerschlagen und nachher sein Körper auf das Rad geflochten" (wenn auch nur für einen Tag). Die bei dieser Hinrichtung gebrauchten schweren eisernen Keulen befanden sich (1895) im Stadtmuseum zu Göttingen.

Das „Eisenbergische Nachrichtsblatt" berichtete am 4. November des Jahres: „Am 10. October wurde zu Göttingen auf dem von einigen Speculanten für die schaulustige Menge gegen ein Entrée von 6 Gr. mit Bühnen amphitheatralisch eingeschlossenen Richtplatze der Vater- und Schwestermörder Beinhorn aus Grone schrecklich hingerichtet. Hingestreckt auf einen kreuzähnlichen Holzblock wurden dem Verbrecher mittelst eiserner Keulen durch 12 Schläge die Knochen zerschmettert, und er dann auf ein etwa 20 Fuß von der Erde erhobenes Rad geflochten."

Das Jahr 1850 sah als Folge der Umwälzungen von 1848 die Einführung des Schwurgerichtsverfahrens im Königreich Hannover. Für die Aburteilung von Kapitalverbrechen führte Hannover auf der Grundlage des Gerichtsverfassungsgesetzes vom 5. September 1850 als erstes deutsches Land Schwurgerichte ein. Erst 1859 verbot in Hannover ein Erlass das Schleifen der Delinquenten auf Kuhhäuten zum Richtplatz.[12]

---

[10] Vgl. LOOS, a. a. O., S. 195.

[11] Nds. HptStA Hann. 26a, Nr. 7099.

[12] TANKRED KOCH, Geschichte der Henker – Scharfrichter-Schicksale aus acht Jahrhunderten, Heidelberg 1988/1991, S. 268.

Die im Herbst 1859 eingeführte „intramurane" Hinrichtung kam bis 1865 siebenmal in verschiedenen Städten des Königreichs Hannover zum Einsatz.[13]

Die Instruktionsregeln für die Scharfrichter zum Ausüben der Enthauptung umfassten 1845 noch 15 Vorschriften, zum Beispiel für die Fesselung, die Art und Maße des Stuhls, selbst wie der Scharfrichter die Füße zu stellen und wie er den Hieb auszuführen hatte. Das Richtschwert hatte vier Fuß lang und vier Zoll breit zu sein und musste ein Gewicht von fünf Pfund haben.

Die hannoverschen Stadt-Nachrichter (Nachrichter = Scharfrichter, siehe S. 117) waren für Stadt und Amt Hannover zuständig, außerdem für die umliegenden Ämter Calenberg, Koldingen, Ricklingen und Langenhagen. Tatsächlich wurden hier aber auch weit weg begangene Straftaten abgeurteilt.[14]

Von 1650 bis 1860 sind für Hannover fast alle Nachrichter sowie deren Herkunft bekannt:[15]

ab ... Asmuth Smeth, ab ... M. Christopher der alte Scharfrichter, ab 1608 Dietrich Meisner, ab 1628 David Fuchs, ab 1634 Martin Voigt, ab 1663 Franz Martin Voigt, ab 1684 David Henrich Voigts, ab ... Franz Melchior Voigt, ab 1728 Johann Andreas Voigt, ab 1729 Johann Wilhelm Göpel, ab 1738 Johann Andreas Pfeffer, ab 1771 Johann Andreas Christoph Meisner, ab 1789 Johann Andreas Rentzhausen aus Hameln, ab 1818 Johann Hartmann aus Neustadt a. Rbge., ab 1831 Johann Voß aus Celle, ab 1844 Christian Schwarz aus Groß Rhüden (jetzt Landkreis Goslar).

Johann Christian Schwarz, der von hünenhafter Gestalt und gegen 1,95 Meter groß gewesen sein soll, wurde am 18. Mai 1793 in Seesen geboren, wo sein Vater Georg Thomas Schwarz (auch Schwarze), verehelicht mit Eleonore Seifert, das Nachrichteramt innehatte. Väterlicherseits vermutlich Tiroler Herkunft.[16]

Christian Schwarz hatte zuvor für die Hansestadt Bremen seit 1827 Hinrichtungen vollstreckt. Er wurde Halbmeister in Hagen und Bremervörde, dann Scharfrichter in Hannover und sollte bei Gelegenheit des Übergangs zur Guillotine 1859 in den Ruhestand versetzt werden. Schwarz, damals 67 Jahre alt, protestierte und richtete schon im Januar 1859 einen seiner ersten zahlreichen Protestbriefe an das hannoversche Justizministerium. Darunter setzte er ein Kreuz für „Scharfrichter Schwarz, welcher des Schreibens unerfahren". Schwarz erinnerte die Behörde in seinem ersten Schreiben daran, dass er seit seiner Bestellung vor

---

[13] Bezeichnung für die der Öffentlichkeit entzogene Vollstreckung der Todesstrafe.

[14] GÜNTER GEBHARDT, „Nun ade, du schöne Welt! Gefängnisse und Richtstätten in Hannover vor 1900", in Heimatland, Juli 2004, S. 78.

[15] BEATE STURM, „Nachrichter in der Frühen Neuzeit", in: Hannoversche Geschichtsblätter, Neue Folge Band 55/56, Hannover 2001-02, S. 34 f.

[16] Lebensdaten von Schwarz entnommen aus: ERICH BRÜCHER, Rentner Nolte – Eine kurhessische Kriminalaffäre um die Ermordung der Emilie Lotheisen, 1859: die letzte Hanauer Hinrichtung, Heimatverein Bad Nauheim (Hrsg.), Bad Nauheim 1964, S. 105-109. Gegen Ende des 19. Jahrhunderts ist der Name des württembergischen Scharfrichters Schwarz überliefert. Am 30. Juli 1862 in den frühen Morgenstunden wurde die zum Tode durch das Schwert verurteilte Barbara Schweizer durch den Scharfrichter des Jagstkreises aus Öhringen mit Namen Schwarz hingerichtet (Staatsarchiv Ludwigsburg E 342 Bü 17).

32 Jahren 38 Hinrichtungen vorgenommen habe, „und vor wenigen Tagen lieferte ich den Beweis, durch eine Hinrichtung in Göttingen, wie ich zu Führung meines Schwerdtes noch fähig bin“.

In einem anderen Brief sprach er dann widersprüchlich von 41 und in einem weiteren von 34 vollzogenen Hinrichtungen.

Einige von Schwarz' Amtshandlungen und deren Umstände sind überliefert.

Scharfrichter Christian Schwarz.
Repro: Dietrich Alsdorf

Als Christian Schwarz, damals noch Halbmeister in Bremervörde, 1830 in Rotenburg den wegen Raubmordes verurteilten Diedrich Mangels hinrichten sollte, übte er am Abend vorher seine Treffsicherheit an einer Steckrübe, die er an einem Bindfaden aufhängte und von der er dann dünne Scheiben abschlug.[17]

Am 24. Juli 1835 waltete Scharfrichter Magister Schwarz aus Bremervörde seines Amtes auf einem extra aufgeschütteten Hügel außerhalb von Himmelpforten. Anna und Claus Meyer waren zuvor, begleitet von Glockengeläut und von singenden Schulkindern, auf einem mit Kuhhaut überspannten Schlitten zur Richtstätte geschleift worden. Zunächst war verfügt worden, die Delinquenten „mit dem Rade durch Zerstoßung ihrer Glieder und eisernen Keulen von oben herab, vom Leben zum Tode zu bringen und ihre Körper sodann auf das Rad zu flechten“. Wilhelm IV., König des Vereinigten Königreichs von Großbritannien und Irland und König von Hannover, hatte von seinem Begnadigungsrecht Gebrauch gemacht und die Umwandlung der erkannten Strafe in die einfache Strafe der Enthauptung genehmigt.

Tausende Menschen sollen dem Spektakel beigewohnt haben. Die Verurteilten, Stiefmutter und Stiefsohn, waren ein Liebespaar gewesen und hatten in einer Märznacht 1833 den 55-jährigen Vater und Ehemann Cord Meyer in seinem Hof in Blumenthal erdrosselt.[18]

---

[17] GISELA WILBERTZ, Scharfrichter und Abdecker im Hochstift Osnabrück – Untersuchungen zur Sozialgeschichte zweier „unehrlicher“ Berufe im nordwestdeutschen Raum vom 16. bis zum 19. Jahrhundert, Osnabrück 1979, S. 126.

[18] DIETRICH ALSDORF, „Christian Schwarz – ein Scharfrichter in Bremervörde“, in: Bremervörder Jahrbuch 2009, hrsg. von Bremervörder Kultur- und Heimatkreis, Bremervörde 2009; Dietrich Alsdorf, Annas Spuren – die Aufarbeitung einer Tragödie, bearbeitet und in Szene gesetzt von Hartmut Jungclaus.

In den „Instruktionen“ hatte die Behörde im Vorfeld geregelt, dass bei der dem Scharfrichter Schwarz in Bremervörde zu übertragenen Hinrichtung der Delinquenten die Reihenfolge zu beachten sei, nämlich dass zuerst Anna Meyer und danach ihr Stiefsohn zu enthaupten sei.[19]

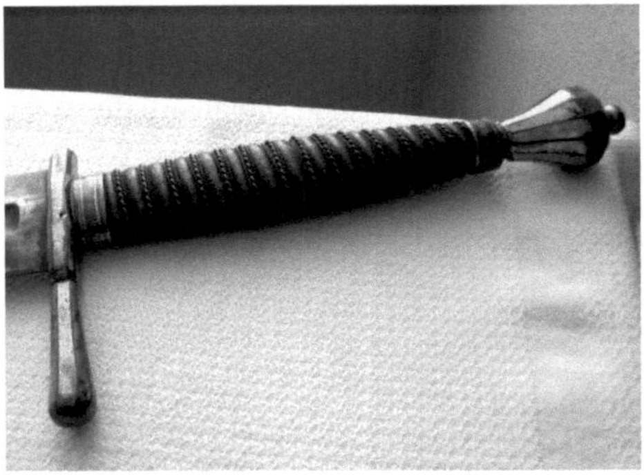

Das Schwert von Scharfrichter Schwarz.
Foto: Corinna Kolf

Scharfrichter Schwarz erledigte seine Arbeit zufrieden stellend.

Am 27. April 1847 wurde dem Scharfrichter ein Attest folgenden Wortlauts ausgestellt:[20]

Dem Herrn Scharfrichter Schwarz aus Hannover wird hiemit von dem unterzeichneten Gericht sehr gern bescheinigt, daß er die, wegen Tödtung ihres, 20 Monat alten Kindes, zur Enthauptung verurtheilte 36 Jahr alte Auguste Henriette Stopp am heutigen Tage in Gegenwart unserer und einer Menschenmenge von 12,000 bis 15,000 eben so schnell als sicher mit dem Schwerdte enthauptet hat, so daß mit Einem Hiebe der Kopf vom Rumpfe getrennt wurde, und sich allgemeiner Beyfall bekundete.

Urkundlich des beigedruckten Stadtinsiegels und der Unterschrift.

Clausthal den 27ten April 1847.
Richter und Rath daselbst.

[Unterschrift]

Das Gerichtsprotokoll über die von Christian Schwarz vollzogene Hinrichtung des Bergmanns Georg Carl Wagener am 9. August 1850 in Zellerfeld ist in der „Hannoverschen Gerichtszeitung für Schwurgerichte“ abgedruckt (siehe Anhang). Etwa 15- bis 20000 Menschen riefen nach der Urteilsvollstreckung „Bravo!“[21]

Am 20. August 1850 wurde Johann Heinrich Regulett aus Rekum im Amt Blumenthal von Christian Schwarz hingerichtet. Wie üblich, wurde zunächst das peinliche Halsgericht gehegt, ehe sich der Menschenzug vom „Gefangenhaus“ bis zum Richtplatz in Bewegung setzte. Die Einzelheiten sind im Anhang nachzulesen.

---

[19] DIETRICH ALSDORF, Anna aus Blumenthal, historischer Roman, Fischerhude 2007, S. 283 f. JOST AULER, Richtstättenarchäologie, Dormagen 2008, S. 111 ff. Siehe auch: GEORG ERNST RUPERTI, Der Sieg des Wortes Gottes über die Sünde, Stade 1835.

[20] Stadtarchiv Celle L10, Nr. 805 (Provenienz: Bomann-Museum).

[21] Vgl. WOLFGANG SELLERT/HINRICH RÜPING, Studien- und Quellenbuch zur Geschichte der deutschen Strafrechtspflege, Band 2, Aalen 1994, S. 100; ERNST MÜHRY, Hannoversche Gerichtszeitung für Schwurgerichte 1 (1850), S. 265 ff.

Vom 6. September 1851 datiert die Bescheinigung für die ordnungsgemäße Hinrichtung von Heinrich Hildebrand für den Scharfrichter Schwarz. Der Staatsprokurator Weißenberg attestierte ihm, „daß er am 5ten d. M. die Hinrichtung des Heinrich Hildebrand mit Geschicklichkeit und größter Ruhe, indem er mit einem Hiebe das Haupt vom Rumpfe trennte, vollzogen hat".[22]

Dann 1856 in Celle: Letztmalig wurde am 4. April jenes Jahres auf dem Galgenberg vor Celle eine Person hingerichtet, und zwar der wegen Mordes beziehungsweise Totschlags angeklagte Schneider und Kötner Johann Heinrich Müller durch den Scharfrichter Christian Schwarz aus Hannover mit dem Schwert. Die Hinrichtung wurde in der vorgeschriebenen Weise vollzogen, wie der Bericht der Staatsanwaltschaft vom gleichen Tage bezeugt.[23]

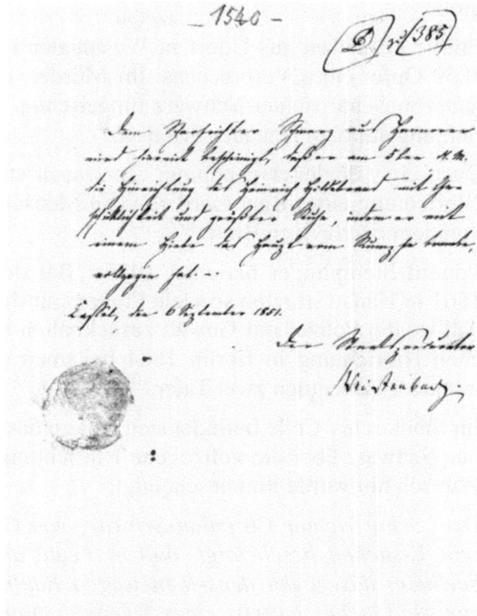

Attest für den Scharfrichter Schwarz vom 6. September 1861. Stadtarchiv Celle L10, Nr. 830.

Christian Schwarz leistete ordentliche Arbeit: „Es wurde der Verurtheilte darauf von den Gehülfen des Scharfrichters in Empfang genommen; auf einen, auf dem Schaffote stehenden Stuhl niedergesetzt, und nachdem dessen Augen mit einem weißen Tuche verbunden, dessen Arme und Hände durch die Gehülfen des Scharfrichters an den Stuhl gebunden, auch dessen Hals und Haupt entblößt war, vollzog und zwar 7 Uhr 27 Minuten Morgens, der Scharfrichter Schwarz die Decapitation des Verurtheilten durch einen Schwerthieb unter Bravo-Rufen des Publicums; und wurde darauf der Stuhl mit dem Rumpf des Körpers von den Gehülfen des Scharfrichters umgestürzt."

Die von Christian Schwarz in seinem Schreiben vom Januar 1859 angesprochene Hinrichtung, übrigens die letzte öffentliche Hinrichtung unter der Gerichtslinde auf dem Leineberg in Göttingen, fand am 20. Januar 1859 statt. Friederike Lotze hieß die wegen Kindsmordes zum Tode verurteilte Delinquentin.[24]

---

[22] Stadtarchiv Celle L10, Nr. 830 (Provenienz: Bomann-Museum).

[23] Ausführlich: MATTHIAS BLAZEK, „Johann Heinrich Müller wurde 1856 mit dem Schwert hingerichtet – Nachricht von der letzten öffentlichen Hinrichtung in Celle / Schneider und Kötner soll Schwester getötet haben", Sachsenspiegel 32, Cellesche Zeitung vom 09.08.2008.

[24] Die Hinrichtung der Kindsmörderin 1859 wurde von einem Oberstaatsanwalt namens Woytasch aus Marienwerder 1892 erzählt. [So OSKAR HOVORKA/ADOLF KRONFELD, Vergleichen-

Da die Exekution an der Giftmischerin auf öffentlichem Platze vollzogen wurde, war, wie üblich, „der Andrang des gaffenden Publikums (...) außerordentlich" groß.[25]

Emilie Lotheisen aus Udorf in Westphalen (Aßmannshausen am Rhein) wurde 1859 Opfer eines Verbrechens. Ihr Mörder, Heinrich Nolte, wurde 1861 in Hanau von Scharfrichter Schwarz hingerichtet. Es war die letzte öffentliche Hinrichtung auf dem Hanauer Schafott.[26]

Dazu eine Begleiterscheinung: „In Hanau stürzten sich im Jahre 1861 bei der Hinrichtung eines Raubmörders viele Menschen auf das Blutgerüst und tranken von dem rauchenden Blute."[27]

Eduard Stemplinger berichtet 1925: „Bei der Hinrichtung eines Raubmörders 1861 in Hanau stürzten so viele Frauen mit ihren Tüchern zum strömenden Blut, daß sie die Polizei mit Gewalt zurückhalten mußte; und bei der letzten öffentlichen Hinrichtung in Berlin 1864 bekamen die Scharfrichter für jedes blutgetränkte Taschentuch zwei Taler."[28]

Im Stadtarchiv Celle befindet sich zudem das Attest für den Scharfrichter Christian Schwarz über die vollzogene Hinrichtung von Heinrich Nolte.[29] Auf seinen Wunsch hin wurde ihm bescheinigt:

Dem Scharfrichter Christian Schwarz von Großen-Rhäden wird hierdurch auf sein Ersuchen bescheinigt, daß er heute an dem Heinrich Nolte von Klein-Seelheim das gegen denselben wegen Raubmords pp ergangene Todesurtheil kurz und sicher mittelst eines Schwerdtstreiches durch Trennung des Hauptes vom Rumpfe vollzogen hat.

Hanau 11 Januar 1861.

Der Director des Criminalgerichts, Geheime Justizrath.

Becker

(Justizrat Philipp Heinrich Becker)

---

de Volksmedizin, Band 1, 2, Stuttgart 1908/09, S. 86; HERMANN LEBERECHT STRACK, Das Blut im Aberglauben und Glauben der Menschheit – Mit besonderer Berücksichtigung der „Volksmedizin" und des „jüdischen Blutritus", 7. Aufl., München 1900, S. 45.] (Vgl. CHRISTINA VON BRAUN/CHRISTOPH WULF (Hrsg.), „Bluttrinken als abergläubische Praxis", in: Mythen des Blutes, Frankfurt/Main [u. a.] 2007, S. 145 f.)

25 DIETRICH DENECKE/ERNST BÖHME (Hrsg.), Göttingen – Geschichte einer Universitätsstadt, Göttingen 2002, S. 132.

26 Vgl. BRÜCHER, a. a. O., S. 105-109.

27 ALBERT HELLWIG, Verbrechen und Aberglaube: Skizzen aus der volkskundlichen Kriminalistik – Aus Natur und Geisteswelt, Leipzig 1908, S. 67; ALBRECHT LANGELÜDDEKE, „Zur Frage des archaisch-primitiven Erlebens und Denkens in der Schizophrenie", in: Zeitschrift für die gesamte Neurologie und Psychiatrie, Berlin 1924; VON BRAUN/WULF, a. a. O., S. 146; HEINRICH RIEBELING, Historische Rechtsmale in Hessen, 1988, 1992; KARL FRÖLICH, Stätten mittelalterlicher Rechtspflege auf südwestdeutschem Boden, besonders in Hessen und den Nachbargebieten, in: Arbeiten zur rechtlichen Volkskunde, Heft 1, 1938.

28 EDUARD STEMPLINGER, Antike und moderne Volksmedizin, Das Erbe der Alten, X, Leipzig 1925, S. 61.

29 Stadtarchiv Celle L10, Nr. 816 (Provenienz: Bomann-Museum).

1847, drei Jahre nachdem Christian Schwarz das Scharfrichter-Amt von Johann Voß in Hannover übernommen hatte, traf man mit ihm und mit dem Halbmeister von Hoya, Christian Ludwig Fröhlich (1799-1870), der in der Grafschaft und im Amt Hoya seit 1830 das Amt des Scharfrichters ausübte, eine besondere Abmachung, wonach sich beide zu Hinrichtungen außerhalb ihres Abdeckereibezirkes verpflichteten.[30] Scharfrichter war danach nur noch derjenige, der einen Vertrag speziell für Hinrichtungen abgeschlossen hatte und diese auch vollzog. Beiden wurden für Exekutionen außerhalb ihres eigenen Abdeckereibezirks 25 Taler zugestanden.[31]

Unter den Strafsachen, Generalia, im Bereich der Landdrostei Lüneburg befindet sich unter anderem eine Akte über das Verfahren bei Hinrichtungen und Vollziehung von Todesstrafen. Diese enthält unter anderem eine Anweisung für Scharfrichter über das Verfahren bei Enthauptungen von 1845, das Angebot des Uhrmachers, Mechanikers und Erfinders Mannhardt zu München (Königlich Bayerische Hof-Thurmuhren-Fabrik Johann Mannhardt) wegen einer Fallschwertmaschine mit Begutachtungen und Zeichnungen einer von ihm konstruierten Turmuhr (1852 f.), ein Anstellungsgesuch des Scharfrichters Christian Schwarz zu Hannover von 1857, ein Verzeichnis der nicht auf Kündigung angestellten Scharfrichter im Königreich Hannover und Konzessionen für Scharfrichter sowie Diensteide, Vol. 1, (1793-) 1850-1857. Eine weitere Akte enthält die Fortsetzung und darüber hinaus Gutachten, betreffend die Vollstreckung der Todesstrafe in geschlossenen Räumen, sowie den Erlass des Gesetzes vom 31. Dezember 1859 über die Todesstrafe und der Verordnung, betreffend die Vollziehung der Todesstrafe, vom 1. Mai 1860, Vol. 2, 1858-1860.[32]

Wie viele Scharfrichter jener Zeit, geriet Christian Schwarz allmählich in finanzielle Bedrängnis. Zwar erzielte er einige Einkünfte aus seiner Abdeckerei und Pferdeschlachterei in Hannover, doch musste er diese Anfang 1860 aufgeben, und von den 100 Talern pro Jahr, die er für seine Scharfrichterfunktionen in Bremen erhielt, konnte er nicht leben. So hatte er schon vor seiner Pensionierung um Aufbesserung seiner Besoldung bitten müssen, „um nicht in Noth und Mangel leben zu müssen".[33]

Obwohl ihm klar war, dass die Einführung der neuen Maschine das Ende seiner Berufslaufbahn bedeutete, behauptete er, dass die offizielle Mitteilung, seine Dienste würden nicht mehr benötigt, ihn wie ein Schlag getroffen habe. 43 Jahre habe er dem Staat treulich gedient und wenigstens eine anständige Rente verdient. Ob er sie erhielt oder nicht, geht aus den Akten des Ministeriums nicht

---

[30] Nds. HptStA Hann. Des. 80 Hann. I A Nr. 308. Vgl. KATHARINA SEIDEL, Scharfrichter Fröhlich, Hoyaer Hefte, Schriftenreihe des Heimatmuseums Grafschaft Hoya e.V., Nr. 4, Hoya o. J. (1995).

[31] WILBERTZ, a. a. O., S. 92, 316.

[32] Nds. HptStA Hann. 26a Nr. 2754, 2755 (Akten des Königlich Hannoverschen Justizministeriums 19. Jahrhundert, XXXI. Strafsachen, Todesurteile, Findbuch S. 502 ff.).

[33] RICHARD J. EVANS, Rituale der Vergeltung – Die Todesstrafe in der deutschen Geschichte 1532-1987, Berlin 2001, S. 470, unter Bezugnahme auf GStA Berlin, Rep. 84 a/7788, Bl. 63: Notiz vom 17. Juni 1859.

hervor. In der Zwischenzeit bediente weiter der Gefängnisaufseher Bormann die Guillotine, bis er 1870 die Stadt verließ, um eine andere Stelle anzutreten.[34]

Verheiratet war der Scharfrichter Schwarz mit Johanna Maria Klages aus Groß Rhüden, zwölf Kilometer nördlich von Seesen. Im Heimatdorf seiner Frau, seinem letzten Wohnsitz, starb er am 13. Februar 1867. Er war im Übrigen katholischer Konfession und wurde im benachbarten Bilderlahe zu Grabe getragen.[35]

„Hier ruhet Christian Schwarz." *Foto: Dietrich Alsdorf*

In der Amtszeit von Christian Schwarz hatte die Kriminalgesetzgebung im Hannöverschen einen tiefen Einschnitt erfahren. Der Landesherr, seit 1851 Georg V., schien milde gesonnen zu sein. Das Gesetz, die Todesstrafe betreffend, ausgegeben zu Hannover, den 4. Januar 1860 (Gesetz-Sammlung, Jahrgang 1859, S. 953), besagt:

§ 1 Die Todesstrafe wird mit dem Fallschwerte vollzogen.
§ 2 Eine Schärfung der Todesstrafe findet nicht statt.

Das Gesetz wurde unterschrieben von Georg dem Fünften, König von Hannover, Königlicher Prinz von Großbritannien und Irland.[36]

Dieses Gesetz wurde noch lange beachtet und aus dem Grund den Generalakten, betreffend die Vollstreckung der Todesstrafe, 1893-1901, beigefügt.

---

[34] EVANS, a. a. O., S. 471, unter Bezugnahme auf GStA Berlin, Rep. 84 a/7788, Brief vom 31. Oktober 1859.

[35] BRÜCHER, a. a. O., S. 105-109.

[36] Nds. HptStA Hann. 173a Acc. 111/79 Nr. 436: Generalakten, betreffend die Vollstreckung der Todesstrafe, 1853-1901.

Julius Krautz (1843-1921)

Den Scharfrichter Julius Krautz (* 11. September 1843 in Zehden im Kreis Königsmark i./Neumark; † 24. April 1921 im Krankenhaus von Rüdersdorf bei Berlin) kannte im Berlin der Gründerjahre fast jeder mit Namen. Er betrieb Abdeckereien in Charlottenburg und Spandau. Damit verbunden war bis 1888 das Amt des Scharfrichters. Er führte 55 Verurteilte zum Richtblock, unter ihnen den Kaiser-Attentäter Hödel. Er war dem Weißbier und den Frauen nicht abgeneigt und verkehrte in verschiedenen Destillen. Über sein blutiges Handwerk sprach er kaum. Umso mehr riss man sich dann um den Sensationsroman „Der Scharfrichter von Berlin", der 1889 mit 250000 Exemplaren zu einem Bestseller wurde. In dem 3118 Seiten starken Werk für 13 Goldmark wurden sein Leben, seine Opfer, seine Liebschaften und seine schlaflosen Nächte zu einem schaurig-sentimentalen Sittengemälde ausgeschmückt.

Julius Anton Alexander Krautz (auch Krauts) gilt als bekanntester Scharfrichter der deutschen Geschichte. Auf ihn geht die Kleidung zurück, die man gemeinhin mit dem Amt verbindet: Frack, weiße Handschuhe und Zylinder.[37] Krautz war zudem der erste Scharfrichter, der im ganzen Königreich Preußen hinrichten musste. Vor seiner Zeit waren die Befugnisse der Scharfrichter an die Bezirksgrenzen gebunden gewesen.

Julius Krautz war das 16. Kind eines Zehdener Wachtmeisters, welcher nach Abgang vom Militär durch Pachtung einer Abdeckerei zum elterlichen Beruf zurückkehrte. Die Mutter war aus Seelow und starb früh, sodass Julius Krautz 1847 als Halbwaiser in die Militärwaisenhäuser von Berlin und Stettin kam.

1857 begann er zunächst eine Lehre als Konditor, die er aber nicht beendete. Wie es heißt, sei er dort nach zwei Jahren Lehrzeit mit einer Schüssel voller Törtchen gestürzt, wodurch die Törtchen mit Porzellanscherben vermischt worden seien. Daher sei er zu Verwandten geflüchtet, von wo ihn sein Vater zu einem befreundeten Scharfrichter in Jerichow (bei Tangermünde) geschickte habe.

Julius Krautz lernte nun beim dortigen Abdecker zwei Jahre lang sein Handwerk und arbeitete anschließend in verschiedenen Abdeckereien. Er ging als Gehilfe nach Leipzig und dann auf Wanderschaft durch Sachsen und Bayern und landete schließlich beim Scharfrichter August Reindel in Braunschweig, dessen Bruder Friedrich Wilhelm dort amtierender Henker war.[38] Hier half er bei einer Hinrichtung, die seine erste war. Danach ging er nach Sangerhausen zum Scharfrichter Emanuel Hamel, dem er am 21. Oktober 1864 zu Greiz bei der öffentlichen Hinrichtung der zum Tode verurteilten Marie Strauß half.[39] Nun folgte er einer Einladung zu einer verwandten Scharfrichterfamilie nach Thorn, wohin er zu Fuß wanderte.

---

[37] EVANS, a. a. O., S. 462.

[38] KOCH, a. a. O., S. 268.

[39] Ausführlich: FRANK ESCHE/WOLFGANG KRÜGER, Thüringer Mörderinnen 1860-1938 – Frauenschicksale zwischen Liebe und Schafott, Arnstadt 2009, S. 45 ff.

Julius Krautz kam 1866, nach einem weiteren Jahr der Wanderschaft, nach Berlin, wo er beim Pächter des Berliner fiskalischen Abdeckerei-Wesens, Kommissionsrat W. Vilter, Joachimstraße 4, dessen Vorgänger der Scharfrichter Kraft gewesen war, angestellt wurde. Das Berliner Adressbuch für 1866 gibt folgende Adressbezeichnung preis: „Vilter, W., Kaufmann, Scharfrichtereipächter und Fabrikbesitzer, Joachimstraße 4. E. Scharfrichterei u. Abdeckerei auf dem Wedding, Triftstr. F. Amende u. Vilter. 9–12.“[40]

In den „Berliner Kriminalstudien“ von 1886 wird der Abdeckereigehilfe Krautz genannt, und zwar auf Seite 172: „Da meldete sich Krauts, seines Zeichens ein Abdeckereigehülfe, dessen Hauptbeschäftigung darin bestand, ohne Maulkorb umherlaufende Hunde einzufangen und der Abdeckerei zu überliefern.“

Max Hödel in Michael J. Schaack, Anarchy and anarchists, 1889.

Bald darauf wurde Krautz zum preußischen Militär nach Breslau einberufen, wurde bald zum Unteroffizier befördert und machte sowohl den Feldzug von 1866 (in Königgrätz) als auch im Deutsch-Französischen Krieg 1870/71 mit. Er wurde mit dem Eisernen Kreuz ausgezeichnet.

Er ging nach Berlin und wurde Werkführer der Berliner fiskalischen Abdeckerei auf dem Wedding, die dem Königlichen Polizeipräsidium unterstand und in der 25 bis 30 Personen beschäftigt waren.[41]

Die Angabe von Tankred Rüdiger Koch, Krautz sei nach seiner Militärzeit zu seinem Bruder gegangen, der in Breslau eine Abdeckerei besessen habe, findet sonst keine weitere Bestätigung.

Am 14. August 1878 legte Julius Krautz in Berlin seine Scharfrichterprüfung ab und führte schon zwei Tage später seine erste Exekution durch, und zwar an dem aus Leipzig stammenden Klempnergesellen und Anarchisten Max Hödel (1857-1878), der am 12. Mai 1878 ein Revolverattentat auf Kaiser Wilhelm I. verübt hatte. Sie fand im Moabiter Zellengefängnis um 6 Uhr morgens statt.

---

[40] Vgl. OTTO MÖNCH, „Das Ende der fiskalischen Abdeckerei in Berlin“, in: Mitteilungen des Vereins für die Geschichte Berlins, Jg. 26, 6/1909. 1824 nennt das Berliner Adressbuch „Krafft, geb. C. W. Schulz, Pächterin der Scharfrichterei, vor dem Oranienb. Thore.“ Jene, sonst auch Kraft geschrieben, war bereits seit einigen Jahren verwitwet gewesen. Als neuer Pächter der Berliner Scharfrichterei und Abdeckerei wird Vilter in einer polizeilichen Bekanntmachung vom 14. April 1855 genannt (Amtsblatt der Regierung in Potsdam, Stück 17/27. April 1855, S. 144).

[41] FRANZ ERDMANN SCHULZ, Die Entwicklung der Abdeckerei in Deutschland, Posen 1910, S. 41. Die fiskalische Abdeckerei befand sich im Norden der Stadt, nahe bei Reinickendorf, gegenüber den so genannten Rehbergen. Sie hörte 1910 auf zu bestehen, nachdem eine im Betrieb der Stadt Berlin befindliche Fleischvernichtungs- und -verwertungsanstalt in größerer Entfernung von Berlin (Rüdnitz i. M.) errichtet worden war, die die Geschäfte der fiskalischen Abdeckerei übernahm.

In Bezug auf Hödels Hinrichtung hatte der Gerichtsberichterstatter Hugo Friedländer folgende Wahrnehmung:[42]

Ist den Herren nicht bekannt, daß vor Einführung des deutschen Strafgesetzbuches (1870) in mehreren deutschen Staaten, wie Anhalt, Oldenburg, Bremen und Königreich Sachsen, die Todesstrafe abgeschafft war und daß sie vom Januar 1866 bis August 1878 in Preußen nicht angewendet wurde? Im Januar 1866 wurde in Berlin der Zuhälter Louis Grothe, der 1864 in einer Kellerwohnung am Oranienplatz den Lehrer der italienischen Sprache, Professor Gregy, ermordet und beraubt hatte, hingerichtet. Von da ab weigerte sich König Wilhelm I., ein Todesurteil zu unterschreiben. Erst am Morgen des 16. August 1878 wurde in Preußen wieder eine Hinrichtung, und zwar an dem 21jährigen Klempnergesellen Max Hödel vollzogen. Hödel hatte bekanntlich am Nachmittag des 12. Mai 1878, als Kaiser Wilhelm I. mit seiner Tochter, der Großherzogin Luise von Baden im offenen Wagen aus dem Berliner Tiergarten die Straße Unter den Linden entlang fuhr, mit einem Revolver auf den greisen Monarchen geschossen. Obwohl der Schuß fehlgegangen war, zumal er, wie der Kgl. Hofbüchsenmacher August Barella begutachtete, mit diesem Sechsmark-Revolver gar nicht hätte treffen können, so wurde Hödel am 10. Juli 1878 vom Preußischen Staatsgerichtshof wegen Hochverrats zum Tode verurteilt. Der alte Kaiser war am 2. Juni 1878 von Dr. Karl Nobiling Unter den Linden mit Schrot in den Kopf geschossen worden und lag in sehr bedenklichem Zustande zu Bett. Er hatte die Regentschaft seinem Sohne, dem damaligen Kronprinzen, späteren Kaiser Friedrich, Vater des jetzigen Kaisers Wilhelm II., übertragen. Der Kronprinz weigerte sich, das Todesurteil wider Hödel zu unterschreiben. Der damalige Reichskanzler Fürst Otto v. Bismarck drang aber derartig in den Regenten, daß er sich schließlich zur Unterschrift herbeiließ. Seit dieser Zeit hat die Todesstrafe in Preußen und auch im übrigen Deutschland wieder praktische Gestalt angenommen. Jeder Kriminalist weiß, daß fast alle Mörder die Todesstrafe der lebenslänglichen Zuchthausstrafe vorziehen. Abgesehen von den vielen vorgekommenen Justizmorden, ist die Hinrichtung eine solch grausame Strafart, daß alle Gesitteten mit vollster Energie für die schleunige Aufhebung dieses mittelalterlichen Strafmittels eintreten müßten.

In Berlin wurden Enthauptungen zu dieser Zeit mit einem Handbeil, dem so genannten Richtbeil, durchgeführt. Da Krautz zu diesem Zeitpunkt noch kein eigenes Richtbeil besaß, lieh er sich aus dem Märkischen Museum in Berlin die Kopie des Richtbeiles des ehemaligen Magdeburger Scharfrichters Wilhelm Reindel aus (das Beil und der Richtblock sind noch heute im Berliner Märkischen Museum zu sehen). Wenig später erhielt Krautz dann sein eigenes Richtbeil.

Nach anderen Darstellungen hatte Krautz bereits bei Hödels Hinrichtung sein eigenes Beil mitgebracht, welches eine 44 Zentimeter lange Schneide und neun

[42] Interessante Kriminal-Prozesse von kulturhistorischer Bedeutung – Darstellung merkwürdiger Strafrechtsfälle aus Gegenwart und Jüngstvergangenheit, nach eigenen Erlebnissen von Hugo Friedländer, Gerichtsberichterstatter, eingeleitet von Justizrat Dr. Sello, Berlin, Band 8, Berlin 1911-1921, S. 99-203.

Pfund Gewicht gehabt habe. Er habe damit nicht mehr weit auszuholen gehabt. „Ein kurzes Anheben“ habe genügt.[43]

Rundschau.

Deutsches Reich. Berlin, 17. Aug. Gestern, Freitag, früh um 6 Uhr erfolgte bereits die Hinrichtung Hödel's. Die „Nat.-Ztg.“ berichtet darüber wie folgt: Um 5 Uhr verließ der Verbrecher in Begleitung des Predigers Heinicke, Hausgeistlichen an der Stadtvoigtei, die Zelle, in welcher er die letzte Nacht seines Lebens zugebracht hatte. Als er festen Schrittes am Schaffot angelangt war, musterte er mit frecher Miene das zur Hinrichtung erschienene Publicum. Wir zählten etwa 50 Personen, welche um das Schaffot gruppirt standen, und bemerkten darunter die Mitglieder des Staatsgerichtshofes, die das Todesurtheil über Hödel gesprochen hatten, an der Spitze den Vicepräsidenten des Königlichen Kammergerichts, Herrn von Mühler, und den Oberstaatsanwalt von Luck. Vom Königlichen Stadtgericht war der Untersuchungsrichter, Stadtgerichtsrath Hollmann, und der Staatsanwalt Garz anwesend. Von Militärpersonen war erschienen der General von Voigts-Rheetz, von der Berliner Bürgerschaft mehrere Stadträthe, Stadtverordnete und Bezirksvorsteher in ihrer Amtstracht, mit Kette angethan, von der Polizeibehörde der Polizei-Oberst Gericke und mehrere Polizei-Lieutenants; außerdem waren etliche Nuntien des Königlichen Stadtgerichts zugegen. Der Untersuchungsrichter, Stadtgerichtsrath Hollmann, nahm hinter einem vor dem Schaffot aufgestellten Tische Stellung, während der Delinquent durch den Geistlichen, den Inspector des Zellengefängnisses und zwei Wärter in den Tod geleitet wurde. Mit erhobener Stimme verlas der Untersuchungsrichter darauf das Todesurtheil und die aus Homburg, den 8. August, datirte und vom Kronprinzen unterzeichnete Bestätigungsurkunde. Bei der Verlesung des Datums dieses seines Todesurtheils spie der Verbrecher aus und rief nach beendeter Verlesung ein vernehmliches „Bravo!“ Der Untersuchungsrichter wendete sich hierauf an den Scharfrichter Krauts. Derselbe, ein großer und kräftig gebauter Mann, mit kleinem Schnurrbart, 34 Jahre alt, war in feinster Wäsche und eleganter Toilette, schwarzem Frack, weißer Halsbinde, schwarzer Weste und schwarzen Beinkleidern, erschienen. Indem er ihm die Bestätigungsurkunde des Kronprinzen vor Augen hielt, sprach der Untersuchungsrichter: „Ueberführen Sie sich von der Urkunde und nun übergebe ich Ihnen den Klempnergesellen Emil Heinrich Max Hödel zur Enthauptung.“ — „Kommen Sie“, sprach der Scharfrichter zu Hödel. Dieser sprang förmlich die 3 Stufen zum Schaffot hinauf und entkleidete sich oben seines Rockes und Weste. In diesem Augenblicke ertönte das Armensünderglöcklein in der Anstalt. Mit unbeschreiblicher Frechheit blickte Hödel nach diesem Glöcklein hinauf und lächelte höhnisch den Anwesenden zu, dann warf er die Hosenträger ab, konnte aber einen Knopf des Oberhemdes nicht lösen, worauf einer der Scharfrichtergehülfen ihm dasselbe von hinten her herunterzog, so daß der Oberkörper bis über die Brust entblößt war. Die Scharfrichtergehülfen schnallten darauf den Verbrecher an Armen und Füßen fest und legten den Kopf in den Einschnitt des Blockes mit dem Gesicht nach unten, indem sie den Hinterkopf mit einem handbreiten Gurt festschnallten, so daß der Hals frei lag und der Delinquent den Kopf nicht bewegen konnte. Jetzt öffnete der Scharfrichter ein sauberes Futteral, mit der Jahreszahl 1878 in Golddruck darauf, nahm das Richtbeil in seine Hand und trennte mit einem Schlage den Kopf vom Rumpf; der Letztere zuckte nach der Execution dann noch, während der Kopf einige leise Bewegungen machte. Ein bereitstehender Sarg nahm sofort den Leichnam nebst dem Kopfe auf und wurde sofort dem bereits geöffneten Grabe am Zellengefängniß übergeben. Die Execution währte kaum 3 Minuten. Publicum war wenig vor dem Gefängniß angesammelt, da die Hinrichtung selbst sehr geheim gehalten worden war.

— Generalpostmeister Dr. Stephan hat in voriger Woche die Unterelbe von Hamburg bis Cuxhaven bereist und zwar zum Zwecke der Legung eines Telegraphenkabels zwischen den genannten Orten. Als technischer Begleiter fungirte der frühere Telegraphen-, jetzt Postrath Dr. Blumenberger in Hamburg, der bekanntlich auch das Berlin-Kieler Telegraphenkabel legte.

— Das Werk der Taback-Enquête-Commission liegt nun vor; ein Band von nicht weniger als 140 Seiten in dem Format der Reichstagsdrucksachen enthält den officiellen Bericht, wie er nach einer endgültigen Durchsicht von Seiten des Reichskanzlers in Kissingen seine letzte Redaction erhalten hat. Den Anfang in den Schriftstücken machen die Fragebogen über den Tabackbau, die Tabackfabrikation und den Tabackhandel; daran schließen sich sodann die Fragen an die Bezirks-Commissionen, welche letztere als die Grundpfeiler der ganzen

Umfassender Bericht über Hödels Enthauptung. Cellesche Zeitung, 18.08.1878.

Es blieb dies bis 1908 die letzte Hinrichtung in Berlin. War es von Bedeutung, dass Max Hödels Kopf nicht, wie es Scharfrichterbrauch war, im Sarg zwischen die Beine, sondern genau auf den Halsstumpf der Leiche gesetzt wurde?

Im Berliner Adressbuch taucht Julius Krautz erstmals 1879 in der Spandauer Vorstadt mit der Berufsbezeichnung „Scharfrichter“ und der Anschrift *C* [Central wie Berlin-Mitte] Mulackstr. 3 I [1. Stock] auf. Krautz lebte dort neben anderen Mietparteien, Eigentümerin war die Rentnerin Witwe L. Jensch, geb. Schütz.

Bis zum April 1889 enthauptete Krautz 53 Männer und eine Frau, davon acht in Berlin und der Mark Brandenburg, 36 in preußischen Provinzen und zehn in

---

[43] Ebenda, S. 274. Über das Attentat und Hödels Ende siehe auch: SVEN FELIX KELLERHOFF, Geschichte in Geschichten: Ortstermin Mitte – Auf Spurensuche in Berlins Innenstadt, Berlin 2007, S. 36.

nichtpreußischen Ländern. Pro Hinrichtung erhielt Krautz als Scharfrichter 300 bis 500 Mark, musste davon jedoch seine notwendigen Auslagen für sich und seine drei Gehilfen tragen, sodass der Reingewinn ca. 150 Mark pro Hinrichtung betrug.

Krautz ging stets im schwarzen Anzug (Leibrock), trug schwarze Glacéhandschuhe und stets weiße Wäsche. Er bat die Delinquenten nicht um Verzeihung, wie das viele Scharfrichter taten. Später ließ er sich ein zweites Richtbeil herstellen, das zwölf Pfund schwer war, einen schwarz polierten Griff besaß und auf dem Blatt die Namen einiger Hingerichteter trug.

1881 und 1882 wurde Krautz vom Amtsgericht Berlin I zu Geldstrafen verurteilt. Er lebte von seiner Frau getrennt und mit einer Frau namens Greil im Konkubinat. Pächter der Scharfrichterei zu Spandau war Krautz bis zum 15. Januar 1889. Als Krautz am 22. März 1889 nach Göttingen reisen musste, um eine Hinrichtung zu vollziehen, nutzte seine Partnerin die Gelegenheit, um ihn zu verlassen. Sie ging nach Charlottenburg und zog zu einem Maler namens Jankowski, eines Schwagers von Krautz' zwischenzeitlich entlassenem Gehilfen Gummich, der ebenfalls aus Charlottenburg kam. Als Krautz am 25. März aus Göttingen zurückkehrte und erfuhr, wo sich seine Frau aufhalten würde; schlussfolgerte er auch, dass Gummich etwas damit zu tun haben müsste, und erschlug denselben im Restaurant Krenitz. Gummich war, wie es heißt, stark betrunken gewesen. Krautz hatte mit dem Stiefel auf ihn eingetreten. An den Folgen der Schlägerei starb Gummich in der Königlichen Klinik zu Berlin am 8. April 1889.

Die Anschrift Gummichs scheint Spreestraße 44, Parterre, in Charlottenburg gewesen zu sein, da dort 1888 im Berliner Adressbuch nur der Schuhmacher C. Gummich genannt ist. C. Gummich war vorher offensichtlich Nachtwächter (1880) gewesen. Auguste Gummich, geborene Jankowski, war 1898 Witwe und lebte in demselben Haus.

Krautz geriet in Untersuchungshaft, die Anklage vor dem Schwurgericht des Landgerichts II wurde am 24. Juni 1889 erhoben. „Gleich nach zehn Uhr eröffnete der Vorsitzende, Landgerichtsrat Herzog, die Sitzung, und als der Angeklagte, der Scharfrichter Krauts, hereingeführt wurde, da richteten sich alle Blicke auf die herkulische Gestalt desselben, und ein erregtes Murmeln durchlief die dichtgedrängten Reihen des Auditoriums“, verlautete tags darauf in der Berliner Gerichts-Zeitung. Zwar wurde der reumütige Krautz noch am gleichen Tag freigesprochen, aber weil er wegen des Publikums zwei Jahre in seiner Arbeit aussetzen sollte, trat er von seiner Pachtung zurück. Die Berliner Justiz verzichtete auf die Dienste von Krautz als Scharfrichter.[44]

Aus einem Schreiben des Oberstaatsanwalts des Königlichen Kammergerichts in Berlin vom 14. November 1889 an den Königlichen Oberstaatsanwalt in Celle ergeht, „daß der Scharfrichter Julius Krautz entlassen und nicht mehr befugt ist, scharfrichterliche Handlungen vorzunehmen, und, daß an seiner Stelle der Scharfrichtergehülfe Wilhelm Albert Reindel zu Magdeburg, Steinkuhlen Straße

[44] KRIMINALBIOLOGISCHE GESELLSCHAFT, Monatsschrift für Kriminalpsychologie und Strafrechtsreform, Band 21, 5. Heft, Heidelberg 1930, S. 276.

3 wohnhaft, am 30. Oktober 1889 als Scharfrichter geprüft, vereidigt und angestellt worden ist, ..."[45]

Nach Krautz' „Rücktritt" meldeten sich sofort 60 neue Bewerber für die Scharfrichterstelle, darunter auch Leopold Wohlschläger (1855-1929), bis dato Scharfrichter für das Königreich Böhmen. Krautz wurde indessen Rossschlächter, und sein 65-jähriger Kollege Friedrich Reindel aus Magdeburg übernahm sein Amt.

Zu fast legendärer Berühmtheit gelangte der über 3000-seitige Kolportageroman „Der Scharfrichter von Berlin – Roman nach Acten, Aufzeichnungen und Mittheilungen des Scharfrichters Julius Krautz". Trotz seines hohen Preises von 13 Goldmark fand das 1889 publizierte Werk eine Viertelmillion Käufer. Das in 130 Heften à zehn Pfennige wöchentlich herausgegebene Werk sah 260000 Abonnenten.

Der Roman soll unter Berliner Dienstmädchen weite Verbreitung gefunden haben.[46]

Kompositorisch baut sich der Roman aus einer Kettelung von Sensationen auf, wobei die Höhepunkte wie im Bänkelsang auf einer wenig ausgearbeiteten Handlungsfolie aufgetragen sind. Die ersten Kapitel bieten unter anderem folgende Aktionen: „Hinrichtung eines unschuldigen Mädchens, Sturz einer Artistin vom Trapez, Racheschwur, Kindsraub, Verbrecherjagd, Flucht der Hingerichteten, Vorbereitungen für Kindsmord, Flucht mit Kind, Eisenbahnunfall, Ehebruch" etc.

Krautz pachtete danach eine Rossschlächterei und war auch als Gastwirt tätig. Das Interesse der internationalen Presse, insbesondere der „New York Times", an den deutschen Scharfrichtern war ausgesprochen groß. So wurden in der Ausgabe der „New York Times" vom 25. August 1889 Nachrichten aus Berlin vom 6. August mitgeteilt. „He kills horses now – The German executioner retires from business" locken große Lettern die US-amerikanische Leserschaft. Daraus geht hervor, dass eine amerikanische Gesellschaft in Verhandlungen mit Krautz, dem „Kaiserlichen und Königlichen Scharfrichter", wie er irrtümlich betitelt wurde, getreten sei, was seine Gegenstände anbetrifft, die er für die Hinrichtungen verwendet hatte, wie beispielsweise das Handbeil mit 58 auf der Schneide eingravierten Namen.

In den Berliner Adressbüchern ist Krautz' Adresse erst seit 1890 (S Britzerstr. 25) und ab 1892 mit Weinbergsweg 14a (Nord) angegeben. Im Berliner Adressbuch von 1899 finden wir denselben in SO Stalitzerstr. 111 K (Tel. IV. 1233). Der angegebene Beruf bei allen Eintragungen: „Roßschlächter". Selbst 1919

[45] Nds. HptStA Hann. 173a Acc. 111/79 Nr. 436: Generalakten, betreffend die Vollstreckung der Todesstrafe, 1853-1901.

[46] PETRA BRINKMEIER, Weibliche Jugendpflege zwischen Geselligkeit und Sittlichkeit – Zur Geschichte des Verbandes der evangelischen Jungfrauenvereine Deutschlands (1890-1918), Diss., Potsdam 2003, S. 234.

finden wir ihn noch als Rosschlächter, diesmal im Erdgeschoss des Hauses NO 18 Weberstraße 40 c. Sein Richtbeil verkaufte Krautz an ein Berliner Panoptikum, wo es nach 1920 verloren ging. Später zog er nach Burig bei Neu Zittau (Brandenburg), südöstlich von Berlin.

Um die Jahrhundertwende war Krautz der bekannteste Vertreter seiner Zunft. Er galt als „Schluckspecht“ und war dem Alkohol verfallen. Der praktische Arzt und Gehirnphysiologe Dr. med. Ernst Below, ärztlicher Leiter der Licht-Heilanstalt „Karlsbad“, berichtete in seinen Erinnerungen „Ein Sonntagmorgen in Dalldorf“ (Vossische Zeitung vom 31. Juli 1898, Morgenausgabe) von einem Scharfrichter Krautz, der in einer alten Abdeckerei hauste.[47]

Krautz' Richtwerkzeuge gingen indes auf große Reisen. Sie wurden in einem Wachsfigurenkabinett, einem so genannten Panoptikum, zur Schau gestellt. Es war eine überaus aufschlussreiche zeitgenössische Beschreibung eines typischen Jahrmarkt-Panoptikums gegen Ende des 19. Jahrhunderts (Besitzer: Heinrich Wittger aus Kessenich bei Bonn), in der Robert Thomas seine Eindrücke kundtat:[48]

Das Extrakabinett, das gegen ein besonderes Entree von zehn Pfennigen gezeigt wurde, enthielt zwei Panoramenbilder, ferner eine Nachbildung der Guillotine und die Richtwerkzeuge des Scharfrichters Krauts. In der Mitte des Extrakabinetts war eine Art von Podium gebaut, das schwarz behängt war. Darauf stand der Richtblock, der eine Aushöhlung für das Kinn des Delinquenten zeigte und mit einer mit zwei Riemen versehenen Bank verbunden war. Daneben lag in einem mit blauem Samt ausgeschlagenen Etui das Richtbeil, in dessen Klinge die Namen sämtlicher damit hingerichteten Verbrecher eingraviert waren. Zu diesem Werkzeuge gehörte ein Buch mit einer Beschreibung jeder Hinrichtung von Krauts eigener Hand. Das Buch wurde in einem Glaskasten aufbewahrt, und die Blätter waren mit einer Vorrichtung versehen, die es dem Beschauer möglich machte, die einzelnen Seiten von außen umzuwenden. Auf dem Podium stand außerdem noch ein Richtblock des Scharfrichters Reindel aus Magdeburg sowie ein alter Richtstuhl mit zwei Schwertern. Die Wände waren mit eingerahmten Schriftstücken dekoriert, die sich alle auf Hinrichtungen bezogen. Es waren Depeschen, abschlägig beschiedene Gnadengesuche und verschiedene Briefe. Im Hintergrund standen lebensgroße Wachsfiguren der berühmtesten Verbrecher unserer Zeit, worunter auch der damals vielgenannte Mädchenmörder Schenk aus Wien war.

Das Volksfest anlässlich des im Juli 1890 ausgetragenen 10. Deutschen Bundesschießens in Berlin-Pankow verzeichnete unter den Attraktionen: „Eppmann, Vertr. Reiber, Richtwerkzeuge des Scharfrichters Krautz“.[49]

---

[47] Dazu heißt es im Jahrbuch für brandenburgische Landesgeschichte, Band 31-36, 1980, S. 77: „... den ‚Scharfrichter von Berlin‘, mit dem der damals bekannte Schauspieler Krauts, der 1887/88 in der Spandauer Abdeckerei in Klosterfelde lebte, gemeint war.“

[48] Entnommen aus: Georg Adolf Narciß, Wahrhaffter und Eigentlicher Jahrmarkt der Welt berühmtesten Messen – Gar kurtzweilige, possierliche und fast lächerliche neue und alte Historien, Reime und Anekdoten durch den Curiositätenliebhaber Georg Adolf Narciß, München 1967, S. 172 f.

[49] www.schaubuden.de mit Bezugnahme auf Hammer, 1987, S. 15 f.

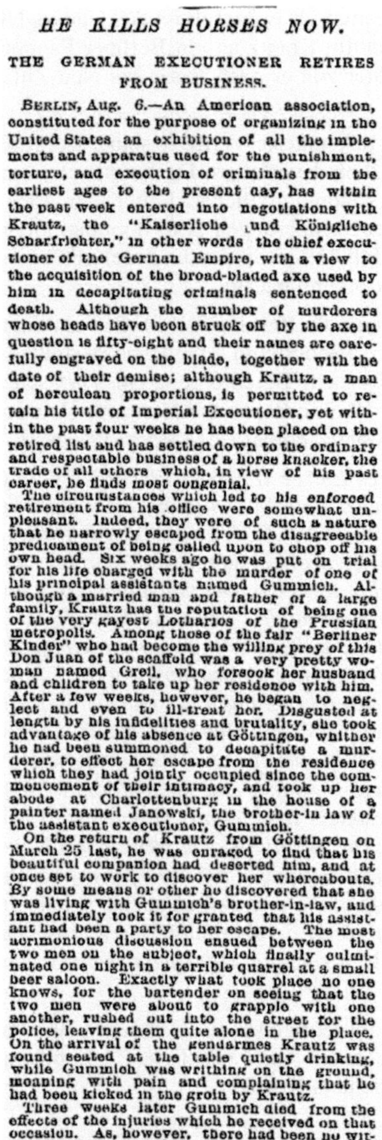

HE KILLS HORSES NOW.

THE GERMAN EXECUTIONER RETIRES FROM BUSINESS.

BERLIN, Aug. 6.—An American association, constituted for the purpose of organizing in the United States an exhibition of all the implements and apparatus used for the punishment, torture, and execution of criminals from the earliest ages to the present day, has within the past week entered into negotiations with Krautz, the "Kaiserliche und Königliche Scharfrichter," in other words the chief executioner of the German Empire, with a view to the acquisition of the broad-bladed axe used by him in decapitating criminals sentenced to death. Although the number of murderers whose heads have been struck off by the axe in question is fifty-eight and their names are carefully engraved on the blade, together with the date of their demise; although Krautz, a man of herculean proportions, is permitted to retain his title of Imperial Executioner, yet within the past four weeks he has been placed on the retired list and has settled down to the ordinary and respectable business of a horse knacker, the trade of all others which, in view of his past career, he finds most congenial.

The circumstances which led to his enforced retirement from his office were somewhat unpleasant. Indeed, they were of such a nature that he narrowly escaped from the disagreeable predicament of being called upon to chop off his own head. Six weeks ago he was put on trial for his life charged with the murder of one of his principal assistants named Gummich. Although a married man and father of a large family, Krautz has the reputation of being one of the very gayest Lotharios of the Prussian metropolis. Among those of the fair "Berliner Kinder" who had become the willing prey of this Don Juan of the scaffold was a very pretty woman named Greil, who forsook her husband and children to take up her residence with him. After a few weeks, however, he began to neglect and even to ill-treat her. Disgusted at length by his infidelities and brutality, she took advantage of his absence at Göttingen, whither he had been summoned to decapitate a murderer, to effect her escape from the residence which they had jointly occupied since the commencement of their intimacy, and took up her abode at Charlottenburg in the house of a painter named Janowski, the brother-in law of the assistant executioner, Gummich.

On the return of Krautz from Göttingen on March 25 last, he was enraged to find that his beautiful companion had deserted him, and at once set to work to discover her whereabouts. By some means or other he discovered that she was living with Gummich's brother-in-law, and immediately took it for granted that his assistant had been a party to her escape. The most acrimonious discussion ensued between the two men on the subject, which finally culminated one night in a terrible quarrel at a small beer saloon. Exactly what took place no one knows, for the bartender on seeing that the two men were about to grapple with one another, rushed out into the street for the police, leaving them quite alone in the place. On the arrival of the gendarmes Krautz was found seated at the table quietly drinking, while Gummich was writhing on the ground, moaning with pain and complaining that he had been kicked in the groin by Krautz.

Three weeks later Gummich died from the effects of the injuries which he received on that occasion. As, however, there had been no witnesses of the actual struggle between the two men, the jury decided to render a verdict of not guilty, in consequence of which Krautz was declared acquitted. In view, however, of the circumstances of the case the Government considered it expedient to suspend him from any further active service, and hence it is that Executioner Krautz, instead of wielding his axe on criminals, uses it to slay ancient and decrepit

„He kills horses now.“
New York Times, 25.08.1889

Literatur

Christa Berg: Handbuch der deutschen Bildungsgeschichte, Band IV, München 1991, S. 491

Heiner Boehncke, Hans Sarkowicz: Die Metropole des Verbrechens – Räuber und Gauner in Berlin und Brandenburg, Frankfurt am Main 1997, S. 156

Johann Dachs: Tod durch das Fallbeil – Der deutsche Scharfrichter Johann Reichhart (1893-1972), Berlin 2001

Richard J. Evans: Rituals of retribution – capital punishment in Germany, 1600-1987, New York/Oxford 1996, S. 372

Richard J. Evans: Rituale der Vergeltung – Die Todesstrafe in der deutschen Geschichte 1532-1987, Berlin 2001, S. 462 ff.

Victor von Falk: Der Scharfrichter von Berlin – Roman nach Acten, Aufzeichnungen und Mittheilungen des Scharfrichters Julius Krautz, Berlin 1890

Helmuth Nürnberger (Hrsg.): Theodor Fontane – Werke, Schriften und Briefe, Band 2; Band 5, Darmstadt 1994, S. 1012

Werner Hutterli, Knut Hickethier, Michael Schwelling: Mythos Berlin – Zur Wahrnehmungsgeschichte einer industriellen Metropole, Berlin 1984, S. 120

Walter Keitel, Helmuth Nürnberger (Hrsg.): Theodor Fontane – Werke Schriften und Briefe 1879-1889, München 1998, S. 1012 f.

Tankred Koch: Geschichte der Henker – Scharfrichter-Schicksale aus acht Jahrhunderten, Heidelberg 1988, S. 267 ff. (Porträt von Julius Krautz auf S. 275)

Gerhard Kratzsch: Kunstwart und Dürerbund, Göttingen 1969, S. 264

Rudolf Schenda: Volk ohne Buch – Studien zur Sozialgeschichte der populären Lesestoffe 1770-1910, Frankfurt a. M. 1970

Maximilian Schmidt: Julius Krautz der Scharfrichter von Berlin – Ein Kulturbild aus dem neunzehnten Jahrhundert, etc., o. O. 1893

Paul Wurster: Die Lehre von der Inneren Mission, Berlin 1895, S. 372

Internationales Archiv für Sozialgeschichte der deutschen Literatur, Band 31, Wien 2006, S. 223

Korrespondenzblatt zur Bekämpfung der öffentlichen Sittenlosigkeit, Band 4-9, Leipzig 1890, S. 125

Zeitschrift für Geschichtswissenschaft, Band 50, Ausgaben 7-12, Berlin 2002, S. 745

Friedrich Reindel (1824-1908)

Die Scharfrichtersippe Reindel hat seit Mitte des 19. Jahrhunderts ihre Spuren in Berlin, Braunschweig, in der Altmark und zuletzt im ganzen Königreich Preußen hinterlassen. Die Spuren dieser alten Scharfrichter- und Abdeckerfamilie lassen sich bis 1824 zurückverfolgen, als *Friedrich Wilhelm Reindel* am 6. September des Jahres in Werben (Elbe) das Licht der Welt erblickte.[50]

Friedrich Reindel begann seine Karriere 1843 im Alter von 19 Jahren und assistierte in der Folge bei vielen Hinrichtungen in verschiedenen Gegenden Norddeutschlands. Reindel war der Bruder des Scharfrichters und Abdeckers August Reindel in Braunschweig, bei dem Julius Krautz in den Jahren ab 1860 seine Laufbahn begonnen hatte.

Friedrich Reindel assistierte 1844 bei der Hinrichtung des (erfolglosen) Königs-Attentäters Heinrich Ludwig Tschech (1789-1844), eines gescheiterten Bürgermeisters der Stadt Storkow (Mark). Tschech wurde am 14. Dezember 1844 um 7.30 Uhr in aller Stille mit dem Beil hingerichtet. Die Gnade bestand darin, dass er vorher nicht noch gerädert wurde. Noch in der Nacht vor der Hinrichtung waren eigens zwei Lokomotiven in Spandau unter Dampf gehalten worden, um ein etwaiges Gnadengesuch noch rechtzeitig zum König nach Potsdam zu bringen, der es sehr wahrscheinlich positiv beantwortet hätte.[51] Jahrzehnte nach der Hinrichtung gab Reindel das Richtbeil von 1844 an das „Gruselkabinett" von Carstans' Panoptikum gegen Geld ab, um sein Gehalt aufzubessern.[52]

Wilhelm Ludwig Reindel war Mitte des 19. Jahrhunderts als Abdecker in Werben (Elbe) tätig. Seine Prüfung als Abdecker hatte er am 15. August 1843 in Seehausen (Altmark) absolviert.[53]

Der Friseur Ernst Eduard Dombrowsky, Bürger und Perückenmachermeister in Wolfenbüttel, wurde am 14. Oktober 1853 im Alter von 41 Jahren auf dem Gefängnishof hinter der alten Straf- und Gefangenenanstalt in Wolfenbüttel wegen Giftmordes mittels Beil hingerichtet. Es waren inzwischen bereits Jahrzehnte vergangen seit der letzten Enthauptung des aus Hessen stammenden Doppelmörders Heinrich Valentin Lüders am 19. Februar 1836 auf dem Stadtmarkt in Wolfenbüttel.[54]

---

[50] JOHANN CASPAR GLENZDORF/FRITZ TREICHEL, Henker, Schinder und arme Sünder, Bad Münder am Deister 1970, Band II, Nr. 3437. Über die Scharfrichterdynastie Reindel vgl. ILSE SCHUMANN, Scharfrichter und Abdecker in Berlin, Teil II: Des Scharfrichters Abdecker und Knechte, in: Genealogie, Heft 10-12 (2005), S. 718 ff.

[51] OTTO BÜSCH, Handbuch der preußischen Geschichte, Band II, Berlin 1992, S. 210 und Anmerkung 16. Vgl. MATTHIAS BLAZEK, „Attentat und Bestrafung – Der Fall des Heinrich Ludwig Tschech – Die Hintergründe zu den Geschehnissen vom 26. Juli 1844", in: Preußische Mitteilungen Nr. 192 und 193/2009.

[52] EVANS, a. a. O., S. 480.

[53] Brandenburgisches Landeshauptarchiv Potsdam Rep. 2A I Vet. Nr. 855 (Akte aus Strausberg).

[54] HEINZ-BRUNO KRIEGER, Ein grausamer Giftmord erschütterte vor hundert Jahren unsere Heimat, 1952. www.elmsagen.de.

Dieses Mal, 1853, kam der Scharfrichter Reindel „aus Berlin - Rheinsberg" [Der neue Pitaval, 1861], der kurz zuvor Franz Schall vom Leben zum Tode gebracht hatte,[55] mit einer Handvoll Gehilfen. Etwa 1200 Menschen hatten Einlass bekommen und warteten auf ein Geständnis des Todgeweihten. Das blieb aber aus.

Vielleicht war der Verurteilte einem Justizirrtum zum Opfer gefallen. Heinrich Sandvoß aus Destedt, der als Soldat das Karree mitgebildet hatte, erzählte noch oft Jahrzehnte später, dass er genau gehört habe, wie der Delinquent noch am Richtblock seine Unschuld hoch und heilig beteuert habe.

In „Der neue Pitaval", Band 22 (1861), heißt es zudem: „Dagegen sprach sich der Oberscharfrichter am Ort sehr misfällig und bedauernd darüber aus, daß man dem Delinquenten eine so starke Quantität Spirituosa zum Trinken gegeben. Daher sein letztes Benehmen auf dem Schaffot, welches nicht mehr Muth, sondern Aufregung und Frechheit gewesen sei."[56]

Die Hinrichtung des Dombrowsky war, wenn auch in einem umschlossenen Hofraum vollzogen, die letzte öffentliche im Lande Braunschweig.

Am Morgen des 5. Mai 1854 fand in der neuen Strafanstalt bei Moabit die Doppelhinrichtung der Mörder des Klempnermeisters Bontoux und des Seidenwarenfabrikanten Schulz, nämlich des Zeugschmiedegesellen Lücke und des Hausknechts Holland, statt, berichtete tags darauf die „Volkszeitung – Organ für Jedermann aus dem Volke" in Berlin. „Der Scharfrichter Reindel vollzog auch diesmal wieder das Todesurtheil. Das Schaffot ward demnächst von Blut gereinigt und eine Stunde später, um 7 Uhr, traf der zweite Delinquent, Holland, in der Strafanstalt ein."

In dem Monatsblatt „Brandenburgia" der Gesellschaft für Heimatkunde der Provinz Brandenburg aus dem Jahre 1908 wird über die Eigentümlichkeiten der früheren Hinrichtungen berichtet. Der Berliner Stadtrat Friedrich Romstädt hatte im Januar 1866 der Enthauptung des Raubmörders Louis Grothe durch den Scharfrichter Reindel beigewohnt und einige sonderbare Beobachtungen gemacht.[57]

Kleine Mitteilungen. / Märkische Scharfrichter-Praxis.

Nach unvordenklicher Henkersübung wird dem mit dem Schwert oder Beil Enthaupteten bei der Verscharrung in der Erde, der Kopf zwischen die Beine gelegt. Daher stammt zum Teil die Redensart, jemand den Kopf vor die Füße legen, welche sich nicht, wie man gewöhnlich meint, daraus ableitet, daß der Kopf dem Enthaupteten vor die Füße rollt. Dies letztere ist nur möglich, wenn der zu Enthauptende, auf dem Richtstuhl sitzend, mit dem Schwerte geköpft wird. Wird er knieend mit dem Schwert oder wird er auf dem Block mit dem Beil enthauptet, so fällt der Kopf selbstredend vor den Rumpf, nicht vor die Füße. Auf alten

---

[55] *Beschreibung des von dem ehemal. Postillon, zuletzt Handelsmann Franz Schall auch Schaal und Zimbal genannt, an dem Viehhändler Ebermann verübten Raubmordes, nebst der am 11. Febr. a. d. Richtstätte i. d. neuen Straf-Anstalt bei Moabit d. d. Beil erfolgten Hinrichtung.*

[56] WILLIBALD ALEXIS, Der neue Pitaval, Band 22, 1861.

[57] Brandenburgia, Gesellschaft für Heimatkunde der Provinz Brandenburg zu Berlin, Märkisches Provinzial-Museum, Druck und Verlag von P. Stankiewcz, Berlin 1908.

Richtstätten findet man die Gerippe der Enthaupteten der eingangs gegebenen Schilderung entsprechend vor, wie besonders die Funde auf dem Spitzen Berg am faulen See bei Müncheberg erwiesen haben. In Berlin ist diese Praxis von den Henkern, soweit mir bekannt, stets beobachtet worden; insbesondere bezeugt mir Herr Stadtrath Romstädt von hier, welcher bei der Enthauptung Louis Grothe's, des Mörders des Professors Georg Gregy, im Moabiter Zellengefängnis zugegen war, wie der Scharfrichter Reindel dem Grothe, nachdem er in den Sarg gelegt worden, den abgeschlagenen Kopf zwischen die Beine legte. Dies war die vorletzte Hinrichtung in Berlin. Bei der letzten Hinrichtung hierselbst, welche am Freitag den 16. August 1878, morgens 6 Uhr an gleicher Stelle vollzogen wurde, habe ich bemerkt, daß, nachdem der Leichnam in den Sargkasten gelegt worden, einer der Henkersknechte das Haupt des Hingerichteten wieder sorgfältig auf den Rumpf paßte. 1. Febr. 1879. E. Friedel.

Bei der Hinrichtung vom 16. August 1878 ist die Rede von der Exekution des Kaiserattentäters Max Hödel durch Julius Krautz.

1868 nahm Scharfrichter Reindel aus Werben (Elbe) die Hinrichtung von Timm Thode, der gestanden hatte, seine ganze Familie getötet zu haben, vor.[58] Offensichtlich hatte er das im Jahr zuvor eingerichtete Amtsgericht Glückstadt überzeugt und daher die Aufgabe übertragen bekommen. In den „Wöchentlichen Anzeigen für das Fürstenthum Ratzeburg", Nr. 33, verlautete zu Schönberg am 24. April 1868 (S. 1.):

Nachdem die Bedingungen des Scharfrichters Reindel aus Werben in der Altmark, von der Glückstadter Gerichtsbehörde angenommen worden sind, wird die Hinrichtung des vielbesprochenen Timm Thode Ende dieser Woche, vermuthlich am Freitag, durch Reindel vollzogen werden. Es ist dies die vierzigste Hinrichtung, die Reindel verrichtet.

Und über den Akt selbst heißt es dann in den „Wöchentlichen Anzeigen für das Fürstenthum Ratzeburg", Nr. 40, Schönberg, den 19. Mai 1868, S. 1 und 2:

Die Hinrichtung des siebenfachen Mörders Timm Thode ist am 13. d. Morgens 6 Uhr auf dem Glückstadter Zuchthaushofe erfolgt. Der Deliquent hat die letzte Nacht unter geistlichem Zuspruch schlaflos zugebracht. Sein Benehmen war ruhig und gefaßt. Er aß und trank wie gewöhnlich und genoß noch in der Morgenstunde seinen Kaffee nebst Butterbrod. Seinen Wächtern und den ihn besuchenden Scharfrichtern erzählte er genau den ganzen Hergang der von ihm verübten Verbrechen. Der Gerichtshof, der Staatsanwalt, sowie 12 Glückstädter Bürger hatten sich um 6 Uhr im Hofe eingefunden, wo sich auch der Scharfrichter Reindel mit seinen drei Brüdern, als dessen Gehülfen, ersterer in schwarzem Anzuge, befanden. Der Block war in dem Steinpflaster des Hofes eingegraben, vor demselben war eine wollene Decke ausgebreitet. Mit dem Schlage 6 1/2 Uhr begann die sog. Armensünderglocke ihr schauerliches Geläute, und der Mörder wurde, begleitet von den beiden Geistlichen, ungefesselt vor die Richter geführt. Sein Schritt, sowie sein ganzes Benehmen war fest und sicher. Nachdem ihm das

[58] Vgl. HANNS H. F. SCHMIDT, Historische Kriminalfälle aus Sachsen-Anhalt – Die Höllenuhr, Taucha 1997.

Urtheil vorgelesen war, wurde die übliche Frage an ihn gerichtet, ob er etwas dagegen einzuwenden habe, auf welche die mit fester und sicherer Stimme gegebene Antwort erfolgte: „Wat ick dahn heff, dat weet ick, ick heff de Wahrheit segt!“ In knieender Stellung empfing er darauf den letzten Segen des Geistlichen und sprach ein Gebet. Von zwei Frohnknechten vor den Block geführt, öffnete Timm Thode seine Kleider und zog das Hemd, welches sich nicht herunterstreifen lassen wollte, aus. – Man konnte sehen, wie heftig ihm das Herz pochte. – Den Blick nach oben gerichtet und ein Gebet sprechend, sank er in die Kniee, wobei er etwas zitterte, und legte sich selbst in die erforderliche Lage auf den Block. Die Frohnknechte fesselten Hände und Füße und befestigten den Nacken mit einem rothen Riemen am Blocke. Dann sprach der Scharfrichter laut die Worte: „Im Namen des Gesetzes!“ worauf der verhängnißvolle Streich mit dem Beile fiel. Durch einen Sprung rückwärts schützte der Scharfrichter sich vor dem hervorspritzenden Blute, ergriff dann den fortrollenden Kopf, welchen er neben dem Rumpf niederlegte. Im selben Moment wurde der Kopf von einem anwesenden Arzte erfaßt und untersucht; es schien, als ob die Augen sich hin und herbewegten; der Mund war wie zu einem lauten Schrei weit geöffnet. So endete ein Verbrecher, wie die Welt kaum je einen scheußlicheren gesehen hat.

Der Magdeburger Scharfrichter Friedrich Wilhelm Reindel hat zwischen 1874 und 1898 insgesamt 196 Menschen enthauptet. Julius Polke wird in diesem Zusammenhang recht konkret:[59]

Der Nachfolger von Spaethe in Breslau ist Kurzer, der im Behinderungsfalle den Magdeburger Scharfrichter zu vertreten hat. Ein Vorgänger Gröplers war der bekannte verstorbene Scharfrichter Reindel in Magdeburg, der s. Zt. in der Steinkuhlenstraße eine Abdeckerei betrieb, in der auch sein erblindeter Sohn tätig war. Der „Vater Reindel“, wie ihn die Magdeburger nannten, hat als Scharfrichter in den Jahren 1874 — 1898 196 Menschen enthauptet und zwar:

27.03.1874 *Braunschweig, Maler Louis Krage (Doppelmord).*
05.02.1875 *Braunschweig, Witwe des Bäckermeisters Krebs, Henriette, geborene Vohs, (Giftmord).*[60]

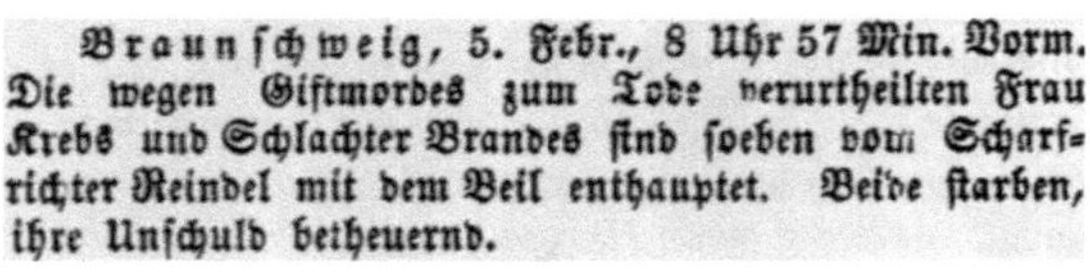
Braunschweig, 5. Febr., 8 Uhr 57 Min. Vorm. Die wegen Giftmordes zum Tode verurtheilten Frau Krebs und Schlachter Brandes sind soeben vom Scharfrichter Reindel mit dem Beil enthauptet. Beide starben, ihre Unschuld betheuernd.

Cellesche Zeitung, 06.02.1875

17.03.1883 *Holzminden, Weber Franz Ille.* ← 1883 erstmalig mit selbst konstruierter Richtbank
17.04.1885 *Braunschweig, Arbeiter Anton Giepcz.*

[59] JULIUS POLKE, Leiter der Kriminalpolizei in Duisburg, „Scharfrichter und Hinrichtungen“, Aufsatz in: Monatsschrift für Kriminalpsychologie und Strafrechtsreform, hrsg. von der Kriminalbiologischen Gesellschaft, Band 21, 5. Heft, Heidelberg 1930, S. 273-281, hier: S. 277.

[60] In der Celleschen Zeitung vom 6. Februar 1875 verlautete, dass zwei Personen enthauptet worden seien: „Braunschweig, 5. Febr., 8 Uhr 57 Min. Vorm. Die wegen Giftmordes zum Tode verurtheilten Frau Krebs und Schlachter Brandes sind soeben vom Scharfrichter Reindel mit dem Beil enthauptet. Beide starben, ihre Unschuld betheuernd.“

25.04.1889	*Ratibor, Schuhmacher Stephan Horzan.*
02.05.1889	*Gera, Fabrikarbeiter Rudolf Scheibe.*
20.07.1889	*Halle, Arbeiter Josef Stenig.*
23.09.1889	*Güstrow, Tagelöhner Gubow.*
25.10.1889	*Erfurt, Nagelschmied Elias Rommel u.Schlossergeselle Richard Pfeffer.*
07.02.1890	*Lüneburg, Schneider Henry Lodders.*
05.02.1890	*Tilsit, Witwe Elske Weber.*
07.03.1890	*Memel, Wirtsfrau Marinka Kybranz.*
19.04.1890	*Düsseldorf, Handelsmann Friedrich Schmidt.*
07.05.1890	*Hirschberg, Müllergeselle Robert Baumgart.*
02.05.1890	*Hagen i.Westf., Tagelöhner Heinrich Walch.*
27.06.1890	*Hannover, Arbeiter Hermann Bensch.*
14.07.1890	*Berlin (Altmoabit), Dienstknecht Wilhelm Kunwald (Mord und schwerer Raub).*
08.08.1890	*Neu-Ruppin, Sreuz.*
22.09.1890	*Güstrow, Bergmann Wilhelm Unkenstein.*
21.10.1890	*Göttingen, Makler Karl Werwig.*
23.10.1890	*Breslau, Stockmachergeselle Hermann Roder.*
13.11.1890	*Bartenstein, Gottlieb Schuster, Fleischer.*
29.12.1890	*Beuthen O.-S., Schlepper Johann Muschirl.*
03.01.1891	*Tagelöhner Franz Rohlbecker.*
04.03.1891	*Berlin, Schmiedegeselle Carl Schmiedecke.*
22.03.1891	*Oppeln, Schmied Anton Pawlowski.*
02.04.1891	*Berlin, Schneidergeselle Friedrich Klausien.*
02.05.1891	*Lissa i.P., Dienstknecht Thaddäus Kaczmarek.*
11.07.1891	*Güstrow, Knecht Gustav Busch.*
05.10.1891	*Memel, Altsitzerwitwe Urte Grecksca.*
30.11.1891	*Thorn, Schäferknecht Michael Murawski.*
11.02.1892	*Dortmund, Arbeiter August Michalke.*
19.12.1891	*Görlitz, Schlossergeselle August, Wilhelm Klein.*
22.01.1892	*Thorn, Pferdeknecht Theophila Budniewski.*
13.02.1892	*Saarbrücken, Heinrich Lux.*
23.02.1892	*Gnesen, Kutscher Thomas Stawniak.*
28.03.1892	*Hirschberg, Knecht Josef Spiller.*
09.04.1892	*Lyk, Gottlieb Wischniewski, Wirt.*
16.04.1892	*Görlitz, Arbeiter August Knoll und Friedrich, Wilhelm Heidrich (Mord und schweren Raub)*
04.05.1892	*Tilsit, Losmann Erdmann Knechties u.Besitzer Gottfried Schapals.*
16.06.1892	*Graudenz, Strombauarbeiter Adolf Gustav Lange.*
21.06.1892	*Berlin, Kommis Ernst Gustav Wetzel.*
23.06.1892	*Posen, Schlosser Josef Notze.*
28.06.1892	*Posen, Arbeiter Gottfried Johann Hoffmann.*
07.07.1892	*Neiße, Louis Johann Ludwig.*
01.09.1892	*Düsseldorf, Arbeiter Johann Klonisch.*

03.09.1892	*Oppeln, Arbeiter Johann Kotzur.*
02.10.1892	*Ratibor, Kuhwart Johann Klapsia.*
16.09.1892	*Bielefeld, Neubauer Wilhelm Hurrelbrink.*
20.09.1892	*Berlin, Arbeiter Ernst Samuel Ruttke.*
22.11.1892	*Graudenz, Schuhmachergeselle Gustav Kindeleit.*
29.09.1892	*Elberfeld, Maurer Ignatz Eckardt.*
11.01.1893	*Neu-Ruppin, Reyherr.*
02.02.1893	*Insterburg, 1.Kutscher Wilhelm August, 2.Knecht Wilhelm August, 3.Gespannknecht Christoph Wahntat.*
17.02.1893	*Lyk, Arbeiter Karl Grusziewski.*
10.03.1893	*Frankfurt a.O., Schuhmacher Gustav Philipp.*
14.03.1893	*Stendal, August Suhr.*
25.10.1893	*Magdeburg, 1.Dorothea Buntrock, 2.Agent Friedrich Erbe.*
20.06.1893	*Stade, Dienstknecht Wilhelm Handt.*
24.06.1893	*Arnsberg, Gärtner Johannes Wagebeck.*
27.06.1893	*Landsberg a.W., Bäckergeselle Emil Böttcher.*
29.06.1893	*Elbing, 1.Arbeiter Karl August Collin, 2.Arbeiterin Rosalie Schnack.*
11.07.1893	*Prenzlau, August Genz.*
11.08.1893	*Ratibor, Landwirt Franz Wanjek.*
05.08.1893	*Magdeburg, Handlungsgehilfe Hermann Knabe.*
03.08.1893	*Düsseldorf, Hermann Brendgen.*
08.08.1893	*Trier, Witwe Johann Krickel.*
14.09.1893	*Görlitz, Anna Hermine Schubert.*
29.09.1893	*Stolp, Arbeiter Richard Langusch.*
13.10.1893	*Breslau, ehem.Vizefeldwebel Robert Thiem.*
21.10.1893	*Kiel, Posthilfsbote Ernst Scheel.*
26.10.1893	*Hannover, Dienstknecht Friedrich Rohr.*
30.10.1893	*Berlin, Witwe Emilie Zillmann.*
07.11.1893	*Elbing, Arbeiter Gottfried Schwarz.*
10.11.1893	*Essen, Wirt Friedrich Nebelgrün.*
13.02.1894	*Saarbrücken, Josef Gier R.M.*
17.02.1894	*Berlin, Kutscher Karl Kühn.*
01.03.1894	*Duisburg, Musiker Wilhelm Plötz.*
08.03.1894	*Münster i.W., Metzger u.Tagelöhner Anton Vohs.*
14.03.1894	*Thorn, Käthner Jakob Malinowski.*
24.03.1894	*Köln, Schneider Bernhard Winkel.*
20.03.1894	*Paderborn, Tagelöhner August Nuth.*
28.03.1894	*Bromberg, Zimmerer Ernst Hohm.*
09.05.1894	*Gleiwitz, 1.Tagelöhner Johann Koziolek, 2.Tagelöhner Severin Koziolek*
12.06.1894	*Breslau, Stellenbesitzer Wilhelm Rößler.*
27.06.1894	*Alleinstein, russischer Deserteur Iwan Körsigan.*
10.09.1894	*Verden, Handlungsgehilfe Gustav Seidel.*
13.09.1894	*Stettin, Schuhmacher Otto Franz.*
28.09.1894	*Köln, Tagelöhner Hermann Hoek.*

13.11.1894 *Ostrowo, Arbeiter Woirich Nowicki.*
20.11.1894 *Stolp, Dachdecker Karl Behnke.*
27.11.1894 *Bonn, Gärtnergehilfe Heiny Lethon.*
14.12.1894 *Coblenz, Tagelöhner Nikolaus Wölwerscheidt.*
14.01.1895 *Breslau, Arbeiter Valentin Liehs.*
23.01.1895 *Kiel, Dienstknecht Friedrich Ehlers.*
24.01.1895 *Flensburg, Dienstknecht Peter Fernannsen.*
19.02.1895 *Landsberg a.W., Hofverwalter Karl Gottschalk.*
08.03.1895 *Ratibor, Bauergutsbesitzer Josef von Stoblinski.*
11.03.1895 *Halle, Wilhelm Wetzstem.*
27.03.1895 *Lyck, Arbeiter Johann Borutta.*
29.03.1895 *Landsberg a.W., Arbeiter Friedrich Schmidt.*
20.04.1895 *Posen, Arbeiter Anton Ryback.*
23.04.1895 *Aachen, Ackergehilfe Konrad Küpper.*
03.05.1895 *Tilsit, Knecht Heinrich Loschikies.*
25.05.1895 *Frankfurt a.O., Kossätensohn Gustav Schauer.*
29.05.1895 *Gnesen, Stellmacher Veith.*
15.06.1895 *Bielefeld, Arbeiter Wilhelm Schlottmann.*
18.06.1895 *Glatz, Benedikt Siegel.*
12.07.1895 *Düsseldorf, 1.Karl Wirtz, 2.Franz Wirtz.*
09.07.1895 *Graudenz, Justmann August Huse.*
16.08.1895 *Güstrow, Eisenbahnarbeiter Friedrich Richter.*
31.08.1895 *Münster i.W., 1.Bergmann Wilhelm Schädel, 2.Hermann Strielen.*
16.10.1895 *Schlächtergeselle Friedrich Müller.*
09.11.1895 *Beuthen, Schlepper Ludwig Arlt.*
24.10.1895 *Altona, Dienstknecht Max Witt.*
02.11.1895 *Essen, Tagelöhner Friedrich Brosius.*
16.11.1895 *Halle, Fuhrmann Reinhold John.*
19.11.1895 *Memel, 1.Losmann Christoph Greitschus, 2.Altsitzerfrau Aminka Greitschus.*
23.11.1895 *Görlitz, Ziegeleiarbeiter Wilhelm Henke.*
26.11.1895 *Guben, Arbeiter Karl Rädel.*
18.12.1895 *Oels, Viehwärter Johann Kupitz.*
22.12.1895 *Gera, Dienstknecht Otto Vollstädt.*
31.12.1895 *Elberfeld, Friedrich Bläsig.*
17.01.1896 *Beuthen O.-S., Einlieger Karl Sobczyk.*
24.01.1896 *Hannover, Franz Paplawski.*
11.02.1896 *Münster, Ackerer Josef Terwellen.*
27.02.1896 *Stendal, Arbeiter Karl Heming.*
02.04.1896 *Oels i.Schl.*
05.06.1896 *Braunschweig.*
12.06.1896 *Elberfeld.*
17.06.1896 *Güstrow.*
20.06.1896 *Görlitz.*
23.06.1896 *Messeritz.*
25.06.1896 *Berlin, 1.Agent Kurz, 2.Kutscher Wohlan.*

27.06.1896	*Konitz.*
30.06.1896	*Cassel.*
04.07.1896	*Trier.*
08.07.1896	*Bielefeld, 1.Zuschneider Schulz, 2.Gärtner Pottmann.*
20.08.1896	*Köln.*
28.08.1896	*Prenzlau, 1.Kaufmann Springsten, 2.s.Schw.Boch.*
18.09.1896	*Gnesen.*
25.09.1896	*Trier.*
10.09.1896	*Flensburg.*
10.11.1896	*Halberstadt.*
24.11.1896	*Lissa.*
26.11.1896	*Lyck.*
12.12.1896	*Posen.*
04.01.1896	*Güstrow.*
23.01.1896	*Neiße.*
26.01.1897	*Danzig.*
01.03.1897	*Bochum.*
16.03.1897	*Meiningen.*
16.03.1897	*Breslau.*
18.03.1897	*Stettin.*
06.04.1897	*Thorn.*
23.06.1897	*Güstrow.*
06.07.1897	*Landsberg a.W.*
09.07.1897	*Oppeln.*
13.07.1897	*Stendal.*
16.07.1897	*Verden, Aller.*
03.08.1897	*Flensburg.*
28.10.1897	*Insterburg.*
06.11.1897	*Halle.*
09.11.1897	*Kiel.*
19.11.1897	*Oels.*
08.12.1897	*Gera.*
03.06.1897	*Duisburg.*
11.06.1898	*Altenburg.*
27.06.1898	*Gleiwitz.*
28.06.1898	*Oppeln.*
29.08.1989	*Güstrow.*
30.08.1898	*Stettin.*
25.08.1898	*Göttingen.*
01.11.1898	*Stade.*
28.09.1898	*Allenstein.*
27.09.1898	*Breslau.*
25.10.1898	*Breslau.*
28.10.1898	*Tilsit.*
10.12.1898	*Coblenz.*
17.12.1898	*Saarbrücken.*

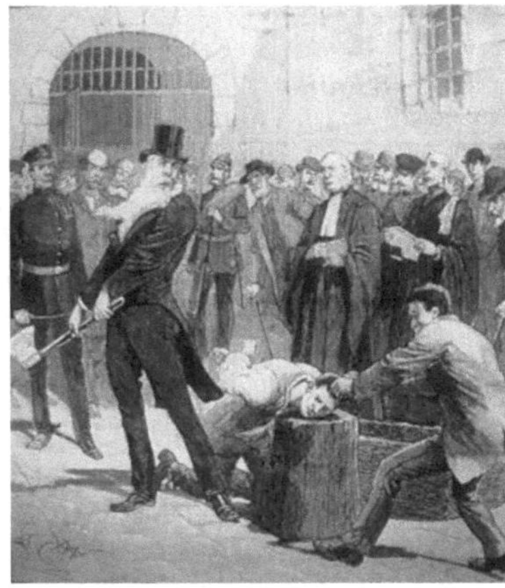

Scharfrichter Friedrich Reindel bei der Exekution von Friedrich Klausien am 2. April 1891. Titelseite des „Le Petit Parisien" vom 19. April 1891.

Und der Gefangene starrt'
Ins Licht durchs hohe Fenster, bis es Abend ward.
Dann kam die Mahlzeit. Und als er gegessen und getrunken,
Ist er in Schlaf versunken.
(...)
„Hä, hä! ..." Des Mörders Glieder fliegen,
Soll't losjehn? ... Na, denn man rin in't Vajniejen! ...
Is Reindel schon da mit seine Maschinen? ....
Sehn Se, ick bin nobel, ick laß den Mann wat vadienen! ..."
Im Hof stand der Henker am Block mit dem Beile.
"Der hat woll Eile?"
Sagte Willy; aber das Lachen wurde ihm schwer,
Eine Minute später war er nicht mehr.

Der Journalist Hans Hyan (1868-1944) in „Kaschemmen-Willy – Verse". Entnommen aus: Walter Schmähling, Die Darstellung der menschlichen Problematik in der deutschen Lyrik von 1890-1914, Diss., München 1961, S. 15. Hyans Vers-Sammlung erschien bei Seemann in Berlin 1907.

Reindels Tagebuch der Jahre 1874-1897 und das dazugehörige Attestbuch von Friedrich Reindel, beides im Ledereinband, wurden, wie 1997 in der Presse verlautete, im Jahre 1989 „von einer Frau aus der DDR“ an das Braunschweigische Landesmuseum übergeben. Der Reporter vermutete überschlägig etwa 300 angeführte Hinrichtungen.[61]

1889 trat Friedrich Reindel in preußische Staatsdienste, nachdem Julius Krautz soeben vorzeitig in den Ruhestand geschickt worden war. Bald vollstreckte Friedrich Reindel Hinrichtungen in Berlin sowie in den westlichen Provinzen Preußens; sein Sohn Wilhelm Albert assistierte ihm, während sein Bruder August ihn beriet.[62]

Laut Schreiben des Oberstaatsanwalts des Königlichen Kammergerichts in Berlin an den Königlichen Oberstaatsanwalt in Celle vom 14. November 1889 hatte Wilhelm Reindel 14 Tage zuvor die Scharfrichterprüfung mit Erfolg abgelegt und sei in dem Augenblick an die Stelle von Krautz getreten.[63]

Am 20. Juli 1889 wurde der vom Schwurgericht Halle zum Tode verurteilte Mörder Joseph Steinicke aus Molmeck (südliches Harzvorland) im Hof des Hallenser Gerichtsgefängnisses hingerichtet. Rund 100 Menschen hatten sich an Ort und Stelle eingefunden, um der Hinrichtung beizuwohnen. Neben den berufenen Vertretern der Bürgerschaft waren es Gerichtsbeamte, Ärzte, Polizisten und Vertreter der Presse. Die „Saale-Zeitung“ beschrieb den Hinrichtungsort: „Der Richtblock war an seitlicher Entfernung von der Mauer errichtet und im Erdboden befestigt. Links davon stand ein Tisch, auf welchem das bis zum Beginn der Vollstreckung mit einem Tuche verhüllte Richtbeil lag.“

Das Stahlbeil, mit dem bis zu diesem Tag 69 Verurteilte geköpft wurden, wog 4,5 Kilogramm. Genau wie der Richtblock war es das Eigentum des Magdeburger Scharfrichters Friedrich Reindel. Dem 27-Jährigen wurde das Hemd ausgezogen, wobei der Verurteilte nach den Angaben in der Presse „selbst behilflich“ gewesen sein soll. Der Mörder wurde am Richtblock befestigt, und mit einem Schlag erfüllte der Scharfrichter seine Aufgabe. Ganze drei Minuten dauerte es vom Erscheinen des Raubmörders bis zu seiner Enthauptung.[64]

Friedrich Reindel wohnte mit seiner Frau und seinem Sohn im Hause Bismarker Straße 64 in Osterburg (Altmark). Als Berufsbezeichnung gab er „Scharfrichter und Abdeckereibesitzer“ an. Seine Einsatzorte lagen weit verstreut. Ein Brief aus Hagen berichtete von der Hinrichtung eines Doppelmörders, ein weiterer von der Exekution eines Mörders in Brieg (Schlesien) und in Torgau. Mit der

---

[61] Tagebuch des Scharfrichters Reindel - LMB 28486, Attestbuch - LMB 28487.

[62] EVANS, a. a. O., S. 474.

[63] Nds. HptStA Hann. 173a Acc. 111/79 Nr. 436: Generalakten, betreffend die Vollstreckung der Todesstrafe, 1853-1901.

[64] Ausführlich: OTTO MANSFELD, „Der Scharfrichter aus Osterburg“, in: Landgericht Stendal – „... nur dem Gesetze unterworfen“, Books on Demand, Stendal 2002, S. 394 ff.; BERND KAUFHOLZ, Die Arsen-Hexe von Stendal – Spektakuläre Kriminalfälle, 1. Aufl., Halle (Saale) 2003, S. 35.

Eisenbahn oder mit einer Droschke fuhren der Henker und seine Gehilfen inkognito zu den Hinrichtungen.[65]

Am 24. Mai 1893 starben zwei wegen Raubmordes vom Schwurgericht am 29. Juni des Vorjahres zum Tode verurteilte Personen unter dem Beil des preußischen Scharfrichters Friedrich Reindel. So wurde im Sterberegister des Standesamtes Magdeburg-Altstadt unter der Nummer 804 festgehalten: „Magdeburg, den 25. Mai 1893. Auf schriftliche Anzeige des Königlichen Ersten Staatsanwalts hierselbst wird eingetragen, daß Dorothee Buntrock, Schneiderin, 32 Jahre alt, evangelischer Religion, wohnhaft zu Hannover, geboren zu Holzminden, unverheiratet, Tochter des Tapezierers August Buntrock und dessen Ehefrau Marie Luise geborene Hildebrandt genannt Wegener, beide verstorben, zu Magdeburg im Gerichtsgefängnis am vierundzwanzigsten Mai Eintausendachthundertneunzigunddrei, vormittags um sechs verstorben ist. Der Standesbeamte gez. Unterschrift."[66]

— (Das Mörderpaar Buntrock-Erbe) ist heute früh 6 Uhr auf dem Hofe des Gerichtsgefängnisses zu Magdeburg hingerichtet worden.

Brandaktueller Hinweis auf die Enthauptung. Cellesche Zeitung, 24.05.1893.

Am 3. August 1893 vollzog Friedrich Reindel in Düsseldorf die Hinrichtung an dem wegen Mordes zum Tode verurteilten Schuhmacher Hermann Brendgen. Als er gestanden hatte, die 22-jährige Näherin Franziska Reiners, deren Leiche im Stadtteil Flingern aufgefunden worden war, am 19. November 1892 ermordet zu haben, war er bereits zum Tode verurteilt gewesen.

Eines Tages soll Friedrich Reindel nach Celle gereist sein, wo ein verurteilter Mörder auf ihn gewartet habe. Lag es an der Nervosität des Henkers – seine Frau erwartete ein Baby – oder hatte Reindel am Abend zu tief ins Glas geschaut? Das Beil soll auf das Genick des Verurteilten gesaust sein, aber nicht exakt getroffen haben; der Todgeglaubte lebte noch. Friedrich Reindel musste ein zweites Mal zuschlagen, ehe das Urteil vollstreckt war.[67]

Das Vollstrecken von Todesurteilen war für Friedrich Reindel nicht immer Routinesache. In Fällen, in denen die Verurteilten besonders schwere Verbrecher waren, ist folgender Satz von ihm überliefert: „Das sind keine Menschen mehr, denen müsste ich zweimal den Kopf abschlagen."

Am 10. September 1894 hatte Reindel in Verden ein Todesurteil zu vollstrecken. Gustav Adolf Seidel war wegen Mordes an mehreren Personen zum Tode verurteilt worden. Am Morgen der Hinrichtung hatte der Scharfrichter Friedrich Reindel die beiden Beile besonders geschärft. Dabei soll er sich geschnitten haben. Mit blutigen Händen hielt er den Stiel des Beiles. Die Henkersgesellen hatten den Scharfrichter noch nie so wütend gesehen. Nachdem der Priester die letzten Worte für den Delinquenten gesprochen hatte, hieb der Scharfrichter mit

[65] MANSFELD, a. a. O., S. 395.

[66] JOACHIM GRIES, „Vor hundert Jahren erschütterte ein Raubmord die Einwohner von Eschede", Sachsenspiegel 10, Cellesche Zeitung vom 16.03.1991.

[67] MANSFELD, a. a. O., S. 395.

solcher Wucht das Beil in das Genick des zum Tode Verurteilten, dass der Schaft des Beiles tief in den Richtblock eindrang und die Kraft von drei Männern nötig war, es wieder herauszuziehen.[68]

Nachrichten über einige von Scharfrichter Reindel im Frühjahr 1895 vorgenommene Hinrichtungen wurden in dem Buch „Geschichtliche Stellung der Frau“ abgedruckt. Darunter waren Friedrich Gottschalk aus Wolfsburg, der am 2. November 1894 vom Landsberger Schwurgericht zum Tode verurteilt worden, weil er die Dienstmagd Wilhelmine Linke, mit welcher er ein Liebesverhältnis unterhielt, ermordet und deren Leiche, in Säcke eingehüllt, beseitigt hatte, der Bauerngutsbesitzer Josef von Stwolinski aus Lenkau im Kreis Kosel und der Ackerer Konrad Küpper aus Titz bei Jülich.[69]

Als 1897 die Goldene Hochzeit im Hause Reindel stattfand, war erneut das Interesse der „New York Times“ geweckt. Die Familie feierte in der Sankt-Katharinen-Kirche in Magdeburg [diese ist bei einem Bombenangriff während des Zweiten Weltkrieges am 28. September 1944 ausgebrannt], und zwar in Anwesenheit einer Anzahl von Scharfrichtern aus anderen deutschen Staaten. Und: Bei der Gelegenheit feierte der Sohn seine Silberhochzeit. Glückwünsche kamen sogar aus dem Königshaus. (Siehe das Bild auf Seite 6.)

Friedrich Reindel trat im Jahre 1900 vom Amt des Scharfrichters zurück. In einem Schreiben des Oberstaatsanwalts vom 12. März 1900 heißt es unter anderem: „... Ich ersuche um baldige Äußerung, ob dies zutrifft, und eventuell Ihr Sohn Wilhelm, welcher nach einer früheren Mitteilung des Herrn Oberstaatsanwaltes bei dem Kammergericht sich nach bestandener Prüfung als Scharfrichter verpflichtet und zur Wahrnehmung scharfrichterlicher Handlungen bereit ist. Zutreffendenfalls wollen Sie Ihren Sohn veranlassen, eine Deckadresse anzugeben, unter welcher Briefe in seine Hände gelangen. Für die nächste Zeit steht eine Hinrichtung im hiesigen Bezirk nicht bevor.“[70]

Wilhelm Reindel erklärte sich bereit, die Arbeit seines Vaters zu übernehmen. Auf eigene Kosten „ließ er sich prüfen und verpflichten“. Das Königliche Amtsgericht hatte es eilig und fragte schriftlich an, ob er, „wie dies nach Zeitungsnachrichten der Fall sein soll – die Prüfung zum Scharfrichter anderweits bereits bestanden habe“. In einem solchen Falle erwarte der Oberstaatsanwalt, dass er bereit sei, sich als Scharfrichter einer Prüfung vor dem Königlichen Kammergericht zu unterziehen.[71]

Friedrich Reindel soll nach seinem Rücktritt vom Amt des Scharfrichters seine Abdeckerei in Osterburg fortgeführt haben. Er starb am 27. August 1908 in Magdeburg. Bei Abrissarbeiten fand man auf dem Gelände in Osterburg später ein Henkerbeil.[72]

---

[68] Ebenda.

[69] Elisabeth von Steinbom (Pseudonym), Geschichtliche Stellung der Frau, Berlin 1895, S. 146.

[70] Mansfeld, a. a. O., S. 396.

[71] Ebenda.

[72] Ebenda. Das Sterbedatum: Glenzdorf/Treichel, a. a. O., Band II, Nr. 3437.

Reindels Sohn Wilhelm übte das Amt des preußischen Scharfrichters nur wenige Jahre aus, da er bei dem preußischen Justizministerium in Ungnade gefallen war. Die Rede war von einem „auffälligen Auftreten".

Der Justizminister in Berlin richtete sich am 8. Mai 1900 an den Herrn Oberstaatsanwalt in Celle: „Mit Rücksicht auf die mehrfach zu Tage getretene Neigung des Reindel zum Trunke und auf die anlässlich der Hinrichtung des Arbeiters Anton Grzegorzewski aus Gethlingen an ihm gemachten Beobachtungen wollen Sie schon jetzt Ihr Augenmerk auf die Auffindung einer geeigneten Persönlichkeit richten ..."[73]

Am Vortag soll Wilhelm Reindel über eine bevorstehende Hinrichtung gewitzelt haben, außerdem führte er Hinrichtungen unter erheblichem Alkoholeinfluss durch. Bei einer Hinrichtung in Neuwied am 13. November 1899 soll er entsprechende Symptome gezeigt haben, ebenso am 12. Mai 1900 in Ratibor (Schlesien). Am 16. August 1901 war er bei einer Hinrichtung in Münster offensichtlich so betrunken, dass er zwei Streiche benötigte, um das Werk zu vollenden.[74]

Evans schreibt: „Am 7. Februar 1900 erteilte der Erste Staatsanwalt von Magdeburg, wo Reindel jetzt wohnte, dem strauchelnden Scharfrichter die strenge Weisung, keinen Tropfen mehr anzurühren."[75]

Über die Alkoholprobleme der damaligen Scharfrichter schreibt Evans:[76]

Die mangelnde „Solidarität" der Scharfrichter verriet sich nicht zuletzt in ihrer Neigung zur Trunksucht. Es ist auffallend, wie im ganzen 19. Jahrhundert Scharfrichter immer wieder in stark angetrunkenem Zustand ihren Pflichten nachkamen. Ob Lorenz Scheller in Bayern (siehe S. 91)*, Franz Müller in Baden, Julius Krautz, Wilhelm Reindel und Alwin Engelhardt in Preußen: alle tranken im Dienst oder gaben in ihrer Freizeit so viel Geld für alkoholische Getränke aus, dass sie in ernste finanzielle Schwierigkeiten gerieten oder sogar, wie Julius Krautz, mit dem Gesetz in Konflikt kamen. Natürlich war Trunksucht Ende des 19. und Anfang des 20. Jahrhunderts auf allen Ebenen der deutschen Gesellschaft verbreitet; sie scheint aber bei Scharfrichtern weit über dem Durchschnitt gelegen zu haben.*

Wie zuvor bei Krautz wurden auch die Taten von Wilhelm Reindel für die Nachwelt zu Papier gebracht und veröffentlicht. Diese Publikation, die 1903 im Verlag A. Weichert in Berlin NO, Barnim-Str. 48, erschien, hat wohl nicht zu einem großen Interesse der Medien geführt wie beim Kolportageroman von Julius Krautz.[77]

---

[73] Nds. HptStA Hann. 173a Acc. 111/79 Nr. 436.
[74] EVANS, a. a. O., S. 475.
[75] Ebenda unter Bezugnahme auf GStA Berlin, Rep. 84a/4592, Bl. 16: Erster Staatsanwalt in Magdeburg an das Preußische Justizministerium vom 7. Februar 1900.
[76] EVANS, a. a. O., S. 486.
[77] *Wilhelm Reindel, der Scharfrichter von Magdeburg und die Opfer des Schafotts: Zeitroman nach Aufzeichnungen u. Mitteilungen d. Scharfrichters Wilhelm Reindel, 800 Seiten, Berlin 1903.* Vgl. ULRICH BENTZIEN/HERMANN STROBACH, Deutsche Volksdichtung: eine Einführung, Leipzig 1987, S. 351; Der Kunstwart, Band 16, Teil 2, München 1903, S. 423.

Lorenz Schwietz (1850-1925)

Der leitende preußische Scharfrichter Lorenz Schwietz stammte gebürtig aus Groß Döbern im Kreis Oppeln.[78] Schwietz betrieb eine Abdeckerei und zählt zu den namhaften Henkern seiner Zeit. Er war von 1900 bis 1914 im Amt und erschoss sich im Mai 1925.

Lorenz Schwietz, ein früherer Gehilfe des Scharfrichters Julius Krautz, hatte von 1886 bis 1898 in Breslau eine Abdeckerei betrieben, ehe er im Jahre 1900 seine neue Aufgabe übernahm. Noch zu Lebzeiten hatte Schwietz in Breslau mit E. Ruessmann einen Verleger gefunden, der seine Memoiren auflegte.[79] Lorenz Schwietz, am 25. Juli 1850 als Sohn von Barbara und Andreas Swiec zu Groß Döbern, Kreis Oppeln, geboren und auf den Namen Laurentius getauft, war zunächst Fleischer und Rossschlächter gewesen. Er hatte die Scharfrichterprüfung 1889 abgelegt und war 1914 in den Ruhestand getreten.

Im Jahre 1901 hatten die Behörden in Preußen bereits begonnen, sich nach einem Nachfolger für den bei seinen Amtshandlungen gelegentlich angetrunkenen Scharfrichter Wilhelm Reindel, Magdeburg, umzusehen. Schon 1889 hatte der Oberstaatsanwalt von Breslau die Aufmerksamkeit auf Lorenz Schwietz, einen Gehilfen Krautzens, gelenkt. Schwietz betrieb seit 1886 in Breslau eine Abdeckerei. Bei weiteren Nachforschungen hatte sich ergeben, dass er vorbestraft war, was die Beamten des Justizministeriums nachdenklich stimmte. Als jedoch bekannt wurde, dass es sich lediglich um eine Vorstrafe wegen Tierquälerei handelte, beruhigten sie sich wieder: Ein derartiges Delikt stand einer Tätigkeit als Scharfrichter noch am wenigsten im Wege.[80]

Den Schilderungen zufolge war Schwietz stark und kräftig gebaut, besonnen und gelassen und in seinem Beruf erfahren – ein idealer Kandidat. Er konnte auch ein offizielles Zeugnis vorweisen, das ihm bestätigte, dass er „die mit ihm vorgenommene Prüfung als Scharfrichter bestanden hat“. 1889 hatte Schwietz, wie vor ihm Krautz, in einem Rundbrief an verschiedene Staatsanwälte seine Dienste angeboten und eine Abschrift der bestandenen Scharfrichterprüfung beigelegt[81], doch hatten sich die Behörden seinerzeit mit den Reindels beholfen. Als aber in den 1890er Jahren die Zahl der Hinrichtungen zunahm und die Kräfte der Familie Reindel gegen Ende des Jahrzehnts immer mehr nachließen, kam man wieder auf Schwietz zurück, der 1898 seine Abdeckerei aufgegeben hatte und zwei Jahre später seine Bereitschaft erklärte, das Amt des leitenden preußischen Scharfrichters zu versehen. Nach Berichten des Oberstaatsanwalts in

[78] Der Pfarrer der Gemeinde Groß Döbern hat selbst davon gehört, dass ein Scharfrichter aus dem Dorf stammte. Angeblich sagen die Leute bis heute, man gehe zu „mordouka“ (der Begriff ist schlesisch und unübersetzbar; er bedeutet soviel wie: man geht zu dem, „der tötet“).

[79] HELMUTH KIONKA (Bearb.), Das Tagebuch des Scharfrichters Schwietz aus Breslau über seine 123 Hinrichtungen, mit zwei eingedruckten Bildnissen, Breslau 1924.

[80] GStA Berlin, Rep. 84a/4591, Bl. 55: Oberstaatsanwalt von Breslau an Preußisches Justizministerium, 16. Oktober 1889.

[81] Nds. HptStA Hann. 173 a Nr. 436, Bl. 132 f.: Schwietz an den Oberstaatsanwalt von Celle, undatiert.

Breslau hatte Schwietz seit den 1880er Jahren sämtliche Hinrichtungsgerätschaften aufbewahrt und gewartet, die er von Krautz übernommen hatte. „Nach seiner athletischen Persönlichkeit", setzte der Oberstaatsanwalt hinzu, „und nach seinem, den Eindruck vollster Gefühlslosigkeit machenden, energischen Auftreten dürfte Schwietz zur Verwendung als Scharfrichter wohl geeignet sein".

Dieses Mal wurde Schwietz einer gründlichen ärztlichen Untersuchung unterzogen, hatte Grundkenntnisse in menschlicher Physiologie und Anatomie nachzuweisen und musste den Prüfern kurz beschreiben, wie er eine Hinrichtung durchführen würde. Er scheint diese Prüfung bestanden zu haben; denn am 21. Juni 1900 bestätigte das Justizministerium in Berlin seine Ernennung, und am 9. und 10. August nahm er seine ersten Hinrichtungen vor.

Über die Vorgehensweise von Lorenz Schwietz berichtete Julius Polke 1930 in der Monatsschrift für Kriminalpsychologie und Strafrechtsreform. In einem von Polke bearbeiteten Fall endete ein Geschäftsmann, der seine Frau ermordet hatte, unter dem Beil von Scharfrichter Schwietz (Bericht auf S. 16). „Von dem Eintritt des Verurteilten in den Richthof bis zur Enthauptung waren nur wenige Minuten vergangen."[81]

Polke nannte zudem einige besondere Details:

Scharfrichter Schwietz benutzte zu seinen Hinrichtungen ein Handbeil im Gewicht von 13 Pfund. Die Schneide war 32 cm lang, der Stiel 42 cm. Das Schafott bestand aus einer Bank und einem schweren ahornen Block mit einem Blutkasten. Sämtliche Gegenstände waren persönliches Eigentum des Scharfrichters und sind kurz vor der großen Polizeiausstellung Berlin 1926 vom Kriminalmuseum angekauft worden.

Weiterhin verlautet: „Schwietz war im Jahre 1850 in Groß-Döbern, Kreis Oppeln, geboren und erlernte das Fleischerhandwerk in Breslau, arbeitete dann in Ratibor und betrieb bis 1886 in Breslau eine Fleischerei. 14 Jahre lang, und zwar vom 9. August 1900 bis 29. Januar 1914, waltete er dann seines schweren Amtes als Scharfrichter. In dieser Zeit hat er 120 Hinrichtungen vorgenommen und zwar: in Glogau 6, Breslau 3, Brieg 1, Berlin 3, Neu-Ruppin 1, Ostrowo 2, Oppeln 2, Graudenz 4, Danzig 2, Kottbus 7, Görlitz 2, Tilsit 5, Köslin 1, Beuthen O.-S. 10, Gleiwitz 7, Posen 7, Allenstein 6, Hirschberg i. Schl. 5, Stargard i. Pom. 1, Königsberg 4, Schneidemühl 1, Hannover 1, Köln 1, Essen 1, Düsseldorf 2, Schweidnitz 3, Glatz 1, Meseritz 3, Öls 1, Bartenstein 1, Liegnitz 1, Ratibor 6, Bromberg 4, Plötzensee 3, Guben 1, Lessa i. Pos. 1, Thorn 1, Insterburg 5, Stettin 1 und Frankfurt a. O. 1. / Schwietz, der so viele Verbrecher vom Leben zum Tode befördert hatte, machte seinem Leben durch eine Revolverkugel ein Ende. Er hatte wohl mit Nahrungssorgen zu kämpfen. Sein Nachfolger Spaethe hat sich ebenfalls selbst entleibt und sein Vorgänger Krautz, der Scharfrichter des 19. Jahrhunderts, endete im Zuchthause, weil er einen seiner Gehilfen erschlagen hatte."[82]

---

[81] POLKE, a. a. O., S. 275.

[82] Gleich lautend, aber ohne die dezidierte Aufstellung, das Archiv für Kulturgeschichte, Band 46, Nendeln/Liechtenstein 1964, S. 358.

Polke schreibt weiter (S. 277):

Während die Scharfrichter, die Henker und Stockmeister im Mittelalter hoch und meistens von Fall zu Fall bezahlt wurden, hatte der preußische Forstfiskus vertreten durch die Staatsanwaltschaft mit Schwietz einen Vertrag abgeschlossen. Es waren ihm darin bestimmte Oberlandesgerichte zugewiesen, in denen er die gerichtlich erkannte Todesstrafe durch Enthauptung persönlich zu vollstrecken hatte. Dafür erhielt er eine jährliche Pauschalsumme von 3800 Mark, die ihm in Teilbeträgen am Ende jedes Kalendervierteljahres gezahlt wurden. Für jede Reise wurden ihm außerdem für ihn und seine Gehilfen vom Wohnort bis zum Ort der Vollstreckung und zurück die Fahrkosten III. Klasse einschließlich etwaiger Zuschläge, sowie die Kosten für den Transport der Richtwerkzeuge erstattet. Dafür hat Schwietz für Aufstellung und Abrüstung der nötigen Werkzeuge in ordnungsmäßigem und sauberem Zustande zu sorgen, sowie für das Einsargen der Leiche, den Verschluß des Sarges und auf Verlangen ev. auch die Beförderung des Sarges vom Richtplatze zur Grabstelle. Über die ihm erteilten Vollstreckungsaufträge hatte er strengstens Stillschweigen zu bewahren und das gleiche auch seinen Gehilfen zur Pflicht zu machen. Er war ferner gehalten vor, bei und nach der Vollstreckung sich in jeder Beziehung einwandfrei zu benehmen und in einer dem Ernst der Handlung entsprechenden Kleidung zu erscheinen. Schwietz erschien stets im Frack, hohem Hut und weißer Binde. Auch für das Wohlverhalten seiner Gehilfen, deren Zahl auf mindestens drei festgesetzt war, und für deren angemessene Kleidung war er verantwortlich. Schwietz war nebenher verpflichtet, auch außerhalb der für ihn bestimmten Oberlandesgerichtsbezirke Todesurteile zu vollstrecken. Im diesen Fällen erhielt er neben den Reise- und Transportkosten eine besondere Vergütung von 400 RM. und, falls die Strafe von mehreren Verurteilten hintereinander zu vollstrecken war, 500 Mark.

Im Dezember 1900 wurde berichtet, dass Schwietzens Gehilfen ihrer Aufgabe nicht ordentlich nachkämen. Schwietz selbst musste sich eine offizielle Verwarnung gefallen lassen, nachdem er bei einer Hinrichtung in Plötzensee zwei Streiche benötigt hatte, um das Haupt des Verbrechers vom Rumpf zu trennen.[83]

1901 nahm Schwietz 13 Hinrichtungen vor, wofür er 4018 Mark erhielt; 1902 waren es abermals 13, wofür er 3937 Mark bekam. Diese Summen waren zur Deckung der Reise- und Wartungskosten sowie für die Entlohnung seiner Gehilfen bestimmt. Doch lag er mit diesem Verdienst mindestens im Einkommensbereich der oberen Arbeiterklasse; denn das Existenzminimum eines Arbeiters wird für die damalige Zeit allgemein auf 1000 bis 1500 Mark veranschlagt.[84]

Mit der Beschaffenheit des von Schwietz benutzten Beils befassten sich Heinrich Breloer und Horst Königstein und gaben auch einen Einblick in seine Arbeit.[85]

---

[83] GStA Berlin, Rep. 84a/4592, Bl. 45 a: Preußisches Justizministerium an Oberstaatsanwalt von Breslau, 18. Dezember 1900.

[84] EVANS, a. a. O., S. 479, unter Bezugnahme auf GERHARD A. RITTER/KLAUS TENFELDE, Arbeiter im Deutschen Kaiserreich 1871-1914, Bonn 1992, S. 469-490.

[85] HEINRICH BRELOER/HORST KÖNIGSTEIN, Blutgeld – Materialien zu einer deutschen Geschichte, Köln 1982, S. 74, 76.

In den Jahren vor 1910 hatte Lorenz Schwietz mit dem Handbeil folgende Personen hingerichtet: im Frühjahr 1906 den Raubmörder Küntner in Hannover, 15. Januar 1907 Ernst Nentwig in Glatz, 17. Dezember 1907 Pferdeknecht Johann Kosicki in der Stadt Meseritz (Posen), 24. Januar 1908 Stallknecht und Schweizer Friedrich Strauß in der Stadt Bartenstein (Ostpreußen), 27. Februar 1908 Arbeiter Friedrich Ziegan in Stettin, 30. April 1908 Händlerin Pauline Scholz in Hirschberg (Schlesien), 4. März 1909 Tapeziergehilfe Galetzka in Gleiwitz.

Im Jahre 1910 erwies sich Schwietz als Mann vom Fach, als er Behördenvertretern die von ihm verwendete Fallschwertmaschine vorführte:[86] „Er verwies dabei auf die vom Scharfrichter Schwietz aus Breslau ihm zur Verfügung gestellte Skizze einer solchen Maschine, bei der das eine schräg gestellte Klinge aufweisende, 25 Kilogramm schwere Beil aus einer Höhe von 150 Zentimetern auf den Hals des Delinquenten herabfällt. Scharfrichter Schwietz, der 98 mal mit dem Handbeil und achtmal mit der Guillotine Hinrichtungen vollzogen hat, zieht allerdings die erste Art der Guillotine vor."

Eine Hinrichtung war wohl selbst nicht für den Scharfrichter, keinesfalls aber für die sonst noch Beteiligten ein Vergnügen. Die meisten der Anwesenden hatten mit dem Brechreiz zu kämpfen und wandten sich angewidert ab, wenn das Beil fiel. „Ich habe mich in diesem Moment schnell umgewandt", berichtete ein Zeuge einer Hinrichtung, „ich konnte nicht mehr. Aber fast im gleichen Augenblick hörte ich ein Knirschen und wußte, daß alles vorbei war. Als ich mich umkehrte, sah ich, wie die Gehilfen des Scharfrichters sich an dem Korb zu schaffen machten, in den der Kopf fiel, und dann sah ich, eine schreckliche Sekunde lang, den blutenden Rumpf, der keinen Kopf mehr hatte. Ich ging schnell fort."

Bei einer Hinrichtung 1860 in Hamburg fiel ein anwesender Kriminalbeamter in Krämpfe, und fast 20 Jahre später wurde dort ein Polizist während der Enthauptung ohnmächtig. In Berlin brach 1914 einer der Zeugen auf dem Richtplatz zusammen. Man brachte den Ohnmächtigen mit Hilfe von Kognak wieder zu Bewußtsein; „er schämte sich sehr, denn er war ausgerechnet noch Schlächtermeister von Beruf." Ein Justizwachtmeister, der 1917 in Saalfeld einer Hinrichtung beiwohnen mußte, erbrach in den folgenden Tagen alle Speisen. Solche sich auf Richtplätzen zeigenden Reaktionen des Organismus, die keineswegs ein Zeichen von Schwäche sind, wurden vom Scharfrichter Schwietz und seinen Gesellen „Seekrankheit" genannt.[87]

Schwietz' Sohn Richard assistierte seinem Vater zunehmend bei den Hinrichtungen, die sich nach 1906 nicht mehr über das Gesamtgebiet des großen Königreichs Preußen erstreckten, sondern nur noch auf die ostelbischen Provinzen. 1913 gab er seinen, an der Oranienstraße in Berlin betriebenen Ausschank auf und zog nach Breslau, um dort die Abdeckerei von seinem Vater zu übernehmen. Er ließ sich prüfen und nahm am 12. Februar 1914 unter der Aufsicht seines Vaters seine erste Enthauptung vor. Der Oberstaatsanwalt in Breslau berichtete dem Preußischen Justizministerium am gleichen Tag, er habe „den tödlichen

[86] Rechtsprechung und Medizinalgesetzgebung, Ausgabe 2/1910, Berlin 1910, S. 109.
[87] BRELOER/KÖNIGSTEIN, a. a. O., S. 74.

Streich mit derselben Sicherheit wie sonst sein Vater" ausgeführt. Er wurde als ruhiger und kräftiger Mensch beschrieben. 1915 wurde er eingezogen, kam an die Front und fiel in der ersten Augusthälfte des Jahres 1916.[88]

Im Jahre 1922 wurde Lorenz Schwietz vom Justizministerium eine regelmäßige Rente bewilligt, die jedoch bei der damaligen Inflation rasch ihren Wert verlor. Schwietz war zu alt, um seine Abdeckerei selbst zu führen, und konnte auch niemanden finden, der ihm nach dem Tod seines im Krieg gefallenen Sohnes Richard zur Hand ging.[89]

Schwietz Nachfolger wurde sein früherer Gehilfe Paul Spaethe aus Breslau.

Ein anderer Gehilfe von Schwietz, Joseph Kurz (Kurzer), der seit 1900 bei dem früheren Scharfrichter gearbeitet hatte, wurde noch Mitte sechzig zum Scharfrichter ernannt (1924), erkrankte aber bald darauf und starb 1927. Der führende Scharfrichter in Deutschland zur Zeit der nationalsozialistischen Machtergreifung, der Magdeburger Dampfwäschereibetreiber Carl Gröpler, ehemals Hauptgehilfe von Schwietz, hatte neben Schwietz und Spaethe amtiert, nachdem sein Arbeitsvertrag erst 1924 aufgefrischt worden war.[90]

Nachdem 1923 Lorenz Schwietz' Ehefrau gestorben war, wurden im Jahr darauf seine Memoiren aufgelegt. Seine schwerste Arbeit sei eine vierfache Hinrichtung gewesen, „bei der eine ganze Kompagnie Infanterie aufgestellt war", allerdings nicht zur Sicherheit, wie Schwietz angab, sondern nur um zuzusehen. „Heulend und schreiend wurde sie an die Richtstätte geführt" oder: „Völlig zusammengebrochen trug man ihn zum Schafott", schildert Schwietz seine Eindrücke.

Der nach Breslau zurückgekehrte Scharfrichter Schwietz erschoss sich im Mai 1925 aus Existenznot und wegen des Todes seiner Frau im Jahre 1923. Die Inflation hatte ihn zudem aller Ersparnisse beraubt, wie Millionen anderer Deutscher auch.[91]

„Die freie Meinung" aus Breslau schrieb zu den beiden Henkerselbstmorden von 1924 und 1925 Folgendes: „Als der Scharfrichter Schwietz vor einigen Jahren sein Amt niederlegte, habe ich ihn interviewt. 120 Hinrichtungen hatte der gute Mann hinter sich. Irgend welche scheußlichen Gefühle hatte er dabei nicht gehabt, er fühlte sich völlig als Vollstrecker der irdischen Gerechtigkeit."[92] „Der Scharfrichter Schwietz, dessen Memoiren jetzt erschienen sind, denkt daher auch nicht im geringsten an eine Rechtfertigung seines Berufs", notierte „Die Weltbühne" 1926.[93]

[88] Evans, a. a. O., S. 483 f.
[89] GStA Berlin, Rep. 84a/9397, Bl. 213: Preußisches Justizministerium, Notizen, 3. Juli 1922.
[90] Nds. HptStA Hann. 173a Acc. 111/79 Nr. 442.
[91] Koch, a. a. O., S. 295.
[92] Ebenda, S. 306.
[93] Die Weltbühne, Der Schaubühne XVI.-XXIX. Jahr. Wochenschrift für Politik, Kunst, Wirtschaft. Hrsg. von Siegfried Jacobsohn, Kurt Tucholsky u. Carl von Ossietzky. Vollständiger Nachdruck der Jahrgänge 1918-1933, Königstein/Taunus 1978, 1926, S. 977.

Paul Spaethe (1875-1924)

Der Scharfrichter Paul Spaethe wurde Lorenz Schwietz' Nachfolger. Er nahm ein unrühmliches Ende. „In Breslau hat sich der Scharfrichter Paul Spaethe mit seinem Revolver erschossen", verlautete damals.

Scharfrichter Paul Spaethe aus Breslau war seit 1912 Scharfrichter. Ehe er die Nachfolge von Lorenz Schwietz antrat, war er dessen Gehilfe gewesen.

Richard J. Evans schreibt, dass Paul Spaethe während des Ersten Weltkriegs zahlreiche Exekutionen unter der Aufsicht seines Amtsvorgängers Schwietz vorgenommen habe.[94]

Nachdem er wegen mangelnder Beschäftigung nach Ende des Krieges 1920 seinen Rücktritt erklärt hatte, wurde er im nächsten Jahr für ein Gehalt von 5000 Mark wieder zum offiziellen Scharfrichter für das Land Preußen ernannt.

Einige Amtshandlungen Spaethes seien hier kurz beschrieben:

Entgegen der Wahrnehmung des namhaften Rechtsanwalts Dr. jur. und Dr. phil. Erich Frey (1882-1964), Berlin, soll Spaethe den Serienmörder Friedrich Schumann (1893-1921) 1921 exekutiert haben.[95]

In der Akte, betreffend die Vollstreckung von Todesstrafen (1921-1936), sind folgende Hinrichtungen auf Listen und anderen Schriftstücken dokumentiert worden:[96]

17. November 1921: Hinrichtung des Maurers Gustav Bahlo aus Celle, der gemeinsam mit dem Arbeiter Wilhelm Cohrs aus Celle (begnadigt) wegen schweren Raubes und Mordes angeklagt war, in Lüneburg durch Paul Spaethe aus Breslau. „Von dem Erscheinen des Bahlo auf dem Richtplatz bis zu seiner Übergabe an den Scharfrichter demnach eine Minute 38 Sekunden." Die Fallschwertmaschine wurde danach wieder zum Gerichtsgefängnis in Hannover zurückgebracht.[97]

1921: Maurer Otto Bremer aus Eddesse wegen Mordes, Zuständigkeitsbereich des Oberstaatsanwalts in Hildesheim. Aus Celle verlautete am 22. Februar 1921: „... eine Milderung des Urteils daher nicht angebracht erscheint".[98]

---

[94] RICHARD J. EVANS, Rituals of Retribution – Capital Punishment in Germany 1600-1987, Oxford 1996, S. 543.

[95] GLA Karlsruhe 234/6610: Ausschnitt aus Nr. 147 der „Volksstimme" vom 5. Juni 1921; MATTHIAS BLAZEK, Carl Großmann und Friedrich Schumann – Zwei Serienmörder in den zwanziger Jahren, Stuttgart 2009, S. 109 ff.

[96] Nds. HptStA Hann. 173a Acc. 111/79 Nr. 442: Acta, betr. die Vollstreckung von Todesstrafen (1921-1936).

[97] Ebenda. Vgl. Acta Borussica, Neue Folge, Die Protokolle des Preußischen Staatsministeriums 1817-1934/38, Band 12/II, herausgegeben von der Berlin-Brandenburgischen Akademie der Wissenschaften, bearb. von Reinhold Zilch und Bärbel Holtz: Bahlo, Gustav, Maurer in Celle, 1921 Todesstrafe 217/170 135.

[98] Nds. HptStA Hann. 173a Acc. 111/79 Nr. 442: Acta, betr. die Vollstreckung von Todesstrafen (1921-1936).

1921: Ziegler Wilhelm Potthast aus Möllenbeck wegen Mordes (Oberstaatsanwalt in Hannover).

12. Oktober 1922: Hinrichtung des zum Tode verurteilten Melkers und Schlossers Wilhelm Möller aus Gadendorf, und zwar durch Paul Spaethe in Lüneburg. Die Fallschwertmaschine wurde danach wieder unbeschädigt zum Gerichtsgefängnis in Hannover zurückgeliefert.

Die zweite (und letzte) Exekution in der Strafanstalt Oslebshausen bei Bremen fand am 6. Januar 1922 um neun Uhr statt. Paul Spaethe, der Gastwirt aus Breslau, richtete den 1892 in Freudenthal geborenen Raubmörder W. Engel auf dem Hof der Strafanstalt mit dem Beil hin. Auf Carl Gröpler habe nicht mehr zurückgegriffen werden können, berichtet Hans-Joachim Kruse.[99] Der sei nämlich 1920 ausgeschieden, „weil er nicht hinreichend zuverlässig gewesen sei".

Paul Spaethe hatte mit dem preußischen Justizfiskus ab 1. Januar 1921 einen Dreijahresvertrag abgeschlossen. Dotierung: 5000 Mark jährlich plus 100 Mark pro Hinrichtung und 240 Mark für die Gehilfen bei Exekution außerhalb Breslaus.

Am 29. Dezember 1923 wurde der 37 Jahre alte Mörder Johann Mayer in Köln hingerichtet. Im Vorfeld hatte der Minister unter anderem verfügt, dass die Hinrichtung dem Scharfrichter Paul Spaethe aus Breslau zu übertragen sei. Mayer wurde von Koblenz in die Strafanstalt am Klingelpütz in Köln gebracht. Am 28. Dezember wurde ihm der bevorstehende Termin der Hinrichtung mitgeteilt. Tags darauf war es dann so weit. Der Scharfrichter Spaethe stand mit drei Gehilfen vor der Guillotine. Um 7.45 Uhr wurde der Verurteilte Johann Mayer durch die Strafanstaltsoberwachtmeister Haas und Kotowsky aus den Räumen des Gefängnisses dem Ersten Staatsanwalt Dr. Wernicke auf dessen vorherige Anordnung nach der Stelle zwischen der Guillotine und dem Tisch des Gerichtsschreibers vorgeführt. Gleichzeitig ertönte das Armesünderglöckchen, das bis zur Beendigung der Hinrichtung geläutet wurde. Nunmehr wurde dem Mayer durch den Ersten Staatsanwalt der Tenor des rechtskräftigen Urteils des Schwurgerichts und die Entschließung des Staatsministeriums vom 13. Dezember 1923, von seinem Begnadigungsrecht keinen Gebrauch zu machen, nochmals durch wörtliches Vorlesen verkündet. Der Verurteilte erklärte nichts. Hierauf wurde um 7.46 Uhr dem Scharfrichter Spaethe unter Vorzeigen der erwähnten Entschließung des Staatsministeriums der Auftrag erteilt, seines Amtes zu walten und die Vollstreckung des Todesurteils zu bewirken. Von diesem Augenblick ab traten die drei Gehilfen des Scharfrichters an die Stelle der beiden Strafanstaltswachtmeister. Mayer wurde die Stufen zur Guillotine hinaufgeführt, an das Brett geschnallt, der Körper vorgeschoben und alsdann sofort durch das nunmehr herunterfallende Fallbeil enthauptet. Der Kopf des Enthaupteten sank in den vorgehängten Sack. Der Enthauptete hatte eine ruhige Haltung bewahrt und der Vollstreckung keinerlei Widerstand entgegengesetzt. Der Leichnam wurde sofort in den bis dahin versteckt gehaltenen Sarg durch die Gehilfen des Scharf-

[99] HANS-JOACHIM KRUSE, Zur Geschichte des Bremer Gefängniswesens – Das Bremer Gefängniswesen in der Weimarer Republik, Band II, Bremen 2003, S. 109.

richters gelegt und der Gefängnisverwaltung übergeben. Der Strafanstaltsgeistliche segnete sodann den Sarg mit Gebet ein, und die ganze Handlung schloss mit einem gemeinsamen Gebet ab. Der ganze Akt von der Vorführung des Verurteilten bis zur vollendeten Hinrichtung dauerte zwei Minuten, von der Übergabe an den Scharfrichter bis zur Trennung des Kopfes 25 Sekunden.

Für das Aufstellen des Fallbeils hat der Gefängnis-Werkmeister Mecklenbroich am 29. Dezember 1923 schriftlich um „eine Entschädigung von 30 Billionen Mark“ gebeten. Der Scharfrichter Spaethe hatte zunächst einen Auslagenvorschuss von 2000 Goldmark erhalten. Hiervon hat er 1523 Goldmark als nicht verbraucht zurückgezahlt, sodass ihm 477 Goldmark verblieben. Die Gehilfen, die mit dem Scharfrichter aus Breslau angereist waren – sie hießen August Sprung, Karl Ehrlich und Fritz Reichelt –, mussten um ihren verdienten Lohn bangen. Denn sie schrieben am 12. Februar 1924 an den Oberstaatsanwalt in Koblenz: „Euer Hochwohlgeboren! Am 29. Dezember v. J. ist obengenannter Mayer in Köln durch den Scharfrichter Späte unter Assistenz der 3 Unterzeichneten hingerichtet worden. Eine Liquidation hat derselbe nicht eingereicht, weil er auf Genehmigung des neu geschlossenen Nachtragsvertrages durch den Herrn Justizminister wartete. Am 29. Januar d. J. hat sich Späte erschossen, ohne vorher die Liquidation gefertigt zu haben.“[100]

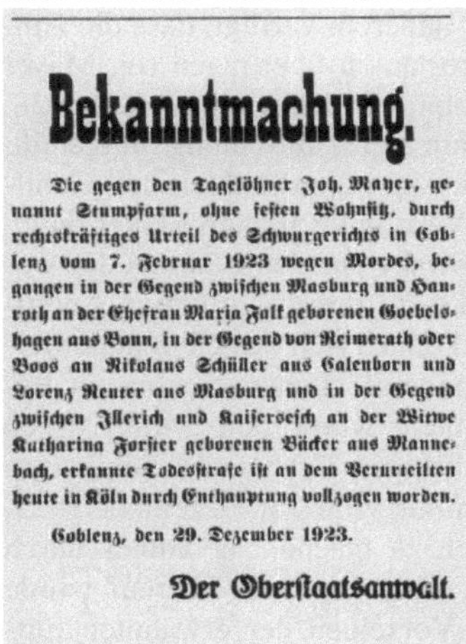

Bekanntmachung.

Die gegen den Tagelöhner Joh. Mayer, genannt Stumpfarm, ohne festen Wohnsitz, durch rechtskräftiges Urteil des Schwurgerichts in Coblenz vom 7. Februar 1923 wegen Mordes, begangen in der Gegend zwischen Masburg und Hanroth an der Ehefrau Maria Falk geborenen Goebelshagen aus Bonn, in der Gegend von Reimerath oder Boos an Nikolaus Schüller aus Calenborn und Lorenz Reuter aus Masburg und in der Gegend zwischen Illerich und Kaisersesch an der Witwe Katharina Forster geborenen Bäcker aus Mannebach, erkannte Todesstrafe ist an dem Verurteilten heute in Köln durch Enthauptung vollzogen worden.

Coblenz, den 29. Dezember 1923.

Der Oberstaatsanwalt.

Die Staatsanwaltschaft Köln hat Spaethe ein Attest ausgestellt, in dem es heißt: „Dem Scharfrichter Paul Spaethe aus Breslau wird hiermit bestätigt, daß er einwandfrei und gut gearbeitet hat.“ – Spaethe galt als *ernster, gutmütiger Mann*, der in seinem Scharfrichterberuf *großen Ehrgeiz* an den Tag legte. Es war *sein Stolz*, den Scharfrichter Schwietz, seinen Vorgänger und Lehrmeister, übertroffen zu haben. Spaethe ist tatsächlich nicht *ein einziger Fehlschlag* passiert.[101]

Paul Spaethe aus Breslau hatte auch dieses Urteil vollstreckt. Johann Mayer, genannt der „Stumpfarm“, war 37 Jahre alt, als man ihn zum Schafott führte.

Spaethes Frau starb im Januar 1924. Er sah keinen Ausweg und erschoss sich am 29. Januar 1924 in Breslau mit seinem Revolver. Hierzu verlautete: „Er hat Anfang Januar seine Frau verloren, an der er mit zärtlicher Liebe gehangen hatte. Seit dem Tode seiner Frau war der rüstige Mann völlig gebrochen.“[102]

---

[100] FRANZ JOSEF FERBER, „Den Mörder in Köln enthauptet – Einblick in die Strafprozessakten eines Eifelschrecks von 1923“.

[101] Der Querschnitt, veröffentlicht von Kraus Reprint, 1.1921-13.1933, Band 4/Repr. 1970, S. 172.

[102] Ebenda. Damit irrt Kurt Rossa in seinem „Spiegel“-Artikel „Wutanfall im Todeshaus“, wo er 1925 als Todesjahr von Spaethe angibt (DER SPIEGEL 45/1966 v. 31.10.1966, S. 116).

Der Vagabunden-Chronist Émil Szittya (1886-1964) bewertete die Fälle Schwietz und Spaethe in seinem Buch „Selbstmörder“:[103] „Hunger (...) Sicher hat Schwietz als ehrsamer Mann seines Handwerks versucht, auf anständige Art etwas nebenbei zu verdienen. Es gelang leider nicht. ... 20 Mal auf hoher Tribüne, freilich abgeschlossen von der großen Welt, zwischen Gefängnismauern seines Amtes gewaltet, hin, um auf der Tribüne, die die Welt bedeutet, seine gewichtige Persönlichkeit gegen 10 oder 20 Pf g. sehen zu lassen. (...) Der Hunger wurde größer und er beging Selbstmord (...) Auch Schwietz’ Nachfolger, der Scharfrichter Spaethe, der früher Schlächter war, hatte Gemüt. Seine Frau starb und er hatte sie so lieb, daß er sie nicht überleben mochte und sich erschoß. ‚Welch wunderbare Poesie’, schreibt eine Breslauer Zeitung (...)“

Blick in das Buch „Selbstmörder“ von Émil Szittya.

[103] ÉMIL SZITTYA, Selbstmörder – Ein Beitrag zur Kulturgeschichte aller Zeiten und Völker, Leipzig 1925, S. 307.

SELBSTMORD EINES SCHARF-RICHTERS

Er schickte Menschen ins Jenseits, aber seine Frau ließ er nicht alleine gehen

In diesen Tagen hat ein bekannter deutscher Scharfrichter aus Verzweiflung über den Verlust seiner Frau Selbstmord verübt. In den letzten 8 Jahren hat er

45 Todesurteile vollzogen, indem er mit einem Beil die Köpfe der Verurteilten abhackte.

Der Scharfrichter namens Paul Spaethe wohnte in Breslau und war ein Restaurantbesitzer. Er war ein ruhiger, gutmutiger und schweigsamer Mensch. Über seinen Scharfrichterberuf redete er mit niemandem mit Ausnahme seiner Helfer, von denen einer Schuster und der andere Restaurateur war.

Spaethe war der Nachfolger und Schüler des langjährigen deutschen Scharfrichters Schwietz.

Seinen Beruf übte er seit seiner Jugend aus und war wohl hervorragend in seinem Fach, denn in seinen Papieren fand man folgendes Zeugnis:

„Das Amt des Staatsanwalts in Köln bescheinigt Paul Spaethe aus Breslau, dass er sein Handwerk

gut und geschickt

ausübt.

Es ist charakteristisch, dass jemand, der so viele Menschen ins Jenseits schickte, aus Trauer über den Tod seiner Frau Selbstmord verübte.

Spaethes Nachfolger wird einer von seinen zwei Helfern aus Breslau.

[Dziennik Białostocki, 13.02.1924, freundliche Übersetzung von Danuta Schwietz.]

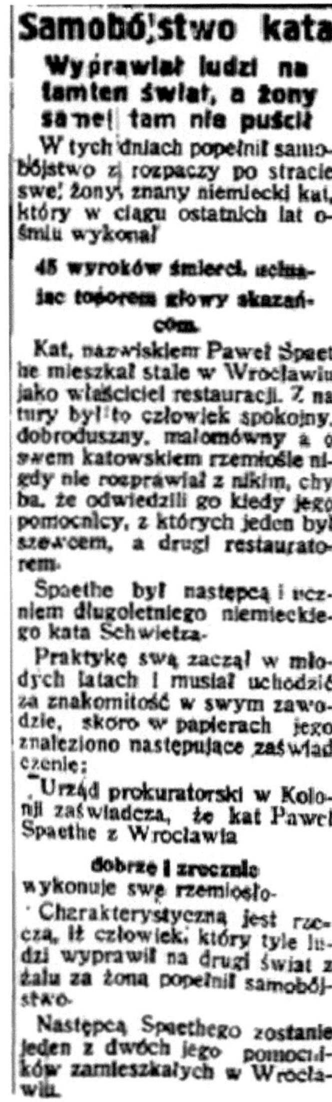

Samobójstwo kata

Wyprawiał ludzi na tamten świat, a żony samej tam nie puścił

W tych dniach popełnił samobójstwo z rozpaczy po stracie swej żony, znany niemiecki kat, który w ciągu ostatnich lat ośmiu wykonał

45 wyroków śmierci, ucinając toporem głowy skazańcom.

Kat, nazwiskiem Paweł Spaethe mieszkał stale w Wrocławiu jako właściciel restauracji. Z natury był to człowiek spokojny, dobroduszny, małomówny a o swem katowskiem rzemiośle nigdy nie rozprawiał z nikim, chyba, że odwiedzili go kiedy jego pomocnicy, z których jeden był szewcem, a drugi restauratorem.

Spaethe był następcą i uczniem długoletniego niemieckiego kata Schwietza.

Praktykę swą zaczął w młodych latach i musiał uchodzić za znakomitość w swym zawodzie, skoro w papierach jego znaleziono następujące zaświadczenie:

„Urząd prokuratorski w Kolonii zaświadcza, że kat Paweł Spaethe z Wrocławia

dobrze i zręcznie

wykonuje swe rzemiosło.

Charakterystyczną jest rzeczą, iż człowiek, który tyle ludzi wyprawił na drugi świat z żalu za żoną popełnił samobójstwo.

Następcą Spaethego zostanie jeden z dwóch jego pomocników zamieszkałych w Wrocławiu.

Alwin Engelhardt (1875-1940)

Der Scharfrichter Alwin Engelhardt, Kl. Schulstraße 30/31 in Magdeburg, stand von 1900 bis zu seiner Entlassung 1906 (und dann noch einmal von 1933 bis 1936) für Preußen im Dienst. Engelhardt, am 17. Mai 1875 in Nordhausen geboren, entstammte mit einiger Wahrscheinlichkeit keiner traditionellen Scharfrichterfamilie, was ja am Ende auch für seinen Nachfolger, Carl Gröpler, zutrifft.

Im Jahre 1900 bestand Alwin Engelhardt, Schwiegersohn und Gehilfe von Scharfrichter Wilhelm Reindel, ein „Buffetier" aus Osterburg, der in der Familie Reindel bei einigen Hinrichtungen assistiert hatte, die mit Lorenz Schwietz vorgenommene Scharfrichterprüfung und wurde offiziell als staatlicher Scharfrichter zugelassen, wie aus einem Bericht des Oberstaatsanwalts in Naumburg an das Preußische Justizministerium vom 13. Juni 1900 hervorgeht.[104]

Mit Schreiben vom 10. Februar 1901 an den Königlichen Herrn Oberstaatsanwalt in Celle bat Alwin Engelhardt um Übertragung der Vollziehung von Hinrichtungen. „Ich habe schon einige Hinrichtungen als Gehilfe des Scharfrichters Wilhelm Reindel mit der Maschine zur Zufriedenheit der hohen Behörden vollzogen, und zwar die letzte in Cöln ª/R. an den Schiffsheitzer Paul Wiegand."[105] [Paul Wiegand wurde am 18. August 1900 auf dem Gefängnishof der Kölner Strafanstalt mit der Guillotine hingerichtet.[106]]

Als Vertragsentwurf diente der am 3. März 1893 in Celle für Friedrich Reindel und Sohn Wilhelm Reindel ausgestellte Vertrag, dessen Änderungen mit rot überschrieben wurden, „Celle, den September 1901" war für Alwin Engelhardt vorgesehen, der am Ende am 4. Oktober 1901 das Papier unterzeichnete. Als Vergütung innerhalb der Provinz Hannover wurden 300 Mark festgeschrieben, im Falle mehrerer Hinrichtungen nacheinander sollten für jede weitere Exekution je 50 Mark vergütet werden.[107]

Der Erste Staatsanwalt bei dem Königlichen Landgericht in Flensburg stellte Alwin Engelhardt am 5. Juli 1901 ein Zeugnis folgenden Wortlauts aus: „Dem geprüften Scharfrichter Alwin Engelhardt aus Magdeburg bescheinige ich, daß derselbe heute bei der von seinem Schwiegervater, dem Scharfrichter Wilhelm Reindel aus Magdeburg, vollzogenen Hinrichtung des durch Urtheil des Schwurgerichts Flensburg vom 8. Dezember 1900 wegen Mordes zum Tode verurtheilten Arbeiter Johann Deppe aus Harburg mitgewirkt hat. p. Engelhardt hat durch Umsicht und Gewandheit, sowohl bei der Aufstellung des Richtblockes und der Bank wie auch bei der Hinrichtung sich vorteilhaft ausgezeichnet und in jeder Weise ein ernstes würdiges Verhalten an den Tag gelegt."

Engelhardt konnte sich gegen Lorenz Schwietz durchsetzen und wurde anstelle des zwangspensionierten Wilhelm Reindel regelmäßig mit Hinrichtungen in Preußen beauftragt.

---

[104] EVANS, a. a. O., S. 479 (mit Anmerkungen).

[105] Nds. HptStA Hann. 173a Acc. 111/79 Nr. 436: Generalakten, betreffend die Vollstreckung der Todesstrafe, 1853-1901.

[106] Ausführlich: EVANS, a. a. O., S. 500 f.

[107] Nds. HptStA Hann. 173a Acc. 111/79 Nr. 436.

Am 28. August 1902 hatte Alwin Engelhardt seiner Aufgabe im Landgerichtsgefängnis in Altenburg nachzukommen, wo drei Personen wegen Mordes beziehungsweise Beihilfe zum Mord vom Schwurgericht zum Tode verurteilt waren. Die „Altenburger Landeszeitung" berichtete in ihrer Ausgabe vom 29. August 1902 über die am Vortag erfolgte Hinrichtung von drei Verbrechern: „In der Frühe des heutigen Tages wurde die Hinrichtung der drei Urheber des Kostitzer Mordes, der 1855 in Ehrenberg geborenen Witwe Emma Seifert, des 1882 in Jonaswalde geborenen Maurers Bruno Tänzler und des 1868 in Thürnthenning geborenen Handarbeiters Johannes Niedermeier in dem hierzu bestimmten hinteren Hofe des hiesigen Landgerichts durch den Scharfrichter Engelhardt aus Magdeburg vollzogen. Die Hinrichtung der drei Verbrecher fand statt vor einer Anzahl geladener Zeugen ..."[108]

Im November 1902 reiste der Scharfrichter nach Aachen. Der 38-jährige, schon mehrmals vorbestrafte Musiker Ludwig Frank aus Aachen war am 25. Juni 1902 vom Aachener Schwurgericht zum Tode verurteilt worden. Über den Akt der Hinrichtung verlautete: „Am Morgen des gleichen Tages war die in Köln aufbewahrte Guillotine, in deren Fallbeil eine Jakobinermütze und die Jahreszahl 1792 eingeritzt waren", nach Aachen gebracht worden, wo sie von Gefangenen aufgebaut wurde. Schon am folgenden Tag, am 15. November 1902 um 8 Uhr morgens, nahm der „mit Frack und Cylinder" bekleidete Scharfrichter Engelhardt die Hinrichtung vor.[109]

1904 war Engelhardts bestes Jahr. 1905 kamen dagegen in ganz Preußen nur neun Delinquenten unter das Beil beziehungsweise die Guillotine.[110]

Am 12. November 1904, um 7.45 Uhr morgens, walteten Scharfrichter Engelhardt und seine drei Assistenten in Preungesheim, vor einem Dutzend vorschriftsmäßig schwarz gekleideter Zeugen, ihres Amtes. Kurz hintereinander wurden die Raubmörder Fritz Stafforst aus Goslar und Bruno Groß aus Sachsen im Gefängnishof auf die Richtbank gelegt und mit dem Handbeil geköpft. Das Ganze dauerte gerade einmal sieben Minuten. Beigesetzt wurden die Frankfurter Mörder auf dem Friedhof der damals noch selbstständigen Gemeinde Preungesheim.[111]

---

[108] Entnommen aus: ESCHE/KRÜGER, a. a. O., S. 173 f.

[109] UDO BÜRGER, Schurken, Schande & Schafott: zur Kriminalgeschichte in Aachen und Umland, Aachen 2004, S. 133, 135. Zuletzt hatte man in Aachen Konrad Küpper aus Titz am 23. April 1895 hingerichtet und davor den Bergmann Werner Wiesel aus Vussem am 26. November 1856. Zu letzterem vgl. Die Protokolle des Preußischen Staatsministeriums 1817-1934/38, Band 4/II (30. März 1848 bis 27. Oktober 1858), Berlin-Brandenburgische Akademie der Wissenschaften, unter der Leitung und mit einem Vorwort von JÜRGEN KOCKA und WOLFGANG NEUGEBAUER, bearbeitet von BÄRBEL HOLTZ, Hildesheim 1999, S. 665. Wiesel, geboren um 1834, war wegen Mordes, begangen an der Witwe Falkenberg, zum Tode verurteilt gewesen.

[110] EVANS, a. a. O., S. 480.

[111] FRED KICKHEFEL, „Nur um ihrer Habgier zu frönen, einen Mann hingeschlachtet" – Wegen 800 Mark: Der Möbelträger Groß und der Kutscher Stafforst brachten im Februar 1904 den geschätzten Klavierhändler Lichtenstein um, Frankfurter Rundschau, vom 28.08.2003.

Lokales, Kreis und Provinz.

Nachdruck oder Auszug aller Originalartikel, soweit keine andere Bestimmung getroffen, ist gemäß § 18 des Urheberrechts nur mit deutlicher Quellenangabe gestattet.

Die Hinrichtung des Gattenmörders Krause.

:|: Heute Morgen um 8 Uhr wurde auf dem innern Hofe des hiesigen Gerichtsgefängnisses der am 24. Mai 1872 zu Kobershain geborene, zuletzt in Schöna wohnhafte Steinbruchsarbeiter Eduard Krause durch den Scharfrichter Engelhardt aus Magdeburg enthauptet. Es wird noch in Erinnerung sein, daß Krause in der Nacht vom 16. auf den 17. Mai vor. Js. seine Ehefrau Wilhelmine, geb. Schirmer, getödtet hatte. Vor Gericht gestellt, wurde er bereits sechs Wochen nach dieser schrecklichen That der Tödtung mit Ueberlegung für schuldig befunden und zum Tode verurtheilt. Die darauf von Krause eingelegte Berufung wurde vom Reichsgericht verworfen und Ende voriger Woche ging bei der Staatsanwaltschaft der Allerhöchste Erlaß vom 5. Januar ein, worin Seine Majestät der Kaiser und König auszusprechen geruht haben, daß Allerhöchstdieselben vom Begnadigungsrechte keinen Gebrauch machen, vielmehr der Gerechtigkeit freien Lauf lassen wollen. Gestern Nachmittag um 4 Uhr traf der Scharfrichter Engelhardt mit zwei Gehülfen sowie seinem Schwiegervater Reindel, der vor drei Jahren, am 13. Januar 1900, die Enthauptung des Lustmörders Bräuer vollzog und bei den Hinrichtungen jetzt noch amtirt, hier ein. Bald nach ihrer Ankunft stellten sie das Richtzeug, das sie mit sich führten, an der Richtstätte auf. Um 6 Uhr betrat der Erste Staatsanwalt Herr Geheimer Justizrath Kube, begleitet von dem Gefängnißgeistlichen, Herrn Pastor Herrmann, einem Gerichtsschreiber und dem Gefängnißinspector, die Zelle des Mörders, um ihm anzukündigen, daß das über ihn verhängte Todesurtheil heute früh würde vollstreckt werden. Krause, der die Mittheilung gleichgiltig aufnahm, stellte sofort den Antrag auf Wiederaufnahme des Verfahrens, doch lehnte die berathende Kammer des Landgerichts denselben in einer umgehend anberaumten Sitzung, die sich bis 8 Uhr hinzog, ab. Von der zehnten Abendstunde bis zur Vollziehung des Urtheils weilte dann der Gefängnißgeistliche Herr Pastor Herrmann ununterbrochen bei dem Mörder, ihn auf den letzten Gang vorbereitend. Krause soll jedoch gegen geistlichen Zuspruch sehr verschlossen gewesen sein und auch das heilige Abendmahl zu nehmen sich geweigert haben; nur für sein einziges vierjähriges Töchterchen, das bei seinen Schwiegereltern Aufnahme gefunden hat, hat er Grüße hinterlassen und gebeten, daß es zu einem ordentlichen Mädchen erzogen werden möchte. Der Vollstreckung des Urtheils heute früh wohnten bei: aus der Bürgerschaft die Herren Dr. Franke, Dr. Keil, Dr. Krause, Rector Henze, Oberlehrer Dr. Herrmann, Dr. Ortmann, Schröder, Zander, Holzhändler Herzfeld, Rentner Lange, Uhrmacher Otto und Kaufmann Werner; vom Gericht die Herren Landgerichtsdirector Suchsland, Amtsgerichtsrath Henning und Assessor Hermann, als Vertheidiger Herr Justizrath Ulrich, ferner einige Zuschauer, Polizei- und Gefängnißbeamte. Kurz vor acht Uhr wurde Krause gefesselt, begleitet von zwei Aufsehern, nach dem Richtplatze geführt, wo er vor dem Altar Aufstellung nahm, hinter ihm der Scharfrichter und dessen Gehülfen. Als die Rathhausglocken 8 Uhr schlugen, verlas der Erste Staatsanwalt Herr Geheimer Justizrath Kube das Schwurgerichtsurtheil vom 27. Juni v. Js. und die Allerhöchste Cabinetsordre vom 5. d. Mts., zeigte die Unterschrift dem Krause und dem Scharfrichter vor und überließ diesem sodann den Delinquenten, der sich gefaßt benahm, zur Vollstreckung des Urtheils. In wenigen Augenblicken hatte Engelhardt seines Amtes gewaltet und der traurige Akt, der insgesammt kaum drei Minuten gedauert hatte, war beendet. Nachdem sich der Gefängnißhof geleert hatte, wurde die Leiche in einen bereitgehaltenen Sarg gelegt, von Gefangenen unter Eskorte von 2 Polizeisergeanten nach dem Friedhofe gebracht und dort in das in der Nacht gegrabene Grab gebettet. Dort hat Krause neben dem vor drei Jahren hier hingerichteten Lustmörder Bräuer seine letzte Ruhestätte gefunden. — Um 9 Uhr erschienen an den Plakatsäulen die üblichen rothen Zettel, die die Vollstreckung des Urtheils mit folgenden Worten anzeigten:

Bekanntmachung Der Steinarbeiter Gottfried Eduard Krause aus Schöna ist durch rechtskräftiges Urtheil des Schwurgerichts zu Torgau vom 27. Juni 1902 wegen Mordes, verübt in der Nacht zum 17. Mai zu Schöna an seiner Ehefrau Wilhelmine Krause geb. Schirmer zum Tode verurtheilt. Nachdem Seine Majestät der Kaiser und König durch Allerhöchsten Erlaß vom 5. Januar 1903 auszusprechen geruht haben, daß Allerhöchstdieselben vom Begnadigungsrechte keinen Gebrauch machen, vielmehr der Gerechtigkeit freien Lauf lassen wollen, ist die erkannte Todesstrafe an dem Steinarbeiter Gottfried Eduard Krause 8 Uhr 4 Minuten auf dem Hofe des Gefängnisses hierselbst durch Enthauptung vollstreckt worden. Torgau, den 16. Januar 1903. Der Erste Staatsanwalt. Kube.

Am 16. Januar 1903 erfolgte in der Stadt Torgau in Sachsen durch Alwin Engelhardt die Hinrichtung des am 24. Mai 1872 in Kobershain geborenen Steinbrucharbeiters Eduard Krause wegen Tötung seiner Ehefrau Wilhelmine. Stadtarchiv Torgau: Torgauer Kreisblatt, 16.01.1903.

Am 2. Februar 1905 wurde die 50 Jahre alte Hebamme und fünffache Kindsmörderin Elisabeth Wiese aus dem Hamburger Stadtteil St. Pauli auf dem Hof des Untersuchungsgefängnisses am Holstenglacis in der Hansestadt Hamburg hingerichtet. Ein Pastor begleitete die Delinquentin auf ihrem letzten Gang. Das Urteil des Schwurgerichts vom 15. Oktober 1904 wurde verlesen. Der Vertreter der Staatsanwaltschaft ordnete die Vollstreckung an: „Scharfrichter, walten Sie Ihres Amtes!“ Der Henker Alwin Engelhardt riss den schwarzen Vorhang vor der Guillotine zurück. Seine beiden Gehilfen packten die Verurteilte, schnallten sie auf dem Gestell des Fallbeils fest und traten zurück. Wenige Sekunden später war der Kopf vom Rumpf getrennt und fiel in einen Weidenkorb. Der Leichnam wurde in einen bereitgestellten Sarg gelegt. Der Anstaltsarzt bestätigte den Tod, die Uhrzeit wurde ins Protokoll eingetragen. Drei Minuten hatte die Hinrichtung gedauert. Der Sarg wurde in das Hafenkrankenhaus gebracht. Dort nahm ein Sektionsgehilfe vom Schädel die Totenmaske ab.[112]

Carl Gröpler legte 1906 vor der Königlichen Staatsanwaltschaft Magdeburg ein Examen als Scharfrichter mit Erfolg ab und löste nun Alwin Engelhardt, seinen Lehrmeister, als preußischen Scharfrichter ab und erschien auch ab sofort im Magdeburger Adressbuch als Scharfrichter.

Als junger Mann betrieb Engelhardt in Magdeburg die Gastwirtschaft „Zum Prälaten“, in der auch des Öfteren der dortige Scharfrichter Wilhelm Reindel als Gast weilte. Alwin Engelhardt soll dessen Tochter Maria Martha geheiratet und damit zugleich das Scharfrichteramt übernommen haben. Die Henkersprüfungsurkunde hing er stolz über seine Theke.[113] 1910 besorgte ihm das preußische Justizministerium eine Abdeckerei.[114] Diese befand sich außerhalb der Stadt Schmölln (Thür.) am Kemnitzgrund. Dort kam Engelhardt mit seiner mehrköpfigen Familie unter. Das Schmöllner Adressbuch von 1910 nennt Wilhelm Reindel als Inhaber und Alwin Engelhardt als Geschäftsführer der Abdeckerei. Engelhardts Henkersknechte Willi Zörner und Alfred Gläser waren dort hauptsächlich als Heizer beschäftigt, berichtete Christel Vollmer in der „BILD am Sonntag“ (22. und 29. Juli 1990).

Nach dem Tode des letzten sächsischen Scharfrichters, Moritz Brand (1844-1927), hatten das sächsische und thüringische Justizministerium beschlossen, im Bedarfsfalle die Magdeburger Scharfrichter Alwin Engelhardt und Carl Gröpler für anstehende Exekutionen heranzuziehen.[115]

---

[112] Uwe Bahnsen, „Tod unterm Fallbeil – die Engelmacherin von St. Pauli“, Die Welt vom 23.01.2005.

[113] Günter Schneider, Schmöllner Originale, Heimat- und Verschönerungsverein Schmölln e.V., Schmölln 2006, S. 4 ff.

[114] Evans, a. ao. O., S. 483.

[115] Über den Scharfrichter Moritz Brand (* Pfaffroda 05.04.1844, † Oederan 05.05.1927), der 104 Hinrichtungen, davon allein 57 in Sachsen, vorgenommen haben soll, lies: Eckhard G. Franz, Darmstädter Kalender – Daten zur Geschichte unserer Stadt, Darmstadt 1994, S. 149; Archiv für Geschichte und hessische Altertumskunde, 1999, S. 515; Gotthold Leistner, „Sachsen und die Guillotine – Ein Beitrag zur Geschichte eines Tötungsmonstrums“, in: Sächsische Heimatblätter, 48. Jg./2002, S. 130-149.

Bereits mit Schreiben des amtierenden sächsischen Justizministers Otto Thierack vom 31. Juli 1933 war der in Schmölln wohnhafte Alwin Engelhardt „bis auf weiteres“ als sächsischer Scharfrichter angestellt worden. Die Vollstreckung jedes Todesurteils wurde ihm mit 350 Reichsmark, bei mehreren gleichzeitigen Hinrichtungen – vorausschauend! – jede weitere mit 150 Reichsmark, vergütet. Hinrichtungsort war zwar nicht Bautzen; die Sonderstrafvollzugsanstalt Bautzen II diente aber auch als Durchgangsstation für zum Tode Verurteilte.[116]

Der wohl Bekannteste unter den durch Engelhardt Hingerichteten war der Holländer Marinus van der Lubbe. Als angeblicher Verursacher des Reichstagsbrandes am 27. Februar 1933 verurteilt, wurde er am 10. Januar 1934, drei Tage vor seinem 25. Geburtstag, um 7.25 Uhr im Hof des Landgerichts Leipzig eiligst von Scharfrichter Alwin Engelhardt mit der Guillotine geköpft.[117] Das Reichsgericht konnte und durfte keine weiteren Täter oder gar Hintermänner ermitteln. Van der Lubbe gilt als erstes Opfer der NS-Justiz.

Als der Staatsanwalt Marinus van der Lubbe im Angesicht der Guillotine fragte, ob er noch etwas zu sagen habe, verneinte er. Das letzte Wort, das der Gefängnispfarrer hörte, war „Endlich!“ Nach der Sektion am Anatomischen Institut an der Universität Leipzig wurde ihm der Kopf sonderbarerweise wieder angenäht. Van der Lubbe wurde mit der doppelten der normalen Grabtiefe auf dem Leipziger Südfriedhof begraben.[118]

Entgegen der offiziellen Darstellung verlief die Hinrichtung nicht ohne Probleme. Kommuniziert wurde seinerzeit die Aussage des Scharfrichters Engelhardt-Schmölln, der die Richtigkeit der Angaben über die letzten Äußerungen van der Lubbes bekundete. Der damalige Gerichtsassessor Tauscher erklärte der IRK, die Hinrichtung vom Fenster des Gerichtsgebäudes beobachtet zu haben. Der Verurteilte habe laut schreiend protestiert und sich heftig gewehrt, als man ihn zur Hinrichtungsstätte führte (Unterlagen AKL).[119] Im offiziellen Hinrichtungs-Protokoll heißt es: „Der Verurteilte hatte eine gefaßte Haltung und gab keine Erklärung ab.“[120]

„Und dann war noch eine wichtige Persönlichkeit vorhanden: Scharfrichter Engelhardt/Schmölln, vorschriftsmäßig in Frack, Zylinder und weißen Handschuhen; eine konventionelle Maskerade, die gerade hier zu bitterer Satire aufreizt“, schreibt Fritz Tobias 1962.[121]

---

[116] Karl Wilhelm Fricke, Humaner Strafvollzug und politischer Missbrauch – Zur Geschichte der Strafvollzugsanstalten in Bautzen (Sächsische Justizgeschichte, Band 10), Dresden 1999, S. 88.

[117] Lothar Gruchmann, Justiz im Dritten Reich 1933-1940 – Anpassung und Unterwerfung in der Ära Gürtner, München 1988, S. 830.

[118] Mario Todte, „Die Ära Engelhardt“, in: Die Hinrichtungen in Sachsen (1900-1981), Hausarbeit, Leipzig 2006.

[119] Pierre Grégoire, Internationale Komitee zur wissenschaftlichen Erforschung der Ursachen und Folgen des Zweiten Weltkrieges, Der Reichstagsbrand – Die Provokation des 20. Jahrhunderts; Forschungsergebnis, Luxemburg 1978, S. 299.

[120] Alexander Bahar/Wilfried Kugel, Der Reichstagsbrand – Wie Geschichte gemacht wird, Berlin 2001, S. 505.

[121] Fritz Tobias, Der Reichstagsbrand – Legende und Wirklichkeit, Rastatt 1962, S. 499.

Engelhardts Wirken blieb auf die ersten Jahre nach der nationalsozialistischen Machtergreifung beschränkt. Offenbar war ein Alkoholproblem hierfür verantwortlich. Angeblich betrank er sich nach jeder Hinrichtung. Seitens des sächsischen Justizministeriums in Dresden in Gestalt des Senatspräsidenten Dr. Friedlein sah man sich also nach Alternativen um. Friedlein wandte sich schon am 9. Juli 1933 an seinen Kollegen Dr. Karl Siegel, Präsident des in der damaligen bayerischen Pfalz gelegenen Oberlandesgerichts Zweibrücken.[122]

Über sein Auftreten gibt erstmals ein Bericht des Staatsanwalts in Dessau vom August 1933 Auskunft, dem er sich als „ein kräftiger untersetzter Mann mit frischem Aussehen, diszipliniert und ruhig" präsentierte.[123]

Im März 1935 untersagte ihm die Polizei, weiter als Abdecker zu arbeiten, nachdem festgestellt worden war, dass er für den menschlichen Verzehr ungeeignetes Fleisch verkauft hatte.[124]

Eine der letzten Enthauptungen Engelhardts dürfte 1935 in Weimar stattgefunden haben. Auf Friedleins Anfrage ließ Siegel nicht lange warten. Schon wenige Tage später brachte er den Bayern Johann Reichhart ins Gespräch. Damit beginnt die Ära Reichharts in Sachsen.[125]

Alwin Engelhardt, inzwischen stark in finanzielle Bedrängnis geraten, wandte sich an die höchsten Stellen im Reich und geriet dadurch am Ende in Misskredit. Eine Untersuchungskommission stellte am 28. April 1936 fest, dass Engelhardt ein sehr tüchtiger Scharfrichter sei, die Personalakten aber seinen persönlichen Eigenschaften ein sehr schlechtes Zeugnis ausstellten. Man empfahl seine fristlose Entlassung. Der geeignete Augenblick, ihn in den Ruhestand zu entlassen, schien den Beamten zudem gekommen zu sein, da Engelhardt das 60. Lebensjahr erreicht habe. Alwin Engelhardt wurde pensioniert bei einer jährlichen Pension von 600 Reichsmark. Er protestierte dennoch und drohte noch mit Schreiben an das Reichsjustizministerium vom 5. Dezember 1937 mit dem Ausstellen seiner Geräte gegen Geld. Die Gestapo wurde daraufhin eingeschaltet, die seine Geräte beschlagnahmte.[126]

Noch am 11. Dezember 1938 wandte sich Engelhardt an die Behörden, diesmal an den Reichsminister Dr. Arthur Seyß-Inquardt (1892-1946).

Günter Schneider in Schmölln, der als Kind Engelhardt noch persönlich kennen gelernt hat, erinnert sich an das tatsächlich zur Schau gestellte Richtbeil in der Schmöllner Gaststätte „Germania" und wie Engelhardt sich durch selbst gefertigte Kleinigkeiten einen Zuverdienst erwarb. Engelhardt soll besonders unter Alkoholeinfluss von seiner Arbeit erzählt haben, obwohl alles „streng geheim" war. Am 10. Oktober 1940 erlag Alwin Engelhardt einem Herzleiden.

---

[122] LEISTNER, a. a. O., S. 140 f. Mit „Senatspräsident" wurden früher die heutigen „Vorsitzenden Richter am Oberlandesgericht" bezeichnet.

[123] EVANS, a. a. O., S. 807, unter Bezugnahme auf BA R 3001 (alt R 22), Nr. 1322, Bl. 42: Generalstaatsanwalt in Naumburg an das Reichsjustizministerium vom 23. März 1935 (Anlage).

[124] EVANS, a. a. O., S. 808.

[125] TODTE, a. a. O.

[126] EVANS, a. a. O., S. 809.

Carl Gröpler (1868-1946)

Der führende Scharfrichter in Deutschland zur Zeit der nationalsozialistischen Machtergreifung war der Magdeburger Carl Gröpler. Er war von 1906 bis 1937 preußischer Scharfrichter und nahm Hinrichtungen in Preußen, Mecklenburg, Oldenburg, Braunschweig und den Hansestädten vor. Davon, dass jeder, der ihm begegnete, bleibende Erinnerungen davontrug, zeugen vereinzelte zeitgenössische Darstellungen. Man begegnete ihm mit Ehrfurcht. Und immer stellte man sich die Frage, was ihn wohl bewegen möge bei seinen Amtshandlungen.[127]

Carl Gröpler stand den Staatsanwaltschaften gegen ein kleines monatliches Fixum mit seinem Handbeil, auch Richtbeil genannt, zur Verfügung. Je nach örtlicher Begebenheit bediente er auch Fallschwertmaschinen. Einmal soll Gröpler, der neben Friedrich Reindel prominenteste preußische Scharfrichter, vor einer Hinrichtung zu einem Justizwachtmeister gesagt haben: „Na ja, ... Sie haben eine hässliche Nacht da in der Zelle hinter sich. Oder glauben Sie nicht an Gott? Ich – ja! Sonst könnte ich das hier nicht tun.“[128]

Bei diesem Scharfrichter, dem „roten Richter“, unter welchem Namen Theodor Lessing ihn 1925 benannte, handelte es sich um, wie es heißt, eine breitschultrige, kräftige Gestalt mit rötlichem Schnurrbart und militärisch kurzem Haarschnitt. Franz Friedrich Carl Gröpler, wie er mit seinem vollständigen Geburtsnamen hieß, kam am 22. Februar 1868 in Magdeburg als gemeinsames Kind des Eisenbahnarbeiters/Dienstmanns in Magdeburg Heinrich Gröpler und seiner Ehefrau, Auguste Gröpler, geborene Anton, zur Welt.

Als Erwachsener hatte Carl Gröpler einen bulligen Kopf und einen „faltigen Stiernacken“. Als Scharfrichter trug er einen hoch geknöpften Gehrock, und der dunkle Anzug spannte über den breiten Schultern.

Carl Gröpler war vor seiner Ernennung zum Scharfrichter „Roßschlächter“ (Pferdeschlachter) gewesen. Sein Sohn Georg wurde 1895 geboren, und 1897 gründete er an der Hohepfortestraße 8 in Magdeburg die Dampfwäscherei „Aegir“.[129] Bis 1945 wohnte Gröpler an der Straßburger Straße, anfangs in Nr. 9, dann in Nr. 8.

Im Jahre 1906 legte Carl Gröpler vor der Königlichen Staatsanwaltschaft Magdeburg ein Examen als Scharfrichter mit Erfolg ab. Noch im gleichen Jahr tauchte er im Magdeburger Adressbuch als Scharfrichter auf und trat damit die

---

[127] Vgl. MATTHIAS BLAZEK, „Scharfrichter Carl Gröpler – der rote Richter“, Kapitel in: Haarmann und Grans – Der Fall, die Beteiligten und die Presseberichterstattung, Stuttgart 2009, S. 111 ff.

[128] WALTER GOETZ/GEORG STEINHAUSEN, Archiv für Kulturgeschichte, Köln/Weimar 1976, S. 171.

[129] Die Waschanstalt von Carl Gröpler erscheint in den Magdeburger Adressbüchern erstmals 1906. Carl Gröpler wohnte damals im Haus Straßburger Straße 9. Unter dieser Anschrift ist 1905 ein Musiker Carl Gröpler aufgeführt, welcher 1898 erstmals und 1905 letztmals im Adressbuch genannt wird. Einwohnermeldeunterlagen sind vor Anfang der 1950er Jahre in Madeburg nicht mehr vorhanden. Information des Stadtarchivs Magdeburg.

Nachfolge seines Lehrmeisters und Schwiegersohns von Wilhelm Reindel, Alwin Engelhardt, an, der von 1900 bis zu seiner Entlassung 1906 (und dann noch einmal von 1933 bis 1936) für Preußen im Dienst gestanden hatte.

Seine Scharfrichterkarriere hatte Gröpler als Hauptgehilfe des preußischen Scharfrichters Lorenz Schwietz begonnen.

Gröpler war aus viel gröberem Holz geschnitzt als sein früherer Vorgesetzter. Mit der Behauptung des älteren Schwietz, die Durchführung von Hinrichtungen sei „Ehrensache", hatte er nichts im Sinn. Von Anfang an war es klar, dass es ihm auf das Geld ankam. Wie lange vor ihm Julius Krautz schrieb er nach seiner Ernennung sogleich an die Staatsanwaltschaften in anderen norddeutschen Ländern und bot seine Dienste an. Gröpler, der sich durch seine überhöhten Spesenabrechnungen unbeliebt machte, ärgerte sich bald über das niedrige Honorar, das er für Hinrichtungen bekam, und das stark schwankende und nicht genau berechenbare Einkommen daraus. 1906 verdiente er 1075 Mark, 1907 waren es 1800 und 1908 schließlich 2550 Mark.[130]

In Magdeburg hatte er die Nachfolge seines Lehrmeisters Alwin Engelhardt angetreten, der von 1900 bis zu seiner Entlassung 1906 (und noch einmal von 1933 bis 1936) für Preußen im Dienst gestanden hatte. Davor war der Vater von Engelhardts Schwiegervater, Friedrich Reindel, in Magdeburg tätig gewesen, der zwischen 1874 und 1898, dem Jahr seines Eintritts in den Ruhestand, insgesamt 196 Menschen hingerichtet haben soll. Noch früher (1795) hatte es in Magdeburg den Scharfrichter Georg Uder gegeben, der 1809 in Krimmensen bei Einbeck starb und der als ein weithin bekannter Wunderdoktor galt.

Die Scharfrichterei lag in Magdeburg in alter Zeit an der Schrotdorfer Straße. Die letzte öffentliche Hinrichtung, die in Magdeburg vollzogen wurde, stand am 23. Oktober 1810 auf der Tagesordnung. Damals wurde der wegen Diebstahls eingekerkerte Ackerknecht Joachim Kegelmann, der eine Brandstiftung, die mehrere Höfe in Olvenstedt vernichtet hatte, gestanden hatte, gemäß Urteil auf dem Alten Markt in Magdeburg enthauptet. Im Jahre 1834 trat in Berlin anstelle des Meisters August Hellriegel der Scharfrichter Hormuth aus Magdeburg. Am 23. Mai 1886 meldete die „Gerichts-Zeitung für Magdeburg und die Provinz Sachsen", dass kürzlich eine Hinrichtung in der Stadt stattgefunden habe: „... zum größten Leidwesen eines jeden guten Magdeburgers war die Zahl der ausgegebenen Karten eine sehr beschränkte ..."

Heinrich Rathmann schreibt in seiner „Geschichte der Stadt Magdeburg von ihrer ersten Entstehung an bis auf gegenwärtige Zeiten" auf Seite 93 über Vorkommnisse des Jahres 1635 (Magdeburg 1806): „Stalmann ergriff die Flucht, ward am 25. May zum Verhör nach Magdeburg citirt, auf der Flucht an der Polnischen Grenze eingeholt, und nach einem vergeblichen Versuch in Jüterbock, sich selbst das Leben zu nehmen, nach Magdeburg geführt, wo ihm der Proceß gemacht, und wo er zum Tobe verurtheilt ward. Er entging aber der Hinrichtung durch eine abermalige Flucht, und starb bald nachher." Max Dittmar schreibt auf Seite 418 in seinen „Beiträgen zur Geschichte der Stadt Magdeburg in den ers-

[130] EVANS, a. a. O., S. 484 f.

ten Jahren nach ihrer Zerstörung 1631“ (1885) aber: „... welche Wittich seine Behauptung stützt, nämlich das Theatrum Europaeum, P. III. S. 461 f., S. 526 und 545, und Chemnitz, Th. II, S. 730 f. und S. 817, erwähnen nichts davon, dass die Hinrichtung an Stallman auch wirklich vollzogen wurde. Das Theatr. Europ. nennt auf S. 545 nur die Mitglieder des Gerichtshofes, welcher über Stallman erkennen sollte; Chemnitz bemerkt dagegen auf S. 817 ... Heft HS 93, dass Stallman der Hinrichtung durch eine abermalige Flucht entgangen und dass er bald darauf gestorben sei; Hoffmann spricht über Stallmans Ende nicht. Mir selbst haben im städtischen Archiv zu Magdeburg die von Baner an Stallman und seine Helfershelfer, ... dass es zur Hinrichtung Stallmans wirklich, und noch dazu in Magdeburg, ...“

1611 hatte es bei einer Hinrichtung in Magdeburg sogar einen Tumult gegeben.

Carl Gröpler stand den Staatsanwaltschaften gegen ein kleines monatliches Fixum mit seinem Handbeil, auch Richtbeil genannt, zur Verfügung. Je nach örtlicher Begebenheit bediente er auch Fallschwertmaschinen.

Am 2. April 1908, um 6 Uhr morgens, fand in Bonn die dreifache Hinrichtung der wegen Raubmordes angeklagten kroatischen Bergleute Nikolaus Baic, Daniel Beslac und Milos Kantar statt. Baic hatte mit zwei weiteren Komplizen, Rupcic und Obred Kokotovic, am 19. Juli 1907 die Wirtsleute Raaf und die 86 Jahre alte Witwe Lohmar in Burbusch ermordet. Beslac und Kantar hatten sie dazu angestiftet. Die Männer hatten schon mehrfach in der Wirtschaft der Raafs Karten gespielt, um eine Gelegenheit für den Raubüberfall auszukundschaften. In der Nacht des 19. Juli drangen sie in das einsam gelegene Haus ein, Baic tötete den 60-jährigen Wirt und dessen Tante mit Messerstichen, Rupcic ermordete die 54-jährige Wirtin. Sie erbeuteten 330 Reichsmark. Das Schwurgericht in Bonn verurteilte alle fünf am 27. Oktober 1907 zum Tode. Noch in der gleichen Nacht erhängte sich Rupcic in seiner Zelle. Obred Kokotovic wurde kurz vor der Hinrichtung zu lebenslänglicher Freiheitsstrafe begnadigt, doch verzichtete Kaiser Wilhelm II. am 16. März auf sein Gnadenrecht für die drei anderen Männer. Die Angeklagten Baic, Beslac und Kantar wurden an jenem Donnerstag im Abstand weniger Minuten auf dem Gefängnishof in Bonn durch Scharfrichter Carl Gröpler mit der Guillotine enthauptet.

Reibungslos ging der Akt nicht vonstatten, wie in der „Celleschen Zeitung“ vom 3. April 1908 mitgeteilt wurde: „In Bonn sind gestern die drei kroatischen Raubmörder geköpft worden, deren Hinrichtung zunächst aufgeschoben worden war. Der Aufschub erfolgte, weil das Gnadengesuch noch nicht erledigt war. Den drei hat der Kaiser seine Gnade versagt, nur der vierte und jüngste Raubmörder ist zu lebenslänglichem Zuchthaus begnadigt worden. Zwei der Mörder gingen gefaßt in den Tod, während der dritte entsetzlich schrie; er mußte mit Gewalt zur Richtstätte geführt werden. Der traurige Akt dauerte eine Viertelstunde.“

Am 16. Mai 1908 wurde um 6 Uhr morgens auf dem Hof des Gerichtsgefängnisses in Köslin (Provinz Pommern) der 25 Jahre alte Maurergeselle Heinrich Preuß aus Bublitz durch Scharfrichter Gröpler mit dem Handbeil enthauptet.

Preuß hatte ein Auge auf die 15-jährige Hedwig Kirchenwitz geworfen, die aber nichts von ihm wissen wollte. Am 7. August 1907 brachte das im Restaurant zur Gozelquelle in Bublitz beschäftigte Mädchen den Schnittern das Frühstück aufs Feld, kehrte jedoch nicht zum Restaurant zurück. Man fand ihre Leiche in einer Schlucht zwischen dem Roggenfeld und dem Restaurant. Das Mädchen war durch einen tiefen Schnitt in den Hals ermordet worden. Schon am folgenden Tag lenkte sich der Verdacht der Täterschaft auf Preuß, der am Tag des Verschwindens des Mädchens nicht zur Arbeit erschienen war. Blutflecken auf seiner Kleidung erhärteten den Verdacht. Preuß wurde am 15. Oktober 1907 vom Schwurgericht in Köslin wegen Vergewaltigung zu acht Jahren Zuchthaus und wegen Mordes zum Tode verurteilt. Kaiser Wilhelm II. verzichtete am 1. Mai 1908 auf sein Gnadenrecht.

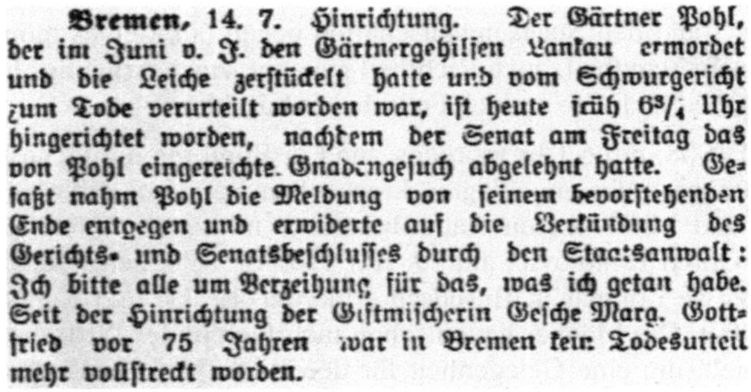

Bremen, 14. 7. Hinrichtung. Der Gärtner Pohl, der im Juni v. J. den Gärtnergehilfen Lankau ermordet und die Leiche zerstückelt hatte und vom Schwurgericht zum Tode verurteilt worden war, ist heute früh $6^3/_4$ Uhr hingerichtet worden, nachdem der Senat am Freitag das von Pohl eingereichte Gnadengesuch abgelehnt hatte. Gefaßt nahm Pohl die Meldung von seinem bevorstehenden Ende entgegen und erwiderte auf die Verkündung des Gerichts- und Senatsbeschlusses durch den Staatsanwalt: Ich bitte alle um Verzeihung für das, was ich getan habe. Seit der Hinrichtung der Giftmischerin Gesche Marg. Gottfried vor 75 Jahren war in Bremen kein Todesurteil mehr vollstreckt worden.

Cellesche Zeitung, 15.07.1908.

Am 14. Juli 1908 wurde der Gärtner Emil Pohl aus Doberwitz auf dem Gefängnishof der Strafanstalt Oslebshausen bei Bremen hingerichtet. Pohl war wegen Ermordung des Gärtnergehilfen Lankau vom Schwurgericht am 22. Januar des Jahres zum Tode verurteilt worden. Der Senat hatte das Begnadigungsgesuch abgelehnt und die Hinrichtung mittels Fallbeils auf viertel vor 7 Uhr angesetzt. Pohl wurde von zwei Beamten bewacht und unter dem Geläut der Armesünderglocke zur Richtstätte hinter dem menschenleeren Wirtschaftsgebäude (heute Schule) geführt. Bei klarem Verstand nahm Pohl die Meldung von seinem bevorstehenden Ende gefasst entgegen und erwiderte auf die Verkündung des Gerichts- und Senatsbeschlusses durch den Staatsanwalt: „Ich bitte alle um Verzeihung für das, was ich getan habe.“ Dann überantwortete der Staatsanwalt ihn dem Scharfrichter Gröpler aus Magdeburg und seinen zwei Gehilfen. Anschließend ließ Pohl sich zur Guillotine führen, auf der er schnell angeschnallt wurde. „Ein Griff des Scharfrichters an der Hemmung, ein Ruck, ein Aufzucken des Körpers; der Scharfrichter meldete mit lauter Stimme: Das Urteil ist vollstreckt!“ Das Zeugnis für den Scharfrichter vom 15. Juli 1908 vermerkt, dass Carl Gröpler die Hinrichtung „mit Ruhe und Sicherheit ausgeführt“ habe.

Überhaupt wurde Carl Gröpler als gelassener, unerschütterlicher Mensch beschrieben.[132]

---

[132] Vgl. ALFRED WOLFENSTEIN/GÜNTER HOLTZ/HERMANN HAARMANN, Werke, Mainz 1993, S. 219 („ruhiger Kaufmann“).

Insgesamt dauerte die Prozedur nur drei Minuten, der eigentliche Enthauptungsakt lediglich 28 Sekunden. Pohl wurde eingesargt und auf dem Oslebshauser Friedhof begraben. Pastor Müller schloss die Exekution mit einer Ansprache, Gebet und Segen.

Abschließend vermerkt der Bericht: „Den Insassen der Strafanstalt ist gestern abend mitgeteilt worden, aus welchem Grunde gestern morgen das Armesünderglöcklein geklungen hatte.“ Mit Sicherheit haben diese das bereits vorher gewusst.[133]

Die Fallschwertmaschine blieb nicht in Oslebshausen, sondern wurde per Eisenbahn nach Celle zurücktransportiert.

Gröpler war übrigens unter falschem Namen nach Bremen gereist. „Als Legitimation nennen Sie den Namen ‚Lop'“, instruierte der Erste Staatsanwalt zu Bremen am 11. Juli 1908 den Scharfrichter.[134]

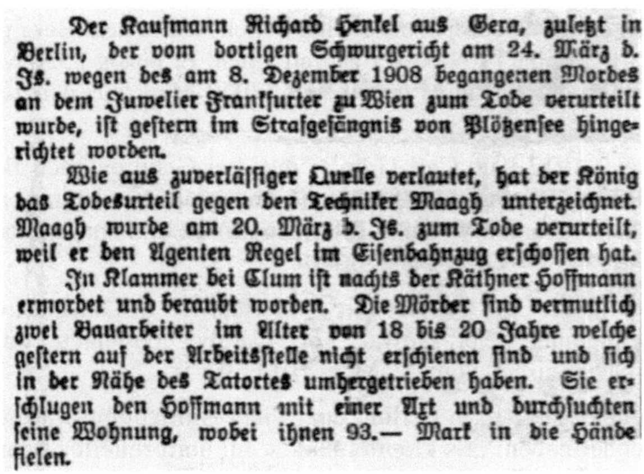

Der Kaufmann Richard Henkel aus Gera, zuletzt in Berlin, der vom dortigen Schwurgericht am 24. März d. Js. wegen des am 8. Dezember 1908 begangenen Mordes an dem Juwelier Frankfurter zu Wien zum Tode verurteilt wurde, ist gestern im Strafgefängnis von Plötzensee hingerichtet worden.

Wie aus zuverlässiger Quelle verlautet, hat der König das Todesurteil gegen den Techniker Maagh unterzeichnet. Maagh wurde am 20. März d. Js. zum Tode verurteilt, weil er den Agenten Regel im Eisenbahnzug erschossen hat.

In Klammer bei Clum ist nachts der Käthner Hoffmann ermordet und beraubt worden. Die Mörder sind vermutlich zwei Bauarbeiter im Alter von 18 bis 20 Jahre welche gestern auf der Arbeitsstelle nicht erschienen sind und sich in der Nähe des Tatortes umhergetrieben haben. Sie erschlugen den Hoffmann mit einer Axt und durchsuchten seine Wohnung, wobei ihnen 93.— Mark in die Hände fielen.

Cellesche Zeitung, 26.08.1909.

Am Nachmittag des 24. August 1909 kam gegen 17 Uhr Scharfrichter Gröpler mit seinen Gehilfen nach Berlin. Der Kaufmann Richard Henkel aus Gera, zuletzt in Berlin, der vom dortigen Schwurgericht am 24. März 1909 wegen des am 8. Dezember 1908 begangenen Mordes an dem Juwelier Frankfurter zu Wien verurteilt worden war, saß seit kurzer Zeit im Strafgefängnis von Plötzensee in der Mörderzelle ein und wartete auf seine Hinrichtung. Außer dem Prediger Hirsch war niemand gekommen, um ihn zu besuchen. Die Exekution im Hof des Gefängnisses wurde vorbereitet. Am Abend dieses Tages wurden dem Verurteilten die Fesseln abgenommen, und er durfte die erste Nacht ohne Bewegungseinschränkung verbringen. Am Abend ließ er das Essen stehen, und die Nacht verbrachte er großteils unruhig auf seinem Lager hin- und herwälzend. Am Morgen des 25. August wurde er kurz vor 6 Uhr aus seiner Zelle geholt und über den großen Hof in einen kleinen Nebenhof geführt, in dem das Schafott errichtet

[133] KRUSE, a. a. O., S. 109.
[134] Abschrift des Schreibens im Stadtarchiv Bremen 4/89/1.236.

worden war. Währenddessen läutete das Armesünderglöckchen (diese Prozedur währte immerhin bis 1940!), und Henkel wirkte völlig teilnahmslos. Auf dem Richtplatz erwarteten ihn bereits der Gerichtsvorsteher mit zwölf Zeugen und Gerichtsbeamten sowie einigen Polizeibeamten und der Scharfrichter mit seinen Gehilfen. Nachdem der Staatsanwalt das Urteil verlesen hatte, wurde Henkel dem Scharfrichter übergeben. Mit geübten Händen packten ihn die Gehilfen und schnallten ihn auf das Brett, das sofort nach vorne fiel, und Scharfrichter Gröpler löste die Arretierung des Fallbeils. Darauf meldete er: „Herr Staatsanwalt, das Urteil ist vollstreckt!"

Ein schlichter schwarzer Holzsarg hatte schon bereitgestanden, in den der Körper und der Kopf gelegt wurden, und in einem einspännigen Wagen wurde der Leichnam des Hingerichteten zum vorbereiteten Grab auf dem Gefängnisfriedhof gebracht. Um neun Uhr wurde die vollzogene Enthauptung an den Anschlagssäulen öffentlich bekannt gegeben.

Vielleicht weil er mit seiner Unzufriedenheit nicht hinter dem Berg gehalten hatte, begann Carl Gröpler 1909 besser zu verdienen: Er bezog 5350 Mark aus den elf Hinrichtungen dieses Jahres und weitere 4950 Mark aus den zehn Hinrichtungen 1910.

Am 24. Oktober 1912 kam Carl Gröpler mit drei Gehilfen nach Bielefeld, um binnen gerade einmal zehn bis elf Minuten die Doppelhinrichtung an den Mördern des Polizeisergeanten Wilhelm Ellermann, Alex und Anton Stadtkowitz, zu vollziehen.

Im Jahre 1914 nahm Carl Gröpler mit zwei Gehilfen in Duisburg die Hinrichtung des Bergmanns Peter Nowak vor. Darüber berichtete der „General-Anzeiger für Oberhausen" vom 20. März 1914.

Ein Schriftsteller, der 1914 in Berlin Zeuge einer Hinrichtung war, schildert Carl Gröpler folgendermaßen: „Es klopfte, und ... ein uniformierter Beamter ließ einen gut ... gekleideten Zivilisten herein. ... Er schüttelte (Oberinspektor) Krause die Hand: ‚Guten Tag, Herr Krause. Da bin ich mal wieder, wie geht's selbst und der Frau, den Kindern und Enkelchen? Es ist schon richtig Frühling.' Er wischte sich mit einem aus der inneren Brusttasche gezogenen, sehr großen und sehr weißen Taschentuch Stirn und Nacken ab, fuhr sich mit der Hand über sein kurz geschnittenes rötliches Haar. Krause stellte uns einander vor, der Herr hieß Gröpler. Er lächelte mich freundlich an, als er mir seine breite, feste Hand gab. Dann wandte er sich wieder an Krause geschäftlich und sachlich ..."[135]

Durch Gröplers Hand starben weiter 1917 in Hanau die Zigeuner Gebrüder Ernst, Wilhelm und Hermann Ebender – den Bruder Friedrich hatte er dort schon 1909 geköpft.[136]

Am Morgen des 30. Oktober 1918, mit dem Glockenschlag sieben Uhr, wurde der aus Russisch-Polen stammende Schlosser Johann Chmiel, die Hände auf dem Rücken gefesselt, in den Hof des Lüneburger Gerichtsgefängnisses geführt.

---

[135] BRELOER/KÖNIGSTEIN, a. a. O., S. 74.
[136] Ebenda.

Wiederholt hatte er Reue über seine Verbrechen – er hatte einen Polizisten und einen Gemeindevorsteher im Kreis Celle ermordet – gezeigt und ging nun festen Schrittes, von Pastor Wenig sowie einem katholischen Geistlichen und zwei Wachtmeistern begleitet, zu dem mit weißem Leinen bedeckten Tisch, auf dem sich ein Kruzifix (Chmiel war Katholik) und zwei brennende Kerzen befanden. Hinter diesem hatten der Oberstaatsanwalt und weitere Justizpersonen sowie der Scharfrichter Carl Gröpler in schwarzem Frack und schwarzem Zylinder Aufstellung genommen. Einige Schritte entfernt stand die aus dem Jahre 1859 stammende Fallschwertmaschine. Sie war, wie es in der Provinz Hannover üblich war, mit einem schwarzen Vorhang verhüllt. Im Beisein zahlreicher Justizpersonen und der vorgeschriebenen zwölf Zeugen stellte der Erste Staatsanwalt Geheimer Justizrat von Benzen zunächst die Identität des Verurteilten fest. Dann verlas er nochmals das Urteil des Schwurgerichts und den Erlass des Preußischen Staatsministeriums, der die Vollstreckung anordnete. Hierauf hielt er diesen Erlass zunächst Chmiel, dann auch dem Scharfrichter vor. Mit den an Letzteren gerichteten Worten „Nunmehr übergebe ich Ihnen den Schlosser Johann Chmiel. Walten Sie Ihres Amtes“ war die Zeremonie beendet.

— Hinrichtung. Gestern morgen um 7 Uhr wurde der Schlosser Johann Chmiel aus Steinförde, geboren am 8. Mai 1870 in Russisch-Polen, in dem umschlossenen Hofe des Gerichtsgefängnisses in Lüneburg durch den Scharfrichter Karl Gröpler aus Magdeburg mittelst Fallschwertmaschine hingerichtet. Chmiel war durch Erkenntnis des Schwurgerichts in Lüneburg vom 15. Mai 1918 wegen Mordes in zwei Fällen jeweils zum Tode und zum dauernden Verlust der bürgerlichen Ehrenrechte, sowie wegen versuchten Mordes zu 10 Jahren Zuchthaus rechtskräftig verurteilt. Er hat am 8. März 1918 zu Steinförde den Gemeindevorsteher Hösener, welcher in der Wohnung des Chmiel, dem eine große Anzahl von Diebstählen zur Last fielen, in amtlicher Eigenschaft bei einer Durchsuchung beteiligt war, vorsätzlich erschossen. Am 17. März d. J. hat er in Celle den Polizeisergeanten Wachowiak durch Erschießen getötet. Auf seinem gestrigen letzten Gange benahm Ch. sich fest und offenbar reuevoll. Pastor Wenig und ein zweiter Geistlicher seines Bekenntnisses begleiteten ihn zur Richtstätte. Die Vollstreckung des Todesurteils erfolgte schnell und ohne jeden Zwischenfall. Die Vollstreckungshandlung leitete der Erste Staatsanwalt Geheimer Justizrat von Benzen. Damit ist der irdischen Gerechtigkeit Genüge geschehen.

Cellesche Zeitung, 31.10.1918.

Rasch traten die Scharfrichtergehilfen hinzu und führten den Verurteilten schnellen Schrittes an die Enthauptungsmaschine. Sie zerrissen den Wollfaden, der sein Hemd hinten zusammenhielt, so dass der Nacken entblößt wurde, und fesselten ihn mit Riemen an das aufrecht stehende Anschnallbrett. Blitzschnell wurde dieses umgelegt und der Kopf Chmiels unter das Fallschwert geschoben. Gröpler, der indessen an der Seite der Maschine Aufstellung genommen hatte, betätigte den Auslöser, das Beil sauste herab und trennte den Kopf vom Körper.

Sekunden später meldete Gröpler: „Herr Oberstaatsanwalt! Das Urteil ist vollstreckt.“ Der ganze Akt hatte etwa vier Minuten gedauert. Und während der Oberstaatsanwalt die Verhandlung schloss und das Glockengeläut verstummte, schnallten die Gehilfen den Rumpf des Gerichteten ab und legten diesen zusammen mit dem aus dem Fangsack herausgenommenen Kopf in einen Sarg.

„Damit ist der irdischen Gerechtigkeit Genüge geschehen“, schloss die „Cellesche Zeitung“ tags darauf ihre Nachricht.

Am 27. August 1921 um 6 Uhr morgens wurde der Serienmörder Friedrich Schumann im Gefängnis Plötzensee von Carl Gröpler durch das Handbeil hingerichtet. Schumann war verurteilt zum Tode durch das Beil wegen sechsfachen Mordes. Elf Morde hatte man ihm zur Last gelegt. Gegen Mitternacht hatte der Direktor des Gefängnisses dem Delinquenten eröffnet, dass er am nächsten Morgen hingerichtet werde. Dann hatte Schumann seine Henkersmahlzeit eingenommen und ein letztes Mal mit seinem Verteidiger Erich Frey gesprochen. Sanitätsrat Dr. med. Leo Lehnsen untersuchte den zum Tode Verurteilten, da nur völlig gesunde Menschen hingerichtet werden durften. Lehnsen war nicht nur Gefängnisarzt in Plötzensee, zufällig war er auch der Hausarzt des Verteidigers.

Der Berliner Strafverteidiger Erich Frey erinnerte sich später an die flüchtige Begegnung mit dem Scharfrichter: „Am Ende des Ganges mußte ich einem breitschultrigen Manne Platz machen. Er sah wie ein Transportarbeiter aus, der hochgeknöpfte Gehrock wirkte merkwürdig an ihm. Sein kurzgeschorener Schädel saß auf einem faltigen Stiernacken. Trotz des fahlen Lichts wirkte er braungebrannt und gesund. Noch nie hatte ich Scharfrichter Gröpeler (sic!) aus Magdeburg gesehen. Aber als er mit einer flüchtig angedeuteten Verbeugung an mir vorüberging, wußte ich, daß er es war. Wer am Kriminalgericht zu tun hatte, wußte über Gröpeler Bescheid. Er war Pferdeschlächter gewesen. Jetzt besaß er eine gutgehende Kürschnerei in Magdeburg. Vom Staat bezog er monatlich ein kleines Fixum und mußte dafür mit seinem riesigen Beil und drei geübten Gehilfen auf Anforderung der Staatsanwaltschaften zur Verfügung stehen. Für jede Hinrichtung bekam er dreihundert Mark und die Spesen ... Gröpeler ging, um sich seinen Klienten anzuschauen. ‚Bei dem können Se ruhich reinjehen‘, hörte ich den Beamten zu Gröpeler sagen. ‚Der hat keene Nerven!‘“

Nur in wenigen Zuchthäusern richtete man damals noch mit dem Handbeil hin. Fast überall benutzte man stattdessen die schnellere und sicherere Guillotine.

Die zweite (und letzte) Exekution in Oslebshausen fand am 6. Januar 1922 um 9 Uhr statt. Diesmal war es aber Paul Spaethe, ein Gastwirt aus Breslau, der den Raubmörder W. Engel mit dem Beil richtete. Auf Carl Gröpler habe nicht mehr zurückgegriffen werden können, berichtet Hans-Joachim Kruse. Der sei nämlich 1920 ausgeschieden, „weil er nicht hinreichend zuverlässig gewesen sei“.

Richard J. Evans sagt in „Rituale der Vergeltung“, dass 1924 wieder auf den Wäschereibesitzer Carl Gröpler aus Magdeburg habe zurückgegriffen werden müssen. Die Ministerialbürokraten hätten dabei „in den sauren Apfel gebissen“. Mit seinen 56 Jahren sei Gröpler körperlich noch immer rüstig gewesen; das einzige Zeichen seines fortschreitenden Alters sei gewesen, dass er jetzt vollkommen kahl war. Im Bewusstsein seiner starken Verhandlungsposition stellte Gröpler erwartungsgemäß exorbitante finanzielle Forderungen, die die Beamten zunächst einmal mühsam auf ein für sie vertretbares Maß herunterhandeln mussten. Im April 1924 unterzeichnete Gröpler schließlich den neuen Vertrag. Im Dezember 1924 sah man Gröpler wieder bei der Arbeit, als er eine Enthauptung in Erfurt vornahm.[136]

Am 7. März 1925 erfolgte die Vollstreckung der Todesstrafe an den wegen Mordes verurteilten Kutscher Franz Kyewski aus Hoya, geboren am 20. Juli 1889 in Quidlitz, Kreis Allenstein, in Verden durch Scharfrichter Gröpler mit der Fallschwertmaschine. Im Bericht heißt es: „Von dem Erscheinen des Kyewski auf dem Richtplatz bis zur Übergabe an den Scharfrichter 1 Minute 30 Sekunden."[137]

Am 15. April 1925 wurde der Serienmörder Friedrich Haarmann um 6 Uhr im Gerichtsgefängnis an der Leonhardtstraße (heute nicht mehr existent) in Hannover durch Scharfrichter Gröpler mit dem Fallbeil hingerichtet. Gröpler und seine Mannschaft schnallten ihn auf die Guillotine. Sie zogen ihm sein offenes Hemd über die Schultern herunter. Haarmann sagte, nahezu schon aus dem Jenseits: „Auf Wiedersehen, meine Herrschaften!" 40 ehrenwerte Bürger von Hannover, darunter Kripo-Vizechef Hermann Lange, der Chef der Haarmann-Mordkommission, Kriminalkommissar Heinrich Rätz, Gerichtsarzt Medizinalrat Dr. Alex Schackwitz, die Anatomen von zwei Universitäten, zwei Richter, ein Protokollführer und ein Dutzend angesehene Bürger der Stadt, sahen zu, wie das Blut herausschoss, als Haarmanns Körper an der vorgesehenen Stelle durch das herabsausende Fallschwert direkt unter dem Kinn zerschnitten wurde.[138]

1925 richtete Carl Gröpler in Diez den Vielfachmörder Fritz Angerstein hin. Das Urteil wurde in den frühen Morgenstunden des 17. November 1925 vollstreckt.[139]

Der Prozess Angerstein hatte ungewöhnlich viel Aufsehen erregt und war deshalb von weittragender Bedeutung, weil letztmals eine vom Landgericht Limburg verhängte Todesstrafe öffentlich vollstreckt wurde.[140]

---

[136] EVANS, a. a. O., S. 665.

[137] Nds. HptStA Hann. 173a Acc. 111/79 Nr. 442: Acta, betr. die Vollstreckung von Todesstrafen (1921-1936).

[138] Ebenda (behördlicher Schriftverkehr vom 4., 5. und 8. April 1925).

[139] „Die Hinrichtung des Fritz Angerstein im Zentralgefängnis Freiendiez im Jahre 1925", in: Der Weg – Magazin aus der JVA Diez, 2007, 3, S. 20 ff.; RICHARD HERBERTZ, „Zum Fall Angerstein", in: Deutsche Juristische Zeitung 1925, 30. Jg., S. 1229 f.; A. A. FRIEDLÄNDER, „Der Fall Angerstein und das psychanalytische Gutachten von Prof. Herbertz", in: Zeitschrift für die gesamte Neurologie und Psychiatrie, Band 98/Nr. 1, Berlin/Heidelberg 1925, S. 43 ff. Der angesehene Direktor Fritz Heinrich Angerstein aus Haiger hatte am 1. Dezember 1924 seine Frau, seine Schwiegermutter und unmittelbar danach sechs weitere Personen durch Beilhiebe, in einem Fall unter Verwendung des Hirschfängers, ermordet (ausführlich: Reichspost, Wien, 4. Dezember 1924, S. 9) und wurde vom Schwurgericht in Limburg am 13. Juli 1925 achtmal zum Tode verurteilt.

[140] VEREIN FÜR NASSAUISCHE ALTERTUMSKUNDE UND GESCHICHTSFORSCHUNG, Nassauische Annalen, Band 99, 1988, S. 84.

Am 15. Februar 1926 richtete Carl Gröpler den 30 Jahre alten Fabrikarbeiter Osip Jakubowski aus Palingen bei Ratzeburg in Strelitz hin. Er war am 26. März 1925 vom Gericht des vorsätzlichen Mordes, begangen an seinem unehelichen Sohn Ewald, für schuldig befunden und zum Tode verurteilt worden.

Ein Generalstaatsanwalt beschrieb den Scharfrichter Gröpler als muskulösen Typ, der stets gut gekleidet war und den Eindruck eines wohlsituierten, selbstbewussten und ehrsamen Bürgers machte. Warum sollte er kein ehrsamer Bürger gewesen sein? Als der bekannte Humorist Otto Reutter (1870-1931) einmal von Gröpler zum Kaffee eingeladen war und dem Gastgeber eine Zigarre anbot, habe dieser gemeint: „Ihnen kann ich nun mal nichts abschlagen." „Ich will's hoffen", habe Reutter schlagfertig entgegnet. Wie viele Köpfe Gröpler in seiner etwa dreißigjährigen Dienstzeit abgeschlagen hat, konnte nicht festgestellt werden. Nach der Enthauptung des unglücklichen Jakubowski konnte er angeblich seine 134. Hinrichtung verbuchen. Allerdings bleibt offen, ob diese Zahl auch Hinrichtungen enthält, bei denen er als Gehilfe tätig war.[141]

Andere Quellen besagen, Gröpler habe damals das Jubiläum seiner 50. Hinrichtung gefeiert. So schreibt Johannes R. Becher in Berlin am 4. August 1925 in „Der einzig gerechte Krieg" auf Seite 92:[142]

Und die Straßen Jokohamas sind voll von demonstrierenden Menschenmassen. Japan, ganz Japan läuft Sturm gegen das amerikanische Einwanderungsgesetz. Im Staate Ohio aber wird indes ein Neger gelyncht: ein Scheiterhaufen ist errichtet und man verkauft an die vornehmen Amerikanerinnen, fünf Dollar pro Stück, Fleischfetzen, Knochenteile von dem verkohlten Gerippe ... Sie sollen wohl Gesundheit und Glück bringen ...

Während in Stuttgart ein berühmter Deutscher Soziologe seinen Vortrag über nationalökonomische Probleme mit den Worten beschließt: „Zurück zu Gott!"

O, da ist ja auch die ganze Scharfrichterfamilie versammelt, Herr Gröpler: so heißt er, der der ordnungsgemäßen Handhabung des Richtbeils nur Allzukundige, im Nebenberuf Inhaber einer gutgehenden Dampfwäscherei; da feiert er auch schon im Kreis seiner Lieben das Jubiläum seiner fünfzigsten Hinrichtung. Und die Wände seines trauten Heims sind mit Sprüchen aus der Bibel (Korinther) und mit Kaiserbildnissen geschmückt. Den fünf zum Tode Verurteilten aber hat man über Weihnachten drei Tage Aufschub gewährt, damit der Sängerchor der Strafvollziehungsanstalt, dessen eifrige Mitglieder die fünf Armensünder bis dato noch sind, an den hohen Festtagen wenigstens intakt bleibt. Halleluja!

Am 7. April 1927 wurde der Vertrag des Preußischen Justizministers in Berlin vom 3. Mai 1924 mit dem Scharfrichter Carl Gröpler in Magdeburg, Straßburger Straße 8, erneuert. § 1: „Herr Gröpler verpflichtet sich, auf Verlangen der Justizbehörden innerhalb des preußischen Staatsgebiets die gerichtlich erkannte Todesstrafe durch Enthauptung persönlich zu vollstrecken." Vom 13. April 1928 datiert ein Nachtragsvertrag zwischen dem Preußischen Justizfiskus und

---

141 BRELOER/KÖNIGSTEIN, a. a. O., S. 75.
142 JOHANNES ROBERT BECHER, Gesammelte Werke, Berlin 1966, S. 201.

Gröpler. Statt bisher 60 Goldmark (1924; 1927: Reichsmark) und 50 Gold- bzw. Reichsmark für jeden seiner Gehilfen wurde Gröpler künftig eine Jahrespauschale von 3000 Reichsmark zugebilligt.[143]

In der Akte, betreffend die Vollstreckung von Todesstrafen (1921-1936), sind unter anderen folgende Hinrichtungen auf Listen und anderen Schriftstücken dokumentiert worden:[144]

30. August 1926, 6 Uhr: Hinrichtung des Kaufmanns Hugo Geilenbrügge aus Langendreer auf dem Hof des Gerichtsgefängnisses in Osnabrück durch Carl Gröpler.

2. Juli 1927: Hinrichtung des wegen Mordes an dem Hilfsförster Heinrich Meyer am 14. Dezember 1926 zum Tode verurteilten Arbeiters Felix Dymbkowski, geboren am 27. Mai 1896 im Kreis Kalisch, durch Carl Gröpler.

Eine der letzten Hinrichtungen der Weimarer Republik fand am Morgen des 13. Januar 1928 statt, als der wegen zweifachen Mordes verurteilte Arbeiter Karl Böttcher durch den Magdeburger Scharfrichter Gröpler in Berlin-Plötzensee enthauptet wurde. Der einschlägig vorbestrafte Böttcher hatte im Frühjahr 1925 die zehn Jahre alte Senta Eckert erdrosselt und anschließend missbraucht. Ein Jahr später hatte er bei einem Raubüberfall im Osten Berlins die Gräfin Lambsdorff mit einem Revolverschuss getötet und sich danach an dem Leichnam sexuell befriedigt. Schon vor der Hinrichtung, die sehr kurzfristig angesetzt wurde, zeigte sich das Justizministerium überaus sensibilisiert und sah den abzusehenden Kontroversen in den Zeitungen mit Sorge entgegen.[145]

„Die Weltbühne“ 1928 berichtete auf Seite 112:

Böttchers Hinrichtung

Daß das möglich ist! Daß das zivilisierte Pack, als welches sich diese Gesellschaft darstellt, sich das Recht anmaßt, einen Menschen unter mittelalterlichen Zeremonien umzubringen. Jeder Satz der Zeitungsberichte von einer solchen Hinrichtung ist eine vollgefüllte Gemeinheit. Der Justizminister ist auf einem Ball, als man eine letzte Intervention versucht. Während er Charleston tanzt, prüft Herr Gröpler aus Magdeburg die Schneide seines Beiles. Die Anwälte wollen an einer letzten Sitzung, einige Stunden vor der Hinrichtung, angesichts des trauerbehängten Richtblockes nicht teilnehmen, weil man sie nicht rechtzeitig ... und so fort. Die Bureaukratie tanzt, aber die Zeit läuft und in der Zelle spielt der Delinquent mit seinen Wächtern Dame. Ist das möglich? Wer erlaubt diesen Wächtern Dame zu spielen? Wer erlaubt diese sadistische Freundlichkeit, die aus den niedrigsten, ekelhaftesten Instinkten kommt? ...

Laut Arbeitsvertrag von 1928 war Carl Gröpler seinerzeit verpflichtet gewesen, bei Hinrichtungen eine an Hals und Armen geschlossene schwarze Litewka mit

143 Nds. HptStA Hann. 173a Acc. 111/79 Nr. 442: Acta, betr. die Vollstreckung von Todesstrafen (1921-1936).

144 Ebenda.

145 Daniel Siemens, Metropole und Verbrechen – Die Gerichtsreportage in Berlin, Paris und Chicago 1919-1933, Stuttgart 2007, S. 140.

schwarzen Knöpfen zu tragen, da der damalige Justizminister den Frack sowie das Ablegen des Fracks vor Ausführung des tödlichen Streichs als übertrieben theatralisch empfunden hatte.

Mit einem weiteren Nachtragsvertrag, diesmal vom 23. Juni 1930, wurde die im Paragraph 2 genannte Pauschalsumme nunmehr auf 1500 Reichsmark festgesetzt. Im Nachtragsvertrag vom 31. März 1931 gab es eine Änderung zu Paragraph 4: „Herr Gröpler verpflichtet sich, über die ihm erteilten Vollstreckungsaufträge und deren Erledigung vor und nach der Vollstreckung strengstes Stillschweigen zu bewahren und das gleiche auch seinen Gehilfen zur Pflicht zu machen."[146]

Im Magdeburger Adressbuch von 1930 ist Carl Gröpler in den Teilen 1 (Einwohner), 2 (Straßen und Häuser) und 3 (Branchenverzeichnis) aufgeführt. Demnach hat Gröpler in der Straßburger Straße 8, Erdgeschoss, gewohnt und in der Hohepfortestraße 8 die Dampfwäscherei „Aegir" Gröpler & Co. betrieben. Telefonisch war er auch erreichbar. Im Branchenverzeichnis steht als Anzeige in einem schwarzem Rechteck: „Tel. Norden 20162".

Mitinhaber um 1930 war Hermann Kuhlmann.[147]

Die Magdeburger Adressbücher von 1925 und 1928 weisen Gröpler ebenfalls als Besitzer der Dampfwäscherei „Aegir" aus. Die Straßburger Straße existiert seit 1945 nicht mehr, ebenso das damalige Haus an der Hohepfortestraße. Auf dem Areal ist heute eine Grünanlage. Damals befand sich die Straßburger Straße östlich des damaligen Staatsbürgerplatzes zwischen Listemannstraße und Rathenaustraße.

Im Morgengrauen des 2. Juli 1931 wurde der 48 Jahre alte Serienmörder Peter Kürten, der „Vampir von Düsseldorf", der sich einmal selbst als „wildes Tier" bezeichnet hatte, im Kölner Gefängnis Klingelpütz mit dem Fallbeil hingerichtet. Die Hinrichtung vollzog Scharfrichter Gröpler.

Kürten hatte die Nacht mit seinem Beichtvater verbracht und schrieb noch Briefe an die Angehörigen seiner Opfer, die er um Verzeihung bat.

„Die Weltbühne" 1931 beschreibt auf Seite 728 detailgetreu die Szenerie der Hinrichtung an jenem 2. Juli 1931 im Hof des Gefängnisses Klingelpütz: „In den untern Reihen allerdings herrschen die schwarzen Gehröcke vor, untermischt mit den schlichten Uniformen unsrer Reichswehr, auf denen wir zahlreiche Eiserne Kreuze I. Klasse, Pour le Mérites und Hausorden von Hohenzollern schimmern sehen. (...) Hier zum ersten Mal wird das Ideal des Doktor Guillotin erreicht sein, daß der Akt selbst auf den Delinquenten nur noch wie eine leichte, in Anbetracht der der Hitze besonders den Hals angenehm erfrischende Berührung wirkt. Auf dem obersten Pivot des Aufbaus ist nunmehr in Frack, Zylinder und weißer Binde eine stämmige, aber doch elegante Erscheinung aufgetaucht. ‚(...) Gröpler aus Magdeburg verbeugt sich dort in lässiger aber würdiger Hal-

[146] Nds. HptStA Hann. 173a Acc. 111/79 Nr. 442: Acta, betr. die Vollstreckung von Todesstrafen (1921-1936).

[147] Information des Stadtarchivs Magdeburg.

tung vor dem jubelnden Publikum. Wir begeben uns hinauf, um dem Vollstreckungsaltmeister, Herrn Gröpler, das Wort zu einer kurzen Ansprach zu erteilen.' Carl Gröpler hat dann offensichtlich eine Rede gehalten, die er so eingeleitet haben soll: „Geehrte Volksgenossen! Es ist mir eine große Befriedigung, kurz vor Beendigung meiner Laufbahn endlich konstatieren zu können, daß das Vorurteil, das früher gegenüber meinem Beruf bestand, verschwunden ist. Ich habe es immer als schweres Unrecht gegenüber meinem Stand empfunden, ..."[148]

Um 6 Uhr 2 Minuten betrat Peter Kürten die Richtstätte. Die Hände waren ihm auf dem Rücken gefesselt. Er hörte die Verlesung der Urteilsformel und des Erlasses des Preußischen Staatsrates vom 30. Juni ruhig an. Er nahm Einsicht in den ihm vorgehaltenen Erlass. Er äußerte nichts mehr. Von den Gehilfen des Scharfrichters wurde er zur Guillotine geführt. Um 6 Uhr 5 Minuten meldete der Scharfrichter Gröpler, dass das Urteil vollstreckt sei. Auf Anordnung der Staatsanwaltschaft wurde die Leiche Kürtens durch den pathologischen Anatom der Universität Kölns seziert. Das Gehirn des Massenmörders wurde Prof. Fedor Kraus, Berlin, zur Spezialuntersuchung überwiesen.[149]

Das Fallbeil, das er zur Vollstreckung aus Magdeburg mitgebracht hatte, war seit fünf Jahren nicht benutzt worden.

Die US-Zeitschrift „Time" schrieb am 13. Juli 1931: „Herr Groepler, a stolid individual whose profession forces him to lead a rather unsocial existence, left his cosy home in Magdeburg last week with a bag of tools and a coil of new rope. He took the train to the Prussian State Prison at Klingelpuetz, near Cologne. In the prison yard he disappeared into a dusty, dilapidated shed. Prisoners tense in their cells heard him hammering, hammering, filing metal all day long."

Kürtens Ehefrau, Auguste Kürten, wurden 4000 Reichsmark Belohnung ausgezahlt. Die Behörden halfen ihr, in Leipzig ein neues Leben zu beginnen.

In den letzten Jahren der Weimarer Republik war Scharfrichter Gröpler chronisch unterbeschäftigt gewesen, und so begrüßte er den Machtantritt des Dritten Reichs, das am 19. Februar 1933 den Vertrag mit ihm erneuerte. Zusätzlich zu seinem Jahresgehalt von 1500 Reichsmark vom preußischen Staat erhielt er vertraglich 50 Reichsmark pro Hinrichtung in Preußen sowie 450 bis 500 Reichsmark pro Hinrichtung in anderen deutschen Ländern, von denen er kein Jahresgehalt bezog. So profitierte er beträchtlich von der rasch wachsenden Zahl von Hinrichtungen, die er ab Mitte 1933 vorzunehmen hatte. Wie zu erwarten, beeilte sich Gröpler, seine Begeisterung für das neue Regime unter Beweis zu stellen. Er ging dazu über, bei Hinrichtungen den Hitlergruß zu zeigen und überhaupt seine Aktivitäten auf der Richtstätte immer wieder mit einem markigen „Heil

---

[148] Die Weltbühne, Der Schaubühne XVI.-XXIX. Jahr. Wochenschrift für Politik, Kunst, Wirtschaft. Hrsg. von Siegfried Jacobsohn, Kurt Tucholsky u. Carl von Ossietzky. Vollständiger Nachdruck der Jahrgänge 1918-1933. 16 Bände und ein Begleitband. Athenäum Verlag, Königstein/Taunus 1978, 1931, S. 728.

[149] Archiv für Kriminologie (Kriminalanthropologie und Kriminalstatistik), Berlin 1932, S. 160.

Hitler!“ zu unterbrechen. Die Ministerialbeamten waren pikiert. Zwar sei es „nicht zu beanstanden“, wenn Gröpler den zuständigen Staatsanwalt beim Betreten und Verlassen des Hinrichtungsraums auf diese Weise begrüße; aber über andere Aspekte seines neuen politischen Übereifers waren sie weniger glücklich. „Fraglich kann es sein“, gaben sie zu bedenken, „ob jede einzelne Zwischenmeldung, z. B. über die Vollzugsbereitschaft, über die vollzogene Vollstreckung usw., ebenfalls mit erhobenem Arm oder gar dem Zusatz ‚Heil Hitler!‘ erstattet werden sollte.“ Gröpler wurde daher ermahnt, seine Begeisterung zu zügeln und diese Praktiken einzustellen.

Bis 1932 wurde Carl Gröpler im Magdeburger Adressbuch als Besitzer der Dampfwäscherei und Neuplättanstalt „Aegir“ aufgeführt, dann als Privatmann. Ab 1933 wurde der Kaufmann Georg Gröpler, Gröplers Sohn, als Inhaber der Dampfwaschanstalt genannt.

Gröpler führte im Landgerichts-Gefängnis Zwickau auch die erste Exekution nach 1918 am 12. April 1933, morgens 6 Uhr, an dem 24-jährigen Zimmermann Albert Kluge aus, der zusammen mit seinem Bruder seine schwangere Geliebte getötet hatte. Von weiteren Exekutionen Gröplers in Sachsen ist nichts bekannt.[150]

In den „Leipziger Neuesten Nachrichten“ vom 13. April 1933 heißt es: „Die Hinrichtung in Zwickau zeigt, daß die neue Regierung mit der Praxis der Regierungen seit 1918 auf keinem Fall Todesurteile zu vollstrecken, aufgeräumt hat. (...) Es geht wieder ein scharfer Zug durch die sächsische Justiz. Mordlustige Burschen werden sich dies hoffentlich merken und eingedenk sein, daß sie keinen Anspruch darauf haben, anders behandelt zu werden, als sie selbst mit ihren Mitmenschen verfahren. Schließlich ist der Staat nicht dazu da, das Mördergesindel durchzufüttern, bis es durch den natürlichen Tod abberufen wird. (...)“

Am 13. Juni 1933 wurde unter den Fenstern von 800 politischen Gefangenen im Hof der Strafanstalt Plötzensee zur Abschreckung der Gegner des Regimes die Hinrichtungen an den Kriminellen Rohrbach und Wittstock vollzogen. Im „Prager Tagblatt“ vom 14. Juni 1933 verlautete:

> ***Keine Gnade.*** *Berlin. Nachdem der preußische Ministerpräsident sich entschlossen hat, von dem Recht der Begnadigung keinen Gebrauch zu machen, sind gestern um 6 Uhr morgens auf dem Hofe des Strafgefängnisses Plötzensee der 26jährige Wächter Paul Rohrbach aus Niederschönhausen und der 23jährige Bäcker Hermann Wittstock aus Berlin-Buchholz mit dem Beil hingerichtet worden. Rohrbach und Wittstock waren wegen gemeinschaftlichen Mordes an dem Kraftwagenführer Kurt Pohl zum Tode verurteilt worden. Die gegen dieses Urteil bei dem Reichsgericht eingesetzte Revision wurde verworfen.*

[150] TODTE, a. a. O., S. 11. In Sachsen wurden 1919 bis 1927 zwar Todesurteile ausgesprochen, aber keines mehr vollstreckt.

Einer der Augenzeugen, der ins Ausland entkam, berichtete über das Ereignis.[151] Sein Bericht wurde in der verbotenen, im Exil unter dem neuen Namen „Die neue Weltbühne" herausgegebenen Wochenschrift für Politik, Kunst, Wirtschaft Nr. 13/1934 auf den Seiten 400 bis 403 abgedruckt:

Eben wurden beide eingeliefert. Bleiben die Nacht hier, bis zur Hinrichtung. Sind zwei Kriminelle, die Chauffeurmörder Rohrbach und Kanitz. (...) Sie wechseln sich ab, jeder bleibt eine Viertelstunde beim Delinquenten, weiden sich am Anblick des Verzweifelten. Durch das Guckloch schauen junge SA-Leute. Rohrbach schreit noch immer in seiner Zelle; klirrend fliegen die Schüsseln samt der Henkersmahlzeit in die Ecke. Die Gefangenen horchen in die schwüle (...) Unter und neben mir: Immer wieder der dumpfe Schritt ruheloser Freunde. Es ist halb fünf. Über einem breiten, flachen Stein im Hof bauen Wachtmeister das (...) Plötzlich dröhnt ein Aufschrei durch das Haus. Rohrbach wird aus seiner Zelle gezerrt. Er heult und tobt. Man schleift ihn bewußt an den Zellen der politischen Gefangenen entlang. Auf dem Hof brüllt er wie ein verletztes Tier und schreit nach seiner Mutter.

Am Richtplatz erscheint mittlerweile der fette, aufgedunsene Scharfrichter Gröpler, in seinem Privatberuf Wäschereibesitzer, mit ihm zwei hagere Henkersknechte. Gröpler hat das Jackett ausgezogen und trägt zur feierlichen Handlung einen eleganten Frack. Den Richtblock umstehen Richter, Staatsanwalt, Pfarrer und ein Tross SA- und SS-Leute. Rohrbach ist nun bis an das Schafott geschleppt, in wenigen Minuten ist das Urteil verlesen und die Ablehnung der Begnadigung verkündet. Die beiden Henkersknechte stürzen sich auf den Delinquenten, binden ihm die Augen zu, reißen ihn auf ein breites schweres ... schnallen ihn fest. Der Kopf wird in die ... gepresst. Scharfrichter Gröpler hat währenddem sein Handbeil – etwas größer ist es als ein gewöhnliches Fleischerbeil – aus dem Futteral genommen. Er springt auf die hintere Stufe des Gerüstes, placiert sich seitwärts, hebt das Beil und schlägt mit einem Hieb dem noch immer aufheulenden Rohrbach den Kopf ab.

Gierig haben die Bestien dem Vorgang zugeschaut. Als der Kopf fällt, heben die alten Beamten ihre Dienstmütze ein wenig empor. Hinter der gegenüberliegenden Garage springen zwei (...) Sein Kopf, verlangt Goebbels, soll noch im Frieden fallen. Die Köpfe aller, die in Deutschland den Frieden wollen, die eine Gefahr für die Kriegspolitik des Dritten Reiches sind, sollen fallen, bevor das Hitlerregime den Weltbrand entfesselt.

Er wäscht sich notdürftig das Blut von den Händen und säubert das Beil mit den Fingern im Wassereimer. Kaum hat er sich die Hände getrocknet, schleift man auch schon Kanitz durch den Flur und über den Hof. Kanitz ist still; keine Silbe kommt über seine Lippen (...) Scharfrichter Gröpler tropft das Blut von den Fingern. Sogar seine weißen Manchetten zeigen tiefe rote Punkte. Behende steigt er mit seinen beiden Henkersknechten vom (...) mit seinem Handbeil zum Schlage aus. Der zweite Kopf rollt in eine Kiste mit Sägemehl. Diesmal spritzt das Blut

[151] Das deutsche Volk klagt an: Hitlers Krieg gegen die Friedenskämpfer in Deutschland, Paris 1936, S. 226.

des Geköpften bis an die Wange des Scharfrichters und beschmutzt den Arm eines (...) Da springen auch schon die beiden ...

Wenige Minuten später rollt das Auto mit den Särgen aus dem Gefängnishof heraus. Scharfrichter Gröpler steht behäbig vor dem (...) Nun tuscheln sich die zuschauenden Bluthunde ihre Eindrücke in die Ohren. (...) Wenige Schritte vom Richtplatz entfernt hat Herr Gröpler sein (...) Er zündet sie an und pustet in vollen Zügen den weißen Rauch in die Morgenluft. Mit einem Taschenmesser säubert er dann seine Fingernägel. Am Handbeil kleben dicke Blutflecken. Beil und Richtplatz säubern die Henkersknechte, die nun mit (...) Fünf Minuten nach der Hinrichtung steht Herr Gröpler im eifrigen Gespräch mit den Wachleuten und SS-Männern, erregt, gierig an seiner Zigarre rauchend. Jeder Kopf hat ihm 850 Mark eingebracht. In fünf Minuten verdiente der Vielbeschäftigte 1700 Mark.

Später erzählten wir uns, wie sich jeder Gefangene immer wieder die Hände gewaschen hat. Die politischen Gefangenen von Haus III haben an diesem Tage stundenlang Jagd auf ... Und haben sich immer wieder die Hände gewaschen.

Es ist vorgekommen, dass Gröpler sich durch seinen ersten Gehilfen Ernst Reindel, Abdeckereibesitzer in Gommern, vertreten ließ, der von 1938 bis 1943 selbst Scharfrichter war (im Gegensatz zu Johann Reichhart, der seine Todeskandidaten mit dem Fallbeil richtete, hängte Reindel, der berüchtigte „Henker und Schlächter von Berlin“, die Männer des Widerstandes im Gefängniskomplex Plötzensee auf Befehl Hitlers an Fleischerhaken auf). Außerdem fungierte damals noch der Abdeckereibesitzer Alwin Engelhardt, Schmölln, Schwiegersohn von Wilhelm Reindel, als Scharfrichter.

Es bestand somit eigentlich kein Grund, die Enthauptung der vier zum Tode Verurteilten Bruno Tesch, Walter Möller, Karl Wolff und August Lütgens am 1. August 1933 in Altona von einem als Scharfrichter ganz unerfahrenen Schlachtermeister vornehmen zu lassen. Die Hintergründe:

Am 17. Juli 1932 – dem „Altonaer Blutsonntag“ – überfielen Nationalsozialisten unter Polizeischutz das Hamburger Arbeiterviertel. Es gab 18 Tote, darunter zwei SA-Leute. Über 80 Schwerverletzte waren Opfer von Polizeischüssen. Doch nicht die Angreifer, sondern die Angegriffenen sollten schuldig sein. Unter den Verhafteten und vor Gericht Gestellten befand sich auch der antifaschistische Seemann August Lütgens.

Am 22. Februar 1933 (also drei Wochen nach Hitlers „Machtergreifung“) musste das Verfahren gegen Lütgens und Genossen wegen Mangels an Beweisen eingestellt werden. Die Verhafteten wurden aber nicht freigelassen. Die Faschisten bereiteten ihre Rache vor: Sondergerichte sollten die gewünschten Ergebnisse bringen.

Am 31. März beschloss die Reichsregierung eine Verordnung über die Bildung solcher Tribunale. Vom 8. Mai bis zum 2. Juni fand dann der Sondergerichtsprozess gegen August Lütgens und weitere 21 Angeklagte statt. Altonaer Staatsanwälte fälschten zwei kapitale Beweisstücke und logen. Auf dieser Grundlage und der darauf gestützten Anklage – entsprechende „Zeugen“ waren natürlich zur Stelle – wurden August Lütgens, Bruno Tesch, Walter Möller und Karl Wolff „wegen gemeinschaftlichen Mordes“ zum Tode verurteilt; andere Angeklagte erhielten hohe Zuchthausstrafen. Im Falle des Hauptangeklagten hieß es im Urteil sogar wörtlich: „Es ist nicht erwiesen, daß der Angeklagte Lütgens sich selbst am Nachmittag des 17. Juli 1932 an Gewalttätigkeiten gegen den SA-Umzug beteiligt hat.“

Am 1. August 1933 starben die vier zum Tode Verurteilten im Innenhof des Altonaer Landgerichts von der Hand eines Metzgers mit dessen Handbeil. 75 Mitgefangene wurden „zur Abschreckung“ als Zuschauer zum Tatort geschleppt. Es war die erste „legale“ Hinrichtung des NS-Staates. Aus Furcht vor größeren Aktionen hatte die Hamburger Nazi-Führung am Tage der Exekution sämtliche SA-Stürme und SS-Einheiten in Altona zusammengezogen. Die Angehörigen wurden nicht benachrichtigt. Sie erfuhren von der Hinrichtung erst durch den Rundfunk.

Der verschuldete Schlachtermeister Voth aus Altona soll das Urteil vollstreckt haben, berichtete der Schriftsteller Arnold Zweig in seinem 1937 im Exil veröffentlichten Roman „Das Beil von Wandsbek“. Der Metzger habe gehofft, dass er mit den 2000 Reichsmark, die ihm die Hinrichtung einbrachte, sein Geschäft wieder in Gang bringen könnte. Nach und nach sei aber durchgesickert, dass er der Henker der vier unschuldigen Opfer des Hakenkreuzes gewesen sei. Darauf seien immer mehr Kunden weggeblieben, und der finanzielle Zusammenbruch sei unvermeidlich gewesen. In seiner Verzweiflung habe Voß zunächst seine Frau erschossen und dann Selbstmord begangen.

Ganz anders aber die Angaben in der „neuen Weltbühne“ Nr. 13/1934 auf Seite 403: „Einige Wochen nach der Exekution in Plötzensee fuhr Herr Gröpler mit seinem Handbeil nach Altona, um dort einige antifaschistische Arbeiter abzuschlachten. Reisende sahen ihn, wie er im Speisewagen saß; das Futteral mit dem Beil hing am Tisch. Als er in Altona eintraf, hatte er so viel getrunken, daß er beinahe vergaß, das Beil mitzunehmen. Dann kam die Abschlachtung der sechs kommunistischen Arbeiterjungen in Köln. Beim Zuhauen blieb das Handbeil mehrmals in den Wirbelsäulen stecken – Gröpler hatte die Nerven verloren. Bald danach gab er seinen Beruf auf. Wer ihn in seiner stattlichen Leibesfülle hantieren sah, kann kaum glauben, daß seine Nerven versagten. Er hat mehrere Dutzend Menschen in wenigen Monaten geköpft und ist ein reicher Mann geworden. Kein Wunder, daß sich um das freigewordene Amt viele Dutzend Bewerber stritten. (...)“[152]

Demnach war eindeutig Carl Gröpler in Altona eingesetzt gewesen.

---

[152] Vgl. HERBERT LANG, Jahrbuch für internationale Germanistik, Bern 1998, S. 128, 130. Dort heißt es auf S. 128: „(...) Ist das roh? Geschmacklos? Der Professor, der das schrieb, schrieb es ‚im Interesse der Wissenschaft‘. Und auch der eigentliche Scharfrichter des Dritten Reichs, der Wäschereibesitzer Gröpler aus Magdeburg, der fünfhundert Mark für jeden Hingerichteten beanspruchen konnte – leider war er keineswegs eine nur literarische Gestalt! (...)“

„Gröpler hatte die Nerven verloren." Aus dem Deutschland-Epos übernommen wurde das „Lied vom Köpferollen", das von einem Scharfrichter Gröpler erzählt, der die Nerven verliert, weil ihn die Erscheinungen der unschuldig Enthaupteten verfolgen. Bei Johannes Robert Becher heißt es:

DAS LIED VOM KÖPFEROLLEN
Scharfrichter Gröpler hat demissioniert.
Er verlor auf einmal die Nerven. Er tat, wie einer, der Nerven verliert, Sich auf die Erde werfen. Er schrie entsetzlich. Die Frau lief herbei. Sie fragte: „Was ist nur geschehen?!" Sie schrie. Da kam schon die Polizei. Er schrie: „Ich hab sie gesehen – Ich hab sie gesehen. Sie stehn noch vorn. Schaut nach, sie stehen im Laden. ..." Der Arzt gab ihm Brom. Das beruhigte ihn. Doch blieb an den Nerven ein Schaden. Er hat eine kleine Wäscherei, Worum ihn mancher beneidet. Er wäscht und bügelt, wenn nicht gerad Er Köpfe vom ...[153]

In der Folge wurden immer mehr Menschen vom Volksgerichtshof in den Tod geschickt. Neben der Guillotine wurde in Deutschland bis 1936 auch mit dem Handbeil hingerichtet, so in der Justizvollzugsanstalt Berlin-Plötzensee durch den Scharfrichter Gröpler. In Berlin blieb die Enthauptung mit dem Beil bis 1938 die übliche Art der Todesstrafe. In der Mitte des Gefängnishofes von Plötzensee stand das berüchtigte, hölzerne Schafott, auf welchem bekanntlich die Köpfungen in Berlin durchgeführt wurden.

Leopold Schwarzschild notierte im neuen Tagebuch auf Seite 664: „Dem Wäschereibesitzer Gröpler aus Magdeburg, der im Nebenberuf preußischer Scharfrichter war und einen kontraktlichen Anspruch auf 500 Mark pro Hinrichtung hatte, flössen viele Jahre lang keine Nebeneinnahmen zu. Jetzt wird das Versäumte nachgeholt und der Wäschereibesitzer Gröpler hat in seinem Nebenberuf eine schauerliche Hochkonjunktur. Er verdankt sie, nebst dem Siege der nationalsozialistischen Sache, dem Ministerpräsidenten Goering. Herr Goering entscheidet in Preußen, ob Todesurteile vollstreckt werden sollen, und die von ihm inspirierten Gesetze, die – teilweise mit rückwirkender (...) Gebrauch machen oder die Vollstreckung von Todesurteilen anordnen solle. Herr Goering hat sich nicht einmal durch den vorausgegangenen Sieg des Hitler-Plebiszits zur Gnade bewogen gefühlt. Er verfügte – in einer einzigen Woche – achtmal zu Gunsten des Scharfrichters Gröpler."[154]

Zwei Tage nach einer Breslauer Exekution,[155] am 30. November 1933 um 7.30 Uhr, fand in Köln eine Massenhinrichtung statt: Es wurden im Gefängnishof der Strafanstalt Klingelpütz (Köln), in der gleichen Stunde, sechs Kölner Kommu-

---

[153] JOHANNES ROBERT BECHER, Gesammelte Werke, Epische Dichtungen, 1966, S. 265; vgl. Weimarer Beiträge, Weimar 1958, S. 501.

[154] LEOPOLD SCHWARZSCHILD (Hrsg.), Das neue Tage-Buch, Paris 1933, S. 664, Notizen: „v. 1 1933 Jul-Dec".

[155] Die „Reichspost" in Wien war eine der wenigen Zeitungen, die von der Hinrichtung Notiz genommen hatten. Sie berichtete am 29. November 1933: „Wieder eine Hinrichtung. Breslau, 28. November. (Wolff.) Der Arbeiter Kurt Gerber aus Maliers, Kreis Oels, der wegen Ermordung des SA-Mannes Walter Dokter zum Tode verurteilt worden war, ist heute früh enthauptet worden."

nisten enthauptet. Ihre Namen sind: Hermann Hamacher, Otto Waeser, Bernhard Willms, Heinrich Horsch, Josef Moritz und Josef Engel. Das Kölner Schwurgericht hatte sie am 22. Juli zum Tode verurteilt, weil sie angeblich am 24. Februar 1933 an einer Schießerei beteiligt gewesen und dabei die beiden SA-Leute Walter Spangenberg und Winterberg erschossen und einen weiteren SA-Mann verletzt haben sollen. Der preußische Ministerpräsident, inzwischen Hermann Göring, verweigerte ihre Begnadigung, „da es sich um einen organisierten Überfall der kommunistischen Unterwelt auf harmlose Nationalsozialisten gehandelt hat". Die sechs Kommunisten wurden dem Scharfrichter übergeben und das Communiqué, das von dem Staatsakt Kunde gibt, verschweigt nicht, in welchem Alter die Delinquenten standen. Der älteste war 28 Jahre alt, zwei standen im 25. Lebensjahr, der Vierte hatte 22, der Fünfte 21 Jahre, und der Sechste war am 6. August 1913 geboren, bei seiner Hinrichtung also 20 Jahre, 3 Monate alt.

Auf Görings Anordnung wurde die Hinrichtung der sechs nicht, wie damals üblich, mit dem Fallbeil, sondern mit dem Handbeil vollzogen. „Dabei sollen sich grauenhafte Szenen abgespielt haben", berichtet der Rechtshistoriker Adolf Klein, „zumal der Henker in seinem blutigen Geschäft noch nicht genügend routiniert war". Klein meinte Carl Gröpler. Am Tage der Hinrichtung kam es in einigen Stadtvierteln zu Protesten, in St. Ursula wurde gar eine Messe für die Toten gelesen – der Priester wurde sofort verhaftet. Wie die Justiz wollte auch die Polizei zeigen, dass sie die Politik der Abschreckung, die das NS-Regime 1933 mit unglaublich planmäßiger Brutalität betrieb, ausdrücklich guthieß.[156]

Nach dem Bericht eines alten Beamten, der der Hinrichtung beiwohnen musste, wurden die Köpfe der ersten drei Opfer jeder mit einem wuchtigen Beilhieb heruntergeschlagen. Bei dem vierten aber, so fährt der Augenzeuge fort, „schlug der Scharfrichter, der ebenso wie seine Gehilfen augenscheinlich große Quantitäten von Schnaps zu sich genommen hatte, um durchhalten zu können, falsch. Das Beil blieb im Schädel des Verurteilten stecken, er führte einen zweiten Hieb, auch dieser hatte noch nicht das gewünschte Ergebnis, und erst der dritte Hieb trennte den Kopf von dem Rumpf des unglücklichen Opfers. Der Vorfall rief bei den Anwesenden eine ungeheure Erregung hervor und bei all denen, die sich noch einen Rest menschlichen Empfindens bewahrt hatten, Entsetzen und Empörung. Infolge dieser Erregung kam es auch bei der fünften Hinrichtung zuerst zu einem 15 (...) Fehlschlag, und erst der zweite Hieb vollendete die Enthauptung. Die sechste Vollstreckung an dem Fensterputzer Josef Engel wurde von dem Scharfrichter mit einem einzigen furchtbaren Hieb durchgeführt. Die Massenhinrichtung dieser sechs Arbeiter war das furchtbarste Erlebnis, das ich in meiner Dienstzeit gehabt habe."[157]

Das Todesurteil gegen den – wie sich später herausstellte – zu Unrecht verurteilten Reichstagsbrenner Marinus van der Lubbe wurde am 10. Januar 1934 in Leipzig mit dem Fallbeil vollstreckt. „Het Vaderland", von 1869 bis 1982 eine niederländische Regionalzeitung mit Redaktionssitz in Den Haag, berichtet, dass

---

[156] Vgl. CARL DIETMAR, Schauprozess am Appellhofplatz, Kölner Stadtanzeiger, 21.07.2008.
[157] Entnommen aus: Das deutsche Volk klagt an: Hitlers Krieg gegen die Friedenskämpfer in Deutschland, veröffentlicht von Éditions du Carrefour, Paris 1936, S. 226.

bei der letzten Exekution, und zwar von jungen „laborars“, „erschreckende Spektakel“ aufgetreten seien. Nun soll ein Pferdeschlachter aus Magdeburg mit Namen Bohmann jun. oder Bollmann jun. das Werk verrichtet haben. Unter diesem Namen scheint der Scharfrichter Alwin Engelhardt angereist zu sein. Die „New York Times“ berichten, es sei „old Reichhart“ gewesen und dass van der Lubbe zuletzt „unschuldig ... unschuldig“ gesagt habe. „De Telegraaf“, die auflagenstärkste niederländische Tageszeitung, hat sich des Themas am 27. Januar 2008 erneut angenommen. Glenzdorf und Treichel (S. 148) sagen hingegen, dass Alwin Engelhardt bis Anfang 1934 vier Hinrichtungen, und zwar jedes Mal mit der Guillotine, ausgeführt habe, darunter die von van der Lubbe. Und „Die neue Zeitung“ aus Wien vom 11. Januar 1934 berichtet: „(...) Die Hinrichtung wurde von dem Scharfrichter Engelhardt-Schmölln durch Fallbeil vollzogen und verlief ohne jeden Zwischenfall. Nach vollzogener Hinrichtung stellte der Gerichtsarzt den Tod fest.“

So stellte es zeitgleich auch das „Prager Tagblatt“ dar und berief sich dabei auf die Meldung des Deutschen Nachrichten-Bureaus.

„Die neue Weltbühne“ 1934 richtete in dieser Sache auf Seite 124 deutliche Worte an den damaligen Senatspräsident beim Reichsgericht (Strafsenat), Dr. Wilhelm Bünger (1870-1937):

Senatspräsident Bünger. *Auf Ihre Nerven kann sich Deutschland verlassen, – die des Scharfrichters Gröpler versagten. Dieser Mann, im Nebenberuf Wäschereibesitzer in Magdeburg, war von früher her gewöhnt, Haarmanns und Kürtens hinzurichten; aber seit die Opfer von gestern Vorgesetzte des Henkers wurden, kann Gröpler nicht mehr mit. Gar keine Zeit fand er nun, sich im friedlichen Nebenberuf auszuruhn, er mußte dauernd am Richtblock stehn, ewig unabkömmlich. Und man brachte ihm nicht mehr armselige Bestien geschleppt sondern aufrechte, tapfere Jungarbeiter. Ihr Mut und ihre Schreie haben dem Gröpler die Nerven zerrissen: Er hat abgedankt. Als Sie, Herr Senatspräsident, der Hinrichtung van der Lubbes assistierten, hatten Sie sich in der Hand. Für eine ungläubige Zukunft sei festgehalten: In einem Deutschland, in dem sogar der professionelle Scharfrichter die Nerven verlor, haben sie die Richter behalten. Der Wäschereibesitzer Gröpler mußte vom Roßschlächter Bollmann aus Magdeburg abgelöst werden; Sie aber, Herr Bünger, Sie blieben.*

Am 19. Mai 1934 wurden vier Männer von Carl Gröpler mit dem Handbeil enthauptet. Wegen Mordes hatten sich an jenem Tag Johnny Dettmer, Hermann Fischer, Fred Wehrenberg und Arthur Schmidt in dieser Reihenfolge verantwortet. Die „Rote Marine“ hatte nach der Machtergreifung bewaffneten Widerstand gegen die Hitler-Regierung geführt. Am 21. Februar 1933 eröffneten Einheiten der Roten Marine das Feuer auf das Adler-Hotel, einem SA-Stützpunkt am Herrengraben in Hamburg. Bei dem Feuergefecht wurden zwei unbeteiligte Personen getötet, ein weiterer Passant und ein SA-Mann verletzt. Von den insgesamt 45 Angeklagten vor dem Hanseatischen Sondergericht hat Johann Wilhelm Jasper als einziger die Taten bestritten und die Aussage verweigert. Das Verfahren gegen ihn wurde erst später eröffnet. Es war der „Rote-Marine-Prozess“ oder „Prozesses Hotel Adler“ (weil dort einer der Terrorangriffe stattgefunden hatte).

Richard Krebs alias Jan Valtin beschreibt in seiner angeblichen Biographie „Tagebuch der Hölle“ (Köln 1957, S. 474 f., Übersetzung des Originals: „Out of the Night“, New York 1941, S. 592) das Szenario:

Ich stand in der Reihe. Meine Augen wanderten hin und her, und ich versuchte den Grund für diese morgendliche Exkursion herauszufinden. Plötzlich sah ich etwas, das mich vor Schrecken erstarren ließ. Etwas weiter unten war ein niederes Schafott auf dem Weg aufgestellt. Es war hellgrün angestrichen. Neben dem Schafott standen vier sargähnliche Körbe und ein große Kiste mit Sägemehl. Ein starker Belag von Sägemehl war rund um das Schafott ausgestreut worden. (...)

Als letzter kam der Henker, ein untersetztes Individuum mit einem grobknochigen Gesicht und stumpfen Augen. Er zeigte nicht die geringste Erregung angesichts der Aufgabe, die ihm bevorstand. Auch er trug ein gestärktes weißes Hemd, gestreifte Hosen, einen Cut und den Zylinder. Mit kaum vernehmbarer Stimme gab er seinen vier Helfern Befehle. Einer von ihnen eilte jetzt zu einer Seitentür des Gefängniskrankenhauses. Wenige Sekunden später erschien er wieder mit dem Beil. Früher war eine Guillotine in Gebrauch gewesen, um Köpfe abzuhauen, aber Hitler hatte die Guillotine als französische Erfindung abgelehnt. Das Handbeil war wieder zu seinem Recht gekommen. Es besaß einen Griff aus poliertem Holz und war etwa 1,20 Meter lang, breit und schwer. Sein Rücken bestand aus einem massiven Stück glänzenden Stahls. Der Helfer des Henkers legte es in ein Futteral aus Metall und Leder, etwa einen Meter vom Schafott entfernt, auf den Boden. Staatsanwalt Jauch holte Papiere aus seiner Aktentasche. Die Gefangenenreihe längs der Mauer schien zu schwanken, aber vielleicht waren es meine Augen, die schwankten. Der Henker war bereit.

Am 27. Oktober 1934 in der Frühe war auf dem Hof des Gerichtsgefängnisses in Dessau alles für die Vollstreckung eines Todesurteils vorbereitet. Es war noch dunkel, als die vier Todgeweihten einzeln an die Richtstätte geführt und von dem Magdeburger Scharfrichter Gröpler mit dem schweren Handbeil enthauptet wurden. Zuerst starb Lehmann, gefolgt von Gehre und Wolf. Rolle kam als letzter dran. Diese vierfache Hinrichtung in der kleinen Stadt wird auf die bei der Vollstreckung fungierenden Justizbeamten einen tiefen Eindruck gemacht haben. Von den früher vorgeschriebenen Zeugen aus der Bürgerschaft war man im März des Jahres abgerückt. Die neuen Machthaber glaubten nun darauf verzichten zu können.[158]

Das Ende der Giftmörderin Henny Meyer kam schnell. Im Morgengrauen des 17. Januar 1935 wurde sie in den geschlossenen Hof des Gerichtsgefängnisses am Graalwall in Lüneburg geführt. Das übliche Ritual: nochmalige Verlesung des Todesurteils und des abschlägigen Bescheides des preußischen Ministerpräsidenten, dann ergriffen unter dem Bimmeln der Gefängnisglocke die Gehilfen des Scharfrichters Gröpler die 30-jährige Frau, schleppten sie zu der Richtbank, drückten sie nieder, sodass ihr Kopf in der Auskerbung des Richtblocks ruhte,

[158] WOLFGANG KRÜGER, Kriminalchronik des Dritten Reiches in zwei Bänden, Band I: 1933-1937, Berlin 2008, S. 70.

und schon beendete der Scharfrichter mit einem Schlag seines Handbeils das Leben der Frau aus Betzhorn.[159]

Unter den letzten Opfern der grausamen mittelalterlichen Praxis des Köpfens waren die Baronin Benita von Falkenhayn-Berg und ihre Freundin Renate von Natzmer, beide aus Berlin. Sie waren am 16. Februar 1935 vom Volksgerichtshof wegen „Verrats militärischer Geheimnisse“ verurteilt worden und wurden bereits zwei Tage später vom Scharfrichter Gröpler in Plötzensee mit dem Beil enthauptet.

Scharfrichter Gröpler kam am Tag vor der Exekution mit dem Morgenzug um 8.20 Uhr aus Magdeburg. Seinen hoch geknöpften Gehrock hatte er abgelegt, und mit aufgekrempelten Ärmeln saß er mit seinen Gehilfen beim Skat. Das dumpfe Geräusch ihrer Fäuste, die hart die Karten auf den Tisch schlugen, drang von Zeit zu Zeit in die Zelle, in der Benita von Falkenhayn ihren Lebensbericht beendete, den sie in der Untersuchungshaft begonnen hatte.

Mit einem Axthieb trennte Scharfrichter Gröpler morgens um 6 Uhr zunächst den Kopf vom Rumpf der Benita von Falkenhayn. Etwa zwanzig Minuten danach wurde die zweite Frau in den Gefängnishof der Strafanstalt Plötzensee geführt.

Im traditionellen Frack, mit Zylinder und weißen Handschuhen soll Gröpler die Hinrichtung vollzogen haben. Die Aufsicht führte der leitende Staatsanwalt am Volksgerichtshof Oberreichsanwalt Paul Jorns, Mitglied der NSDAP.

Richtblock und Handbeil, von Carl Gröpler bei der Hinrichtung am 18. Februar 1935 in Plötzensee verwendet. Entnommen aus: Mortimer, John F. (Pseudonym von Dr. Eike Pies, Düsseldorf), Henker – Dokumente menschlicher Grausamkeit, Selbstzeugnisse, Tagebücher und zeitgenössische Berichte, Genf 1976, S. 291. Foto vom Foto: Blazek

Zeitgenössisch wurde Gröpler im Zusammenhang mit diesen Geschehnissen als „54jähriger mittelgroßer Mann mit rotblondem Schnurrbart und langen rotblonden Koteletten“ beschrieben. Er sei im Zuchthaus Plötzensee kein Unbekannter gewesen. „Er brauchte bei seiner Ankunft den Beamten seinen Namen nicht zu nennen, und sie wußten, daß er sich sofort in den Hof 4 begeben würde, um dafür zu sorgen, daß alles auch richtig funktionierte. – Auf ihn wartete seine eigene Zelle, in der er seinen meist hellgrauen Reiseanzug mit der schwarzen Berufskleidung, die dort stets bereithing, vertauschen konnte.“

[159] KRÜGER, Kriminalchronik, a. a. O., S. 49.

Die Rede war von Gröplers 177. und 178. Hinrichtung.

Am 5. März 1935 wurde Gustav Büker aus Bielefeld, der durch seine Taten wochenlang Angst und Schrecken unter den Harztouristen verbreitet hatte, frühmorgens auf den umschlossenen Hof des Gerichtsgefängnisses in Halberstadt geführt. Der Staatsanwalt verlas nochmals das Todesurteil und die Ablehnung des Gnadengesuchs an den preußischen Ministerpräsidenten. Bei den Worten „Scharfrichter, walten Sie Ihres Amtes" traten die beiden Gehilfen des Scharfrichters Carl Gröpler hinter Büker, ergriffen ihn an den Schultern und schleppten ihn zum in der Nähe stehenden Richtblock. Sie rissen die rückwärts gefesselten Hände nach oben, drückten ihn bäuchlings auf die vor dem Block platzierte Richtbank und brachten seinen Kopf in die korrekte Position in der Auskerbung des Blockes. Gröpler, der sich inzwischen seines Fracks und seines Zylinders entledigt hatte, nahm das schwere, quecksilbergefüllte Richtbeil, das bislang unter einem schwarzen Tuch verborgen war, in beide Hände, hob es ein wenig über Kopfhöhe und ließ es dann niedersausen. Ein Blutschwall ergoss sich über den Block, während der Kopf in einen Korb fiel. Büker hatte seine Taten gesühnt. Während des gesamten Vorganges auf dem Gefängnishof hatte die Glocke geläutet. Kaum war der schaurige Akt vorüber, verstummte sie.

Die Vollstreckung wurde noch am selben Morgen, wie es üblich war, durch grellrote Plakate an den Litfaßsäulen in Halberstadt als dem Sitz des erkennenden Gerichts bekannt gemacht.[160]

Am 6. Juni 1935 wurde in aller Heimlichkeit der Hamburger Werftarbeiter und Arbeiterführer Fiete Schulze, KPD-Landesleitung, im Hof des Hamburger Untersuchungsgefängnisses mit dem Handbeil vom Scharfrichter Gröpler enthauptet. Am 16. April 1933 wurde er festgenommen und nach langer Einzelhaft und Folter im März 1935 dreimal zum Tode und zu 280 Jahren Zuchthaus verurteilt. Der eigentliche Prozess gegen ihn hatte erst am 13. Februar 1935 begonnen.

Helmut Bock, Wolfgang Ruge und Marianne Thoms schreiben: „Als die beiden Frauen, maßlos enttäuscht, nach Hause gehen, ist schon heller Tag. Da, unterwegs, trifft es sie wie ein Schlag. Plakatkleber bringen rotumrandete Bekanntmachungen an: ‚Fiete Schulze hingerichtet.' Sechs Uhr genau – Sekunden nach dem Rot-Front-Ruf – trennte das Handbeil des Scharfrichters Gröpler, der eigens aus Magdeburg gekommen war, auf dem Richtplatz im schmalen Gang zwischen Zentrallazarett und Friedhofsmauer das Haupt vom Rumpf dieses kommunistischen Helden. Jetzt, da den Frauen ihr Heimweg zum Martyrium wird, schreibt der Direktor des Untersuchungsgefängnisses, Oberinspektor Körber, bereits das Hinrichtungsprotokoll: ‚Eintragen in das Sterberegister (...) Absetzen vom Bestand.' Verbissen und skrupellos haben die braunen Machthaber in Hamburg und Berlin auf diesen Tag hingearbeitet. So wichtig war ihnen dieser Mann."[161]

---

160 KRÜGER, Kriminalchronik, a. a. O., S. 91 f.

161 HELMUT BOCK/WOLFGANG RUGE/MARIANNE THOMS, Sturz ins Dritte Reich – Historische Miniaturen und Porträts 1933/35, 2. Auflage, Leipzig/Jena 1985, S. 363.

2 81

Abschrift.

Der Reichsminister der Justiz. Berlin W 8, den 4.Juni 1935.
Wilhelmstrasse 65.

III a 18875.35.

(Eingeg. 7.Juni 1935)

An den Herrn Generalstaatsanwalt

in Dresden

Betrifft : Vollzug der Todesstrafe.

Auf den Bericht vom 22.Mai 1935
- R.E. 282 -.

Um die mit der Versendung der Fallbeilmaschine verbundenen Unzuträglichkeiten zu vermeiden, ersuche ich, die Hinrichtungen im dortigen Bezirk bis auf weiteres ausschließlich in Dresden vornehmen zu lassen und die Ihnen unterstellten Oberstaatsanwälte entsprechend zu verständigen. Soweit zum Aufbau und Abbruch der Fallbeilmaschine Justizbeamte hinzugezogen werden müssen, kann ihnen eine Vergütung von je 3.--RM bewilligt werden, die ebenso wie die sonstigen Hinrichtungskosten bei Einzelplan IX Kap. 6 Titel 33 Unterteil 3 des Reichshaushalts zu buchen ist.

usw.....

Im Auftrage .

gez. Dr. Crohne .

Beglaubigt.

pp.

B.W.....

Schreiben des Reichsministers der Justiz in Berlin vom 4. Juni 1935 zur Durchführung von Hinrichtungen in Dresden. Entnommen aus: Christa Herkt, „Der Münchner Platz in Dresden als Ort fünfzigjähriger politischer Strafjustiz", in: Sächsische Justizgeschichte – Sächsische Justiz in der sowjetischen Besatzungszone und der frühen DDR 1945 bis 1957, Schriftenreihe des Sächsischen Staatsministeriums der Justiz, Band 8, S. 97.

Am 7. August 1935 vollstreckte Carl Gröpler auf dem umschlossenen und gepflasterten Hof des Görlitzer Gerichtsgefängnisses das Todesurteil gegen Herbert Kurt John. Carl Gröpler trennte dem Delinquenten mit einem Hieb des Handbeiles den Kopf vom Rumpf. Während des gesamten sich nun vollziehenden Aktes läutete die Gefängnisglocke. An derselben Stelle war vor genau zwei Jahren der berüchtigte Giftmörder Just vom Leben zum Tode gebracht worden.[162]

Am 27. August 1935 wurde in Plötzensee die 24 Jahre alte Charlotte Jünemann durch Carl Gröpler hingerichtet. Charlotte Jünemann war schwanger gewesen und wurde nun des Kindsmords bezichtigt, so das Ergebnis estnischer Recherchen. „Das Kleine Blatt" in Wien berichtete am Tag nach dem Ereignis: „**Zwei Hinrichtungen an einem Tag. Berlin**, 27. August. Im Gefängnis Plötzensee fanden heute früh zwei Hinrichtungen statt. Zuerst wurde die 24jährige Charlotte Jünemann geköpft, weil sie ihre Kinder dem Hungertod überantwortet hatte, dann wurde der 23jährige Mörder Willy Gehrke, ein Raubmörder, enthauptet."

„Time" berichtete am 9. September 1935: „Meanest Mother. Sullen Frau Charlotte Juenemann, though with child, had her head struck off in Berlin last week. (...)"

Den berüchtigten „Fall Seefeld" wollte sich Carl Gröpler nicht entgehen lassen. Der Uhrmacher Adolf Seefeld („Onkel Tick-Tack") aus Potsdam war wegen Mordes in zwölf Fällen zum Tode verurteilt. Seine Revision wurde verworfen und das Urteil nach Ablehnung der Begnadigung am 23. Mai 1936 in Schwerin vollstreckt. Tags zuvor hatte der Scharfrichter den Delinquenten aufgesucht und „die zu erwartende Schwierigkeit der Hinrichtung erkannt". Seefeld ließ sich bereitwillig am nächsten Morgen mittels Fallschwertmaschine vom Leben zum Tod bringen.[163]

Im Oktober 1936 heißt es in einem Bericht, Gröplers „Beilhieb habe nicht die Mitte des Halses, sondern oberhalb des Haaransatzes getroffen". Tatsächlich habe der Scharfrichter, „als er am Tage der Hinrichtung bei dem OstA vorsprach, stark nach Alkohol gerochen".

Am 4. November 1936 um 6 Uhr wurde der 40 Jahre alte Hamburger Hitlergegner Etkar Josef André ungeachtet einer internationalen Protestbewegung von den Nazis hingerichtet. Sein „Verbrechen": Er war kommunistischer Funktionär. Während seiner dreieinhalbjährigen Untersuchungshaft wurde er so sehr misshandelt, dass er schließlich nur noch an Krücken gehen konnte und das Gehör verlor. Festgelegt wurde, dass die in „Hamburg am 10. Juli 1936 erkannte Todesstrafe am Donnerstag, 4. Nov. 1936, um 6 Uhr vorm. im Hofe des Untersuchungsgefängnisses hierselbst vollstreckt werden soll (...)" Scharfrichter Gröpler trat in Andrés Zelle im Hamburger Untersuchungsgefängnis, er waltete seines Amtes und richtete André hin. Wenige Stunden danach traten die 5000 Insassen des Zuchthauses Fuhlsbüttel zum Protest in einen Streik. Der Generalstaatsan-

162 KRÜGER, Kriminalchronik, a. a. O., S. 116.
163 Archiv für Kriminologie, 1936, S. 3. Vgl. KERSTIN BRÜCKWEH, Mordlust – Serienmorde, Gewalt und Emotionen im 20. Jahrhundert, Frankfurt am Main 2006, S. 277.

walt befahl die Einäscherung und Beisetzung „in aller Stille und unter strengster Verschwiegenheit“ am Tag der Urteilsvollstreckung. Der Tote wurde der Gestapo übergeben, die Urne mit seiner Asche in einem Gebüsch verscharrt. Die Gestapo forderte von der Friedhofsverwaltung Ohlsdorf die Geheimhaltung der Grabnummer sowie die Meldung jeder diesbezüglichen Nachfrage an die Gestapo 6, Kriminalinspektor Kr.[164]

Am 12. Januar 1937, zwei Tage nach seinem 24. Geburtstag, wurde Otto Krepp durch Scharfrichter Gröpler hingerichtet. Nachdem am 12. Juni 1935 die Leiche von Ludwig Dibbern in Altona, Am Brunnenhof 3, gefunden worden war, wurde am 11. Juni 1936 der Prozess gegen Krepp begonnen und am 13. Juni das Todesurteil ausgesprochen. Das Begnadigungsgesuch lehnte Adolf Hitler am 15. Dezember 1936 ab. Die Rechnung des Scharfrichters belief sich auf 331,12 Reichsmark.

Die Enthauptung war übrigens zunächst für den 7. Januar 1937 angesetzt gewesen, sie musste aber auf den 12. Januar verlegt werden, weil Scharfrichter Gröpler „dienstlich im Rheinlande“ zu tun hatte.

Danach sind keine weiteren Enthauptungen durch den „roten Richter“ Carl Gröpler aus Magdeburg mehr vorgenommen worden. Da er das Pensionsalter längst erreicht hatte, wurde er seiner Pflichten entbunden und mit einem Jahresgehalt von 1500 Reichsmark in den Ruhestand geschickt. 1937 verschwindet Gröpler für immer aus den Akten des Justizministeriums.

Als die Beamten entdeckten, dass Gröpler vom New Yorker Rundfunk ein lukratives Angebot für seine Lebensgeschichte erhalten hatte, zwangen sie ihn zu einer Verpflichtung, das Angebot nicht anzunehmen.

Aus der Strafanstalt Bruchsal wurde im Februar 1937 unter strenger Geheimhaltung die badische, zerlegbare Guillotine nach Plötzensee geschafft und in einer früheren Arbeitsbaracke aufgestellt.

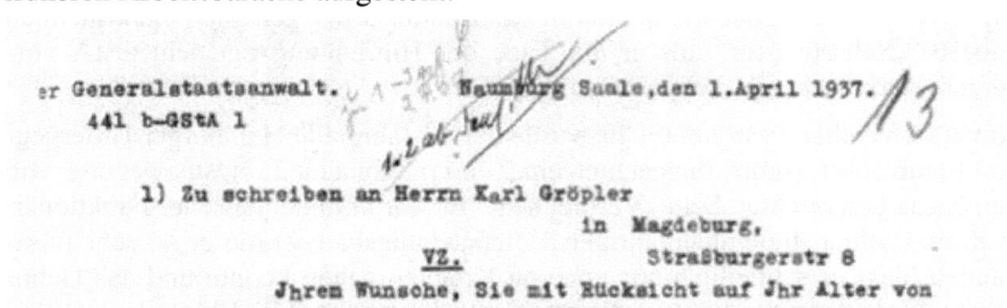

er Generalstaatsanwalt. Naumburg Saale,den 1.April 1937.
441 b-GStA 1

1) Zu schreiben an Herrn Karl Gröpler
in Magdeburg,
VZ. Straßburgerstr 8

Jhrem Wunsche, Sie mit Rücksicht auf Jhr Alter von Jhrer Tätigkeit als Scharfrichter zu entbinden,entspre= chend, kündige ich Jhnen den Vertrag zum 31.Juli d J. Die Jhnen zustehende Pauschalvergütung wird Jhnen mit

„Ihrem Wunsch, Sie mit Rücksicht auf Ihr Alter von Ihrer Tätigkeit als Scharfrichter zu entbinden, entsprechend, kündige ich Ihnen den Vertrag zum 31. Juli d J.“ Dokument: Knut Alex

[164] Vgl. BARBARA C. BEUYS, Vergesst uns nicht – Menschen im Widerstand 1933-1945, Reinbek 1987, S. 336.

Im Magdeburger Adressbuch von 1942 (dito 1943) findet sich der „Privatmann“ Carl Gröpler noch immer an der Straßburger Straße 8. Sohn Georg, Kaufmann, 1895 geboren, erreichbar an der Königgrätzer Straße 19, Eingang Straßburger Straße, unter Telefon 20162 f., betrieb weiterhin die „Dampfwaschanstalt Gröpler“, und zwar „für verwöhnteste Ansprüche“. Im Angebot: Nass-Mangel-Plätt-Gardinen, feine Herrenwäsche. Geschäftsinhaberin war E. Gröpler.

Im Herbst 1945 wurde Carl Gröpler in seinem Haus in Magdeburg – also in der sowjetischen Besatzungszone – von sowjetischen Einheiten festgenommen und in Halle inhaftiert. Er war möglicherweise ins Visier der Sowjets geraten, weil er im Zuge des Rote-Marine-Prozesses 1934 mit seinem Handbeil die Hinrichtungen der vier Kommunisten vollzogen hatte. Er wurde nicht vor Gericht gestellt, sondern starb am 30. Januar 1946 im Gefängnis. Am 27. Februar 1946 erfolgte auf dem Magdeburger Westfriedhof, Grabstelle D VI 666/8, in der Stille die Beisetzung der Asche des früheren Scharfrichters und jetzigen Privatmanns.

Der Journalist Knut Alex in Erfurt geht davon aus, dass Carl Gröpler in der Strafanstalt „Roter Ochse“ in Halle (Saale) gestorben sei und dass die Akten wahrscheinlich von den Sowjets mitgenommen seien.

Im für lange Zeit letzten Magdeburger Adressbuch von 1950/51 ist Georg Gröpler nicht mehr verzeichnet, wohl aber eine Ella Gröpler, Wäschereiinhaberin, Kleine Schulstraße 18/22, und ferner noch eine Ella, Rentnerin, Kahnstraße 1.

Und dort befindet sich die Reklame:

„Seit 1897
Dampfwäscherei Gröpler
Kleine Schulstrasse 18-22
Ecke Sandtorstr. Ruf 34177“

Die Dampfwäscherei war im Handelsregister eingetragen.

Apothekenbesitzer Dr. Ralf Gröpler, Magdeburg, berichtet: „Ich erinnere mich nur, dass meine Oma mal die Ella Gröpler mit der Wäscherei in Magdeburg erwähnt hatte.“ Immerhin.

Dass Carl Gröpler die Magdeburger Wäschereien „Das Edelweiß“ und danach den „Weißen Schwan“ betrieben haben soll, wie es Internetforen unter Berufung auf Breloer, Heinrich, und Königstein, Horst, Blutgeld – Materialien zu einer deutschen Geschichte, Köln 1982, S. 74, zum Ausdruck bringen, stimmt nicht. Die 1880 gegründete chemische Reinigung Großwäscherei „Edelweiß“ an der Alvenslebenstraße 13 in Magdeburg wurde 1930/1942 von Anna Gabbe, geborene Pradelt, betrieben. Inhaberin der Dampfwäscherei „Weißer Schwan“ an der Halberstädter Straße 15, Eingang Hellestraße, war Anna Otto. Letztere Wäscherei taucht 1942 nicht mehr im Magdeburger Adressbuch auf.

Die „Richtlinien für den Scharfrichter“ von 1937

Die „Richtlinien für den Scharfrichter“ wurden zuerst 1935 kodifiziert und noch Anfang 1945 als Zusammenfassung der bisherigen Regelungen neu bekannt gemacht.[165] Diese Richtlinien unterteilten sich in elf Paragraphen.

„Aufgabe des Scharfrichters ist es, auf Verlangen der Justizbehörde innerhalb des ganzen Reichsgebietes die Todesstrafe durch Enthaupten oder durch Erhängen zu vollziehen“ (§ 1/1).

Verpflichtung für den Henker, die Aufträge pünktlich auszuführen (§ 2) und strengstes Stillschweigen zu bewahren „und bei der Hinrichtung in einer dem Ernst der Handlung entsprechenden Kleidung zu erscheinen“ (§ 4).

Für den Auf- und Abbau des Richtgeräts war die Anstalt zuständig.

Des Scharfrichters’ Aufgaben:

a) Vor jeder Hinrichtung das Richtgerät auf seine Brauchbarkeit zu prüfen;
b) nach jeder Hinrichtung das Richtgerät und den Richtplatz zu säubern; die dazu erforderlichen Gerätschaften werden ihm von der Vollzugsanstalt zur Verfügung gestellt;
c) die Hingerichteten einzusargen (§ 6).

Der Scharfrichter erhielt 3000 Reichsmark jährlich plus Sondervergütung; letztere praktisch als „Kopfgeld“ zu bezeichnen. Diese wurde am 7. Mai 1941 neu festgesetzt.

Wenn die Vollzugsanstalt außerhalb des Wohnsitzes des Scharfrichters lag, 60 Reichsmark für ihn, für jeden Gehilfen 40 Reichsmark. Sollte die Hinrichtung am Wohnort stattfinden, war die Dotation nicht so „üppig“: 40 Reichsmark für den Scharfrichter, 30 Reichsmark für jeden Gehilfen. Pekuniär lohnte es sich, wenn mehrere Hinrichtungen hintereinander folgten. Die zweite und jede weitere Hinrichtung erbrachte zusätzlich 30 Reichsmark für den Henker und jeden seiner Gehilfen. An Reisekosten 3. Klasse Zugfahrt plus Eil- und Schnellzugzuschläge, Schlafwagen nur bei vorheriger Zusage durch den Oberstaatsanwalt.[166]

Durch Rundverfügung vom 28. Dezember 1936 legte der Reichsminister der Justiz erstmals einheitlich für das gesamte Deutsche Reich fest, die Todesstrafe künftig mit dem „Fallbeil zu vollstrecken, sofern die Reichsregierung nicht im Einzelfall anordnet, daß das Urteil durch Erhängen zu vollstrecken ist“.[167]

---

[165] Die Staatsanwaltschaft im Dritten Reich als „gegebene Lenkungsbehörde“, Vortrag von Prof. Dr. Hinrich Rüping, Niedersächsisches Justizministerium, S. 8.

[166] Vgl. Hans-Joachim Kruse, Zur Geschichte des Bremer Gefängniswesens, Band III, Bremen 2004, S. 228.

[167] Runderlass 4417 – III a 28612/36 an den Reichsanwalt beim Volksgerichtshof und die Generalstaatsanwälte.

Johann Reichhart (1893-1972)

Sich der Person des Johann Reichhart (* 29. April 1893 in Wichenbach bei Tiefenthal, † 26. April 1972 in Dorfen bei Erding) zu nähern, ist nicht einfach. Johann Reichhart gilt als „der meistbeschäftigte Henker des Dritten Reichs".[168] Seine Amtszeit währte von 1924 bis 1947. Mit seiner zusammenklappbaren Guillotine fuhr der gelernte Metzger seit 1924 durch ganz Bayern.

Das Amt des Scharfrichters hatte Johann Reichhart von seinem Onkel Franz Xaver Reichhart übernommen. Dieser war nach zwölf Jahren als erster Gehilfe des Scharfrichters Joseph Kißlinger am 1. Mai 1894 zu dessen Nachfolger ernannt worden. Als einziger Scharfrichter war Franz Xaver Reichhart Beamter im unteren Justizdienst und Gefängnisaufseher. Vielleicht legte aus diesem Grunde er Wert auf Genauigkeit. Er führte fein säuberlich Buch über seine 58 Hinrichtungen.[169]

Franz Xaver Reichhart stammte aus der südlichen Oberpfalz, er wurde am 17. Januar 1851 in Mühltal (Bayerischer Wald) geboren und heiratete in erster Ehe in die Familie des Kißlinger-Vorgängers Lorenz Scheller in Amberg ein, der die Hinrichtungen noch mit dem Schwert durchführte, bis diese Hinrichtungsform in Bayern 1854 durch die Guillotine abgelöst wurde. Er starb 1934 in München. Den Niedergang seines Neffen zum NS-Parteigenossen und Henker im Dienst des Naziterrors hat er somit nicht mehr erlebt.[170]

Johann Reichharts Vater war Landwirt und im Nebenerwerb Wasenmeister (Abdecker).

Rupert Fischer und Andreas Hutterer waren am 24. Juli 1924 die ersten, die von Reichhart, damals 31, mit der Guillotine hingerichtet wurden, und zwar im Arbeitshof des Landsgerichtsgefängnisses zu Landshut.[171] Am 6. August 1924 waltete Johann Reichhart ein drittes Mal seines Amtes.[172]

1926 übernahm Johann Reichhart ein Wirtshaus, um besser über die Runden zu kommen. 1928 vollstreckte er 23 Todesurteile. Seine Frau, mit der er drei Kinder hatte, verließ ihn. 1929 schrieb Reichhart an das Bayerische Justizministerium: „Meine letzte Vollstreckung war am 20. Januar 1928 in Kempten (...) Da nun seit Letzterem sämtliche Mörder, die zum Tode verurteilt, begnadigt wurden, war ich in meinen geschäftlichen Reisen so gehindert, daß ich manche Wo-

---

168 GLENZDORF/TREICHEL, a. a. O., S. 153 ff.

169 MARTIN A. KLAUS, Der Räuber Kneißl, oder, Leben, Tod und Erhöhung des Schachermüller-Hiasl, München 2000, S. 11. Über Lorenz Scheller (1816-1880), der 1854 bei einer Hinrichtung vollends versagte und erst drei Wochen vor seinem Tod wegen Dienstunfähigkeit pensioniert wurde, lies: JUTTA NOWOSADTKO, Scharfrichter und Abdecker – Der Alltag zweier „unehrlicher Berufe" in der Frühen Neuzeit, Paderborn 1994, S. 340.

170 Vgl. CHRISTINE RÄDLINGER, Bachauskehr: Eine Zeitreise in das München der Jahre 1850-1914 – Die Aufzeichnungen der Maria Walser, München 2008, S. 257.

171 ERICH HELMENSDORFER, „Scharfrichter seit 200 Jahren", in: Pitaval (München) 1949, Nr. 7, S. 22 ff.

172 DACHS, a. a. O., S. 47.

che keinen Pfennig verdient habe.“ Er bat das Justizministerium um Auflösung des Vertrags. Als dieses abgelehnt wurde, zog er nach Den Haag, um dort einen Gemüsehandel zu eröffnen. Per Telegramm wurde er nach Bayern geholt, wenn Hinrichtungen anstanden. Am 10. Juli 1932 flog Reichharts Doppelleben auf, als er die Mörderin Erna Hasselbeck per Fallbeil hinrichten sollte.

Am 9. Mai 1933 wurde der „Mörder von Wendersreuth“, Felix Schieder, auf dem Hof des Landgerichtsgefängnisses in Weiden von Johann Reichhart mittels zusammenklappbarer Guillotine enthauptet.

Johann Reichhart (Bildmitte) mit der Guillotine und seinen Gehilfen.

Am 22. Juni 1938 wurde der 1935 verratene und wegen illegaler antifaschistischer Aktivitäten verhaftete Dr. Felix Bobek in Berlin-Plötzensee von Scharfrichter Johann Reichhart mittels Fallschwertmaschine exekutiert. Der Strafanstaltsarzt bestätigte dem unterzeichneten Oberstaatsanwalt den eingetretenen Tod des Bobek. Der schwarze Vorhang war nach der vollzogenen Hinrichtung wieder geschlossen worden.[173]

Mit dem Anschluss der Republik Österreich an das Deutsche Reich im Jahre 1938 war Johann Reichhart fortan Scharfrichter in Bayern, Sachsen, Württemberg, Baden, Hessen, Böhmen und Österreich. Reichhart war nicht der einzige

[173] Vgl. SIEGFRIED GRUNDMANN, Der Geheimapparat der KPD im Visier der Gestapo – Das BB-Ressort: Funktionäre, Beamte, Spitzel, Spione, Berlin 2008, S. 219.

der deutschen Nazihenker, der in Österreich tätig wurde, aber der Einzige, der nach dem Zweiten Weltkrieg nicht zur Rechenschaft gezogen wurde.[174]

Zu den insgesamt 2805 zunehmend auch politisch Verurteilten, die Johann Reichhart nach eigenen Angaben zwischen 1940 und 1945 hingerichtet hat,[175] zählten unter anderem die Geschwister Scholl und ihre Freunde von der „Weißen Rose“ und der Darmstädter Widerstandskämpfer Georg Fröba.

Obwohl die Sonderzahlungen für durchgeführte Exekutionen 1941 von 60 auf 40 Reichsmark für den Scharfrichter und 30 Reichsmark für die Gehilfen reduziert wurden, brachte es Reichhart doch zu einem nicht unansehnlichen Wohlstand. Allein 1942 erhielt er neben seinem jährlichen Grundeinkommen von 3000 Reichsmark Sondervergütungen für 764 Enthauptungen, sowie knapp 6000 Reichsmark für Fahrtauslagen und Aufwandsentschädigung.[176]

Der am 16. Januar 1942 verhaftete und am 27. Oktober 1942 zum Tode verurteilte Kommunistenführer Franz Ofner aus Salzburg wurde am 15. Juli 1943 in München-Stadelheim hingerichtet. „Die Vornahme der Hinrichtung des Verurteilten Franz Ofner ist dem Scharfrichter Reichhart zu übertragen“, war im Vorfeld festgelegt worden, auch die Überlassung des Leichnams an ein Institut.[177]

In den Nachmittagsstunden des 22. Februar 1943 standen drei junge Deutsche vor ihren Henkern. Hans Scholl, seine Schwester Sophie und Christoph Probst waren in den Vormittagsstunden desselben Tages in einem summarischen Schnellverfahren durch „die Justizbestie Freisler“, den Präsidenten des Volksgerichtshofes, zum Tode verurteilt und einige Stunden später dem Henker Reichardt und seinen Knechten überantwortet worden. Das Urteil wurde im Gefängnis München-Stadelheim vollstreckt. Hans Scholls letzte Worte lauteten: „Es lebe die Freiheit!“ Es war ein Vermächtnis.[178]

Ein auf Grund von Tagebüchern und Mitteilungen des Scharfrichters Johann Reichhart verfasster Bericht bestätigt die von ihm allgemein praktizierte Anwendung der „österreichischen Methode“ des Hängens. Hierbei hoben zwei Henkershelfer den Delinquenten empor. In diesem Moment legte ihm der Scharfrichter einen Strick um den Hals, und auf sein Kommando drückten die Assistenten die Schultern des gefesselten Körpers in Richtung Boden.[179]

---

174 ANNA EHRLICH, Hexen, Mörder, Henker: Eine Kriminalgeschichte Österreichs, Wien 2006, S. 222.

175 ALBERT PÜTZ, Das SS-Sonderlager/KZ Hinzert 1940-1945: das Anklageverfahren gegen Paul Sporrenberg, eine juristische Dokumentation, hrsg. von Ministerium der Justiz, Landeszentrale für Politische Bildung Rheinland-Pfalz, Frankfurt a. M. 1998, S. 230.

176 IRENE STUIBER, Hingerichtet in München-Stadelheim, Books on Demand GmbH, 2004, S. 115, unter Bezugnahme auf DACHS, a. a. O., S. 104.

177 CHRISTA MITTERRUTZNER/GERHARD UNGAR (Bearb.), Widerstand und Verfolgung in Salzburg 1934-1945: Eine Dokumentation, Band 1, Wien 1991, S. 344; KURT PREIS, München unterm Hakenkreuz 1933-1945, München 1980, S. 198.

178 WALTER A. SCHMIDT, Damit Deutschland lebe – ein Quellenwerk über den deutschen antifaschistischen Widerstandskampf, 1933-1945, Berlin 1959, S. 227.

179 PETER HOFFMANN, Widerstand, Staatsstreich, Attentat: Der Kampf der Opposition gegen Hitler, München 1969, S. 873.

Nach 1945 wurde Reichhart von der amerikanischen Besatzungsmacht nach nur kurzer Inhaftierung erneut einige Jahre weiterbeschäftigt und henkte 156 verurteilte Nazigrößen im Kriegsverbrechergefängnis Landsberg am Galgen. Als letzter Scharfrichter Deutschlands geächtet, war Johann Reichhart ein einsamer und von allen gemiedener Mann. Reichhart gilt als der Scharfrichter, der die meisten Hinrichtungen aller Zeiten vollzog, und zwar angeblich 3165 Exekutionen.[180]

Im Jahre 1948 kam die Wende: Eine Spruchkammer stufte Reichhart als „belastet" ein. Am 18. Dezember des Jahres erschien im Berliner „Nachtexpress" folgende Nachricht: „Der sechsundfünfzigjährige Scharfrichter Johann Reichhart, der bis 1945 insgesamt rund 2500 Hinrichtungen durchgeführt hat, wurde gestern im Wiederaufnahmeverfahren von einer Münchner Spruchkammer in die Gruppe der Belasteten eingereiht. Reichhart wird auf zwei Jahre in ein Arbeitslager eingewiesen, wobei ihm die bisherige Haft von 18 Monaten abgerechnet wird."[181] Sein Sohn Hans, der ihm beim Prozess zur Seite stand, nahm sich nach diesem Urteil das Leben. In einem Aufsatz aus dem Jahre 1949 wird Johann Reichhart als ein zittriger und seelisch gebrochener Mann geschildert.[182]

Johann Reichhart betrieb später in Deisenhofen bei München eine Hundezucht und fabrizierte wertvolle Parfüms und Haarwasser.[183] Er war offensichtlich Ehrenmitglied des „Vereins zur Wiedereinführung der Todesstrafe e.V." und befürwortete die Todesstrafe.[184] 1972 starb er einsam und nervenkrank in einem Krankenhaus bei Erding.

Für die Biografie über den „letzten deutschen Henker" von Johann Dachs hatte das bayerische Hauptstaatsarchiv erstmals die Personalakte des Johann Reichhart geöffnet. Will Berthold (Pseudonym Stefan Amberg) veröffentlichte darüber hinaus 1984 ein romanähnliches Essay mit dem Titel „Vollstreckt: Johann Reichhart, der letzte deutsche Henker".[185]

---

[180] Vgl. Archiv für hessische Geschichte und Altertumskunde, Band 57, Darmstadt 1999, S. 515. Abweichend heißt es im „Bulletin" – Finanzpolitische Mitteilungen des Bundesministeriums der Finanzen, 12. Januar 1952, S. 1362: „Diese Urteile sind überwiegend auch vollstreckt worden, jedenfalls führte der Münchner Scharfrichter Reichhart von 1933 bis 1945 2948 Hinrichtungen durch." Kurt Preis hingegen weiß zu berichten, dass Reichhart in den zwölf Jahren des Dritten Reiches 3005 Menschen hingerichtete habe. (KURT PREIS, „Ein Freundeskreis von Idealisten bezahlt den Kampf gegen Hitler mit dem Tod", in: Münchner Merkur Nr. 78 vom 3. April 1979.) DACHS, a. a. O., S. 136, spricht hingegen von 3009 Menschen, davon 250 Frauen.

[181] Zitiert in: HARALD POELCHAU, Die letzten Stunden – Erinnerungen eines Gefängnispfarrers, aufgezeichnet von Graf Alexander Stenbock-Fermor, Berlin 1987, S. 30. In der Zeit vom 1. bis 29. Februar 1944 bekamen er und seine Gehilfen für die in München durchgeführten 25 Hinrichtungen insgesamt 3836,- Reichsmark ausgezahlt (GÜNTHER WEISENBORN, Der lautlose Aufstand, Frankfurt/M. 1974, S. 251; 3356,70 Reichsmark nach BRELOER/KÖNIGSTEIN, a. a. O., S. 77). (Vgl. HELGA PFOERTNER, Mit der Geschichte leben: Mahnmale, Gedenkstätten, Erinnerungsorte für die Opfer des Nationalsozialismus in München 1933-1945, Band 2, München 2005, S. 89.)

[182] BRELOER/KÖNIGSTEIN, a. a. O., S. 78.

[183] Ebenda, a. a. O., S. 77.

[184] Frankfurter Hefte, Band 20, Ausgaben 1-6, Frankfurt/Main 1973, S. 159 f.

[185] WILL BERTHOLD, Vollstreckt: Johann Reichhart, der letzte deutsche Henker, München 1984.

Friedrich Hehr (1879-1952)

Friedrich Hehr vervollständigt die Riege der deutschen Scharfrichter. Er war der führende nationalsozialistische Scharfrichter der Kriegsjahre. Dennoch ist über ihn nur wenig bekannt.

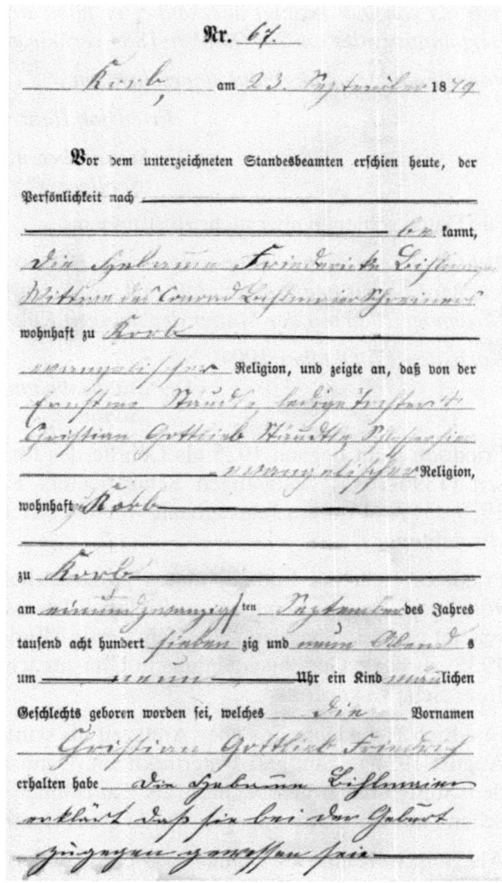
Nr. 67.
Korb, am 23. September 1879
Vor dem unterzeichneten Standesbeamten erschien heute, der Persönlichkeit nach bekannt,
die Hebamme Friederike Bihlmeyer Wittwe des Conrad Bihlmaier Schreiners
wohnhaft zu Korb
evangelischer Religion, und zeigte an, daß von der
Ernstine Stäudle, ledige Tochter † Christian Gottlieb Städtle Schlosser hier
evangelischer Religion,
wohnhaft Korb
zu Korb
am einundzwanzigsten September des Jahres
tausend acht hundert siebenzig und neun Abends
um neun Uhr ein Kind männlichen
Geschlechts geboren worden sei, welches die Vornamen
Christian Gottlieb Friedrich
erhalten habe die Hebamme Bihlmaier
erklärt daß sie bei der Geburt
zugegen gewesen seie

Friedrich Hehr wurde am 21. September 1879 unehelich unter dem Namen „Stäudtle“ in Korb im Remstal bei Stuttgart geboren. Seine Eltern haben erst am 23. Oktober 1883 geheiratet, seither führte er dann auch den Familiennamen „Hehr“.

Die Geburtsurkunde von Friedrich Hehr liegt noch vor. Sie hat folgenden Wortlaut:

Nr. 67.

Korb, am 23. September 1879

Vor dem Unterzeichneten Standesbeamten erschien heute, der Persönlichkeit nach bekannt, die Hebamme Friederieke Bihlmeyer, Wittwe des Conrad Bihlmaier Schreiners, wohnhaft in Korb, evangelischer Religion, und zeigte an, daß von der Ernstine Stäudle, ledige Tochter † Christian Gottlieb Stäudtle, Schlosser hier, evangelischer Religion, wohnhaft zu Korb, am einundzwanzigsten September des Jahres tausend acht hundert siebenzig und neun Abends um neun Uhr ein Kind männlichen Geschlechts geboren worden sei, welches die Vornamen Christian Gottlieb Friedrich erhalten habe. Die Hebamme Bihlmaier erklärt daß sie bei der Geburt zugegen gewesen seie.

Vorgelesen, genehmigt und –

Friederieke Bihlmeyer.

Der Standesbeamte.
Daiß.

Daneben wurde später notiert, als der Vater die Vaterschaft anerkannte:

Korb, den 15. Oktober 1904.

Vor dem unterzeichneten Standesbeamten erschien heute, der Persönlichkeit nach bekannt, der Bauer und Amtsdiener Friedrich Hehr, wohnhaft in Hertmannsweiler, und zeigte an, daß er das nebige Kind Christian Gottlieb Friedrich als von ihm erzeugt anerkenne; er habe sich mit der Mutter des Kindes in Hertmannsweiler am 23. Oktober 1883 verheiratet.

Vorgelesen, genehmigt und unterschrieben.

Friedrich Hehr

Der Standesbeamte
Schlienz.

Die Daten schienen aber nicht zu stimmen:

Auf Grund der nachträglich vorgelegten Heirats=Urkunde, [797. z. Fam. Register, wird hiemit beurkundet, daß sich Friedrich Hehr in Hertmannsweiler am 8. November 1883 mit der Mutter des nebigen Kindes verheiratet hat.

Korb, den 17. Oktober 1904.

Der Standesbeamte
Schlienz.

Friedrich Hehr begann 1925 als Gehilfe des für Baden, Württemberg und Hessen (1896-1935) zuständigen Scharfrichters Karl Burckhardt und übernahm 1935 das Amt für ein Jahresgehalt von 400 Reichsmark plus 50 Reichsmark pro Hinrichtung.[186]

Friedrich Hehr hat Enthauptungen grundsätzlich mit der Fallschwertmaschine vollzogen. Dass er dennoch ein Richtbeil besessen habe, wie einige behaupten, scheint eher eine Mär zu sein. Hehrs erste Hinrichtungen datieren vom 14. Mai 1935, als er im Gerichtsgefängnis in Ulm zunächst Sophie Weber und dann Karl Josef Schulze köpfte.[187]

Friedrich Hehr lebte in seiner Amtszeit als württembergischer Scharfrichter bis August 1937 in Stuttgart-Untertürkheim. Dann zog er nach Hannover. Er ist in den Stuttgarter Adressbüchern als Tagelöhner verzeichnet, in den Hannoverschen Adressbüchern dagegen wurde er als (Justiz-)Angestellter bezeichnet.[188]

Als Hehr in Hannover wohnte, war er als Scharfrichter für Hamburg, Butzbach, Dresden, Hannover (Wolfenbüttel) und Köln zuständig.

---

[186] BA R 3001, Nr. 1323, Bl. 21: Generalstaatsanwalt in Darmstadt an das Reichsjustizministerium vom 21.03.1935; ebenda, Bl. 23: Zahlungsanweisung, 04.06.1935; ebenda, Bl. 18: Württembergisches Justizministerium an Staatsanwälte und Oberlandesgerichte, 05.03.1934. Vgl. ANGELIKA EBBINGHAUS/KARSTEN LINNE, Kein abgeschlossenes Kapitel: Hamburg im Dritten Reich, Hamburg 1997, S. 336.

[187] Der Akt ist beschrieben in: WOLFGANG KRÜGER, Kriminalchronik des Dritten Reiches, Band 1 (1933-1937), Arnstadt 2008, S. 128.

[188] Zentralstelle für Deutsche Personen- und Familiengeschichte: Genealogisches Jahrbuch, Band 42-44, Neustadt/Aisch 2003, S. 48.

1937 beurteilte man den 57-Jährigen als „körperlich und geistig so rüstig, dass er die Tätigkeit eines Scharfrichters sehr wohl ausüben kann". Bei der Durchführung von Enthauptungen zeigte er sich nach dem Eindruck des Oberstaatsanwalts in Stuttgart „sehr gewandt".[189] Als aber der Schneidemühler Oberstaatsanwalt 1937 einer von Hehr vorgenommenen Hinrichtung beiwohnte, hatte er zwar zu berichten, dass Hehr unleugbares Geschick an der Guillotine bewiesen habe. „Es fiel jedoch auf, daß er ‚Achtung' sagte, bevor er die Fallvorrichtung des Beiles auslöste." – „Das halte ich nicht für richtig", kommentierte der Staatssekretär im Reichsjustizministerium Roland Freisler (1893-1945) knapp, und Hehr wurde angewiesen, diesen Aufruf zu unterlassen. Außerdem zwang ihn das Justizministerium, seinem Gehilfen Karl Werner zu kündigen, der nicht nur wegen Diebstahl und Sachbeschädigung vorbestraft, sondern auch „politisch nicht zuverlässig" war. Hehrs berufliches Umfeld wies offenbar eine bedenkliche Nähe zur Unterwelt auf.

Doch nachdem diese Probleme ausgeräumt waren, wurde er zum dritten Scharfrichter des Dritten Reiches neben Ernst Reindel (Gommern) und Johann Reichhart (München) ernannt. Richard J. Evans stellt fest, dass es auffällig sei, „wie viel Kontinuität mit früheren Traditionen diese Ernennungen bewiesen".[190]

Vom 25. August 1937 datiert eine Rundverfügung des Reichsjustizministeriums in Berlin über Zuständigkeiten der Scharfrichter Reindel, Hehr und Reichhart. Aufgabe des Scharfrichters (§ 1 Abs. 1) sei es, „auf Verlangen der Justizbehörde innerhalb des ganzen Reichsgebietes die Todesstrafe durch Enthaupten oder durch Erhängen zu vollziehen". Der Scharfrichter sei verpflichtet, über die ihm erteilten Vollstreckungsaufträge und deren Erledigung strengstes Stillschweigen zu bewahren und „bei der Hinrichtung in einer dem Ernst der Handlung entsprechenden Kleidung zu erscheinen" (§ 4).

Die neuen „Richtlinien für Scharfrichter" (Aktenzeichen 1418-IIIa - 953) bestimmten für das ganze Reichsgebiet als Scharfrichter: Ernst Reindel, Besitzer einer Abdeckerei in Gommern (Bezirk Magdeburg), b) Friedrich Hehr aus Hannover, c) Johann Reichhart aus München.

Nach den Richtlinien mussten alle Todesurteile in Bayern in der zentralen Hinrichtungsstätte im Gefängnis München-Stadelheim vollstreckt werden. Neben München war Johann Reichhart auch zuständig für die Hinrichtungen in Dresden, Stuttgart und Weimar. Für seine Einsätze außerhalb Münchens musste er die im Gefängnis München-Stadelheim gelagerte Guillotine mitbringen. Ferner wurden an den Scharfrichter Ernst Reindel die Hinrichtungen in den Vollzugsanstalten Berlin-Plötzensee, Breslau und Königsberg übertragen. Der Scharfrichter Hehr musste die Todesurteile in Butzbach, Hamburg-Stadt, Hannover und Köln vollziehen. Das in Butzbach befindliche Fallbeil sollte in die Vollzugsanstalt Frankfurt/Main-Preungesheim verlegt werden. Noch im gleichen

189 BA R 3001, Nr. 1323, Bl. 193: Generalstaatsanwalt in Stuttgart an das Reichsjustizministerium vom 08.04.1937.

190 EVANS, a. a. O., S. 812.

Jahr (1937) wechselte Hessens zentrale Hinrichtungsstätte von Butzbach nach Frankfurt-Preungesheim.

Unter den Gehilfen der drei Scharfrichter gab es zwei Leichenbestatter, einen Schmiedemeister, zwei Handlungsreisende, einen Fuhrunternehmer, einen Rentner und einen Krankenpfleger sowie den Abdecker Georg Reichhart.[191]

Die Nacht vor einer Exekution verbrachten die Scharfrichter im Gefängnis. Jegliches Aufsehen musste vermieden werden. Ob sie sich immer daran gehalten haben, ist fraglich. Reichhart erzählte später, dass sein Kollege Friedrich Hehr bei den Hinrichtungen in Hannover stets angetrunken gewesen sei.[192]

Für das Jahr 1938 sind folgende von Hehr vorgenommene Hinrichtungen bekannt: Am 20. Juni 1938, drei Tage vor ihrem 29. Geburtstag, wurde die Widerstandskämpferin Liselotte Herrmann in Berlin-Plötzensee durch Friedrich Hehr hingerichtet, und zwar unter den Blicken „besonders verdienstvoller Parteigenossen“, an die vorher Einlasskarten verteilt worden waren. Die Reisekosten von der Barnimstraße in Berlin, wo sich das Frauengefängnis befand, nach Plötzensee wurden den Eltern in Rechnung gestellt, und die Leiche ging an das Anatomisch-Biologische Institut der Universität Berlin zu Lehr- und Forschungszwecken.[193]

Der 37 Jahre alte Gelegenheitsarbeiter Robert Körnig, der Frauenmörder von Cuxhaven, wurde am 22. Juni 1938 von Friedrich Hehr im Wolfenbütteler Strafgefängnis enthauptet.[194]

Die Scharfrichter bildeten bei den Hinrichtungen das letzte Glied in der Kette der NS-Justiz. Oft stammten sie aus Familien, in denen die Tätigkeit des Henkers seit Generationen ausgeübt wurde. Hehrs Mentor und Vorgänger, Karl Burckhardt, war Gerber von Beruf gewesen.[195]

Hehr richtete in Hamburg zwischen dem 22. Dezember 1938 und dem 15. Dezember 1944 mindestens 432 Menschen – 1943 waren es alleine 140 – hin. Daraus ergibt sich für 1943 eine „Sondervergütung“ in Höhe von 4320 Reichsmark. In dem gleichen Jahr hat Hehr auch noch in Wolfenbüttel und in Köln Todesurteile vollstreckt.

Am 20. Juli 1940 vollstreckte Friedrich Hehr das Todesurteil an der vom Volksgerichtshof zum Tode verurteilten Gaststättenangestellten Maria Diecker aus

---

[191] EVANS, a. a. O., S. 813. EVANS stellt fest, dass die Scharfrichter im Dritten Reich unbeschwerter mit ihrer Aufgabe umgegangen seien als ihre Vorgänger: „Männer wie Reichhart, Reindel und Hehr oder ihre Gehilfe ließen wenig Anzeichen von Belastung erkennen.“

[192] JOHANN DACHS, Tod durch das Fallbeil – Der deutsche Scharfrichter Johann Reichhart (1893-1972), Regensburg 1996, S. 78 ff. Vgl. KARL-HEINZ LINGENS, „Besprechungen“, in: IuS Commune 18, Max-Planck-Institut für Europäische Rechtsgeschichte, Frankfurt am Main 1991, S. 499. Die Richtlinien für Scharfrichter abgelegt: BA R 3001, Nr. 4085.

[193] Ausführlich: http://www.fembio.org/biographie.php/frau/biographie/liselotte-herrmann.

[194] Ausführlich: WOLFGANG KRÜGER, Kriminalchronik des Dritten Reiches, a. a. O., S. 190.

[195] BA R 3001, Nr. 1322, Bl. 29: Oberstaatsanwalt für das Landgericht München I an das Reichsjustizministerium vom 18.03.1935.

Gelsenkirchen. Maria Diecker zählt zu den Opfern aus dem Gelsenkirchener Widerstand.[196]

Am 9. Januar 1941 wurde der 39 Jahre alte und aus Schöningen stammende Fritz Kohlrausch, den das Sondergericht in Hannover am 11. Dezember 1940 als Gewaltverbrecher zum Tode verurteilt hatte (Beteiligung an einem Doppelmord im Celler Zuchthaus), im Strafgefängnis in Wolfenbüttel mit der Fallschwertmaschine hingerichtet. Das Reichsjustizministerium in Berlin hatte zuvor das Gnadengesuch abgelehnt und verfügt: „Ich ersuche, mit größter Beschleunigung wegen Vollstreckung des Urteils das Erforderliche zu veranlassen. Die Vornahme der Hinrichtung ist dem Scharfrichter Hehr aus Hannover zu übertragen."[197]

Der Kutscher und Bestattungshelfer Alfred Roselieb (1891-1969) wurde im Februar 1941 Gehilfe bei dem hannoverschen Scharfrichter Hehr und hinsichtlich seiner politischen Einstellung von der Behörde überprüft.[198]

1941 hatte Friedrich Hehrs Gehilfe Ludwig Overbeck, der erst seit einem Jahr bei Hinrichtungen mitgewirkt hatte, das Pech, den Griff, womit er den Kopf des Verurteilten hielt, im falschen Augenblick umzusetzen, sodass ihm das herabsausende Fallbeil den linken Daumen abtrennte. Die Wunde wurde septisch, und man musste Overbeck den linken Arm amputieren. Doch auch diese Maßnahme vermochte ihn nicht zu retten, und er starb wenige Wochen später an Blutvergiftung.[199]

Am 24. August 1942 beauftragte Oberstaatsanwalt Dr. Schubert in Hamburg den Scharfrichter Hehr, den im Namen des Deutschen Volkes „wegen Verbrechens nach § 3 der Volksschädlingsverordnung" zum Tode verurteilten 17-jährigen polnischen Zwangsarbeiter Walerjan Wróbel mit dem Fallbeil hinzurichten. In der Niederschrift heißt es:[200]

1. Die Hinrichtung des Walerjan Wrobel ist unter Leitung des Staatsanwalts Peters durch den Scharfrichter Hehr aus Hannover heute morgen 6,15 Uhr durch das Fallbeilgerät im geschlossenen Raum der Untersuchungshaftanstalt Hamburg-Stadt vorgenommen worden.

---

196 Die zugehörige „Niederschrift über den Vollzug der Todesstrafe" ist abgedruckt in: GEDENKSTÄTTE DEUTSCHER WIDERSTAND (Hrsg.), „... für immer ehrlos" – Aus der Praxis des Volksgerichtshofes, Beiträge zum Widerstand 1933-1945, Berlin 2001, S. 44 f.

197 WOLFGANG KRÜGER, „Ein Doppelmord im Celler Zuchthaus und seine Folgen", Sachsenspiegel 10, Cellesche Zeitung vom 09.03.1996.

198 BA R 3001, Nr. 1324, Bl. 329. Im Frühjahr 1944 übernahm Roselieb dann das Scharfrichteramt in Halle (nach vorheriger Überprüfung durch die Gestapo). Bei Kriegsende verschwand er aus der Stadt. (JOACHIM SCHERRIEBLE [Hrsg.], DANIEL BOHSE/ALEXANDER SPERK [Bearb.], Der Rote Ochse Halle [Saale] – Politische Justiz, Katalog zu den Dauerausstellungen, Berlin 2008, S. 173.)

199 Entnommen aus: EVANS, a. a. O., S. 865, unter Berufung auf BA R 3001, Nr. 1324, Bl. 108: Oberstaatsanwalt in Hannover an das Reichsjustizministerium vom 31.01.1941 und 04.03.1941; ebenda, Bl. 118: Oberstaatsanwalt in Hannover an das Reichsjustizministerium vom 27.03.1941.

200 Ausführlich: http://www.richterverein.de/mhr/mhr023/m02304.htm.

2. Die Leiche wurde zwecks Sektion um 7.20 Uhr durch das Anatomische Institut Hamburg abgeholt. ...

3. Die Todesbescheinigung hat der Anstaltsarzt Reg.Med.-Rat Dr. Meywerk ausgestellt. ...

4. Die Herstellung einer Gipsmaske wurde veranlasst.

5. Herrn Geschossführer 2 zur Abgabe der verwahrten Sachen ...

9. Eintragen in das Leichenabgabebuch.

10. Absetzen vom Bestand.

11. Anzeige an das Haupternährungsamt

Hamburg, den 25.8.1942

Am 10. November 1943 wurde im Gefängnis Holstenglacis in Hamburg das Todesurteil an den vier „Lübecker Märtyrern“ mit dem Fallbeil vollstreckt. Der 2. Senat des Volksgerichtshofes hatte am 23. Juni des Jahres den evangelischen Pastor Karl Friedrich Stellbrink und die drei katholischen Geistlichen Eduard Müller, Johannes Prassek und Hermann Lange wegen „landesverräterischer Feindbegünstigung“, „Wehrkraftzersetzung“, „Vergehen gegen das Rundfunkgesetz“ und das „Heimtückegesetz“ zum Tode verurteilt. Kurz vor 18.00 Uhr wurden die vier Geistlichen einer nach dem anderen gefesselt und im Abstand von nur wenigen Minuten zum Fallbeil geführt. Beteiligte bei der Hinrichtung waren Scharfrichter Hehr aus Hannover mit drei Gehilfen, Oberstaatsanwalt Dr. Schubert, Gefängnisarzt Prof. Dr. med. Friedrich Wilhelm Callsen (1876-1954) und zwei Beamte. Eduard Müller musste als erster den schweren Gang gehen, er starb im Alter von 32 Jahren. Sein Leichnam wurde eingeäschert. Schon am 25. Oktober 1943 hatte der Reichsjustizminister Dr. Otto G. Thierack angeordnet, dass jede Bekanntgabe in der Presse und durch Anschläge zu unterbleiben habe, ebenso jede Form der Beisetzung und des Totengedenkens.[201]

In der Niederschrift über die Vollstreckung verlautete:[202]

Der Scharfrichter Friedrich Hehr, dem der schriftliche Vollstreckungsauftrag übergeben worden war, meldete, daß das Hinrichtungsgerät in Ordnung sei.

Am 18. November 1943 sandte der Vorstand des Untersuchungsgefängnisses Hamburg-Stadt eine Übersicht über die Nachlasssachen der hingerichteten katholischen Kapläne an den Oberreichsanwalt beim Volksgerichtshof mit der Bitte um Mitteilung, was damit geschehen solle.

Als einer der bisherigen drei Hauptscharfrichter, Ernst Reindel, im Jahre 1943 seinen Rücktritt erklärte, wurde dieser bis zur Ermittlung eines geeigneten Nachfolgers durch Friedrich Hehr ersetzt. Hehr blieb den ganzen Krieg hindurch im Amt und wurde bald als der wichtigste der drei Scharfrichter betrachtet, was

---

201 Ausführlich: http://www.i-basis.de/dp/ansicht/kunden/priesterseminar/medien/anhaenge/k1_m475.pdf, http://www.clementinum.de/sides_arch/arch_pers/EMueller_von_HRuttke.pdf. Vgl. Verein für Lübeckische Geschichte und Altertumspflege: Zeitschrift des Vereins für Lübeckische Geschichte und Altertumskunde, Band 85, 2005, S. 322. Die Angaben über die verurteilten Personen sind entnommen aus Wikipedia – die freie Enzyklopädie.

202 BA FBS 110/2896.

die Entdeckung und Ausbildung von neuen Kandidaten für diesen Beruf betraf. Seine Mannschaft wurde fast so etwas wie eine Scharfrichterschule.[203]

Ende 1943 umfasste die Liste der vom Reichsjustizministerium eingesetzten Hauptscharfrichter neun: Gottlob Bordt, Friedrich Hehr, Karl Henschke, August Köster (Gehilfe Hehrs), Johann Mühl (neu aufgenommen), Johann Reichhart, Wilhelm Röttger (neu aufgenommen), Alois Weiss und Fritz Witzka (neu aufgenommen). Die Anzahl der „Scharfrichterbezirke" betrug im Frühjahr 1944 bereits neun. 1944 kam dann noch Alfred Roselieb, ebenfalls ein Gehilfe Hehrs, hinzu. Den insgesamt zehn Hauptscharfrichtern standen 38 Gehilfen zur Seite.[204]

Friedrich Hehr erwirkte im Februar 1944 beim Vorstand des Untersuchungsgefängnisses Hamburg-Stadt eine Vorverlegung des Zeitpunkts für Hinrichtungen von 18 auf 16 Uhr, damit er einen früheren Anschlusszug nach Hannover noch erreichen konnte.[205]

Spätestens seit 1943, als sich das Kriegsglück wendete, verstärkte sich der Widerstand gegen die Diktatur. Das Regime schlug zurück: Es wurden dann besonders seit dem Stauffenberg-Attentat vom 20. Juli 1944 die Todesurteile in solchen Massen auch durch Sondergerichte verhängt, dass die ordentlichen Scharfrichter es gar nicht mehr bewältigten. Das führte zum Einsetzen so genannter „Parteihenker", die allesamt wohl SS-Angehörige waren. Sie wurden wohl auch allesamt im Zuge der Nürnberger Prozesse abgeurteilt und hingerichtet.[206]

Für die traditionelle Scharfrichterschaft bedeutete das nicht nur eine Konkurrenz, sondern eine Verstärkung der Auflösung der dynastischen Scharfrichtertradition, die schon seit Ende des Ersten Weltkrieges zu beobachten war, die schließlich mit dem Aburteilen der ordentlichen Scharfrichter mit den Nürnberger Prozessen ihren definitiven Abschluss fand.[207]

Für 1944 wurden vom Reichsjustizministerium 5764 Hinrichtungen registriert.[208]

Nach der Verlagerung der Guillotine von Hamburg nach Bützow-Dreibergen heißt es in einer Verfügung des Reichsjustizministers vom 30. Dezember 1944: „Für den Vollstreckungsort Dreibergen-Bützow ist der Scharfrichter in Hannover zuständig." Am 9. Januar 1945 nahm Hehr dort seine Arbeit auf und köpfte daselbst bis zum 23. April 1945 noch 42 Männer und Frauen.[209]

Am 17. Januar 1945 gab es neue Richtlinien für den Scharfrichter. Paragraph 6 der Richtlinien von 1937 wurde beispielsweise um einen Punkt erweitert: „An der Richtstätte wird der Deutsche Gruß vermieden." Ergänzend bei der Vollstreckung wurde die Möglichkeit eingeräumt, eine Erschießung anzusetzen bezie-

---

[203] EVANS, a. a. O., S. 863.
[204] EVANS, a. a. O., S. 864.
[205] Vgl. JAN-HENRIK PETERS, Verfolgt und vergessen – Homosexuelle in Mecklenburg und Vorpommern im Dritten Reich, Landesverband der Lesben und Schwulen Mecklenburg-Vorpommern, Rostock 2004, S. 125.
[206] DACHS, a. a. O., S. 123.
[207] LEISTNER, a. a. O., S. 144.
[208] GÜNTHER WEISENBORN, Der lautlose Widerstand, Hamburg 1955, S. 259.
[209] EBBINGHAUS/LINNE, a. a. O., S. 337.

hungsweise eine Erhängung. Eine Erschießung kam dann in Frage, „wenn die Vollstreckung durch Enthaupten Schwierigkeiten bereitet oder Verzögerungen mit sich bringt". – „Die Vollstreckung durch Erhängen, die der Scharfrichter vornimmt, dient vor allem zur Ahndung besonders schimpflicher Verfehlungen."[210]

Während es 1937 drei Scharfrichter für das ganze Land gegeben hatte, die ihre Tätigkeit in elf Hinrichtungsorten ausübten, waren im Januar 1945 zehn Scharfrichter an 21 Orten tätig.[211]

Spätestens 1944 war die Niederlage Deutschlands abzusehen. Mit dem Zusammenbruch des Dritten Reiches kam im Mai 1945 auch das Ende der nationalsozialistischen Strafrechtspraxis.

In der Zeit von Adolf Hitlers Diktatur waren zwischen 1933 und 1945 schätzungsweise 16500 Todesurteile vollstreckt worden, davon 11881 allein von den drei Scharfrichtern Reichhart (München), Reindel (Magdeburg) und Röttger (Berlin), der ein großes Fuhrgeschäft besaß. Röttger vollzog sogar doppelt so viele Hinrichtungen wie Reindel und Reichhart zusammen.[212]

Einen Anhaltspunkt geben die Listen, die die drei Scharfrichter Hehr, Reindel und Röttger führten, auf denen sie die Zahl der täglichen von ihnen vorgenommenen Hinrichtungen notierten und monatsweise addierten.[213]

Friedrich Hehr war offensichtlich der einzige Scharfrichter, der vielleicht nie zur Rechenschaft gezogen wurde. Da mag wohl auch gewirkt haben, dass die britische Besatzungsmacht seine Dienste im Zusammenhang mit den Nürnberger Prozessen noch benötigte. 1945 wurde er von ihr nicht nur beschäftigt, sondern auch nach Maßgabe seines früheren Gehalts im Dritten Reich besoldet. Ende 1947 wurde er auch als Scharfrichter für Hessen ernannt, und Anfang 1948 wurde seine Zuständigkeit sowohl für die britische als auch für die amerikanische Besatzungszone vereinbart.[214]

Friedrich Hehr, der am 4. März 1944 in Hannover zum zweiten Mal geheiratet hatte, starb friedlich am 30. Juli 1952 in Hannover [Standesamt I Nr. 1084/52.]. Gotthold Leistner liegt also nur zum Teil richtig, wenn er schreibt:[215] „Nach dem Zusammenbruch des Nazi-Regimes wurden alle Scharfrichter Deutschlands (Reindel, Köster, Ulitzke, Hehr, Röttger, Weiß, Roselieb, Kleine) sofern sie nicht durch Selbstmord ihrem Leben ein Ende gesetzt hatten, hingerichtet." Überhaupt seien diese Angaben bisher nie geprüft worden, wie Johann Dachs bemerkt.[216]

---

[210] Richtlinien für Scharfrichter, Anl. 4 zur Rundverfügung des Reichsjustizministers vom 17. Januar 1945 (Akten der Generalstaatsanwaltschaft Celle, Bestand 4417, Band 1 - IVa 11).

[211] Aus dem Vortrag von JEAN-LUC BELLANGER „... ein Alphabet der Un-Justiz" zur Wanderausstellung „Justiz im Nationalsozialismus – Über Verbrechen im Namen des Deutschen Volkes", die seit Januar 2001 in niedersächsischen Gerichten gezeigt wird.

[212] KOCH, a. a. O., S. 302.

[213] RUDOLF PECHEL, Deutscher Widerstand, Zürich 1947, S. 167.

[214] EVANS, a. a. O., S. 920, unter Berufung auf GLENZDORF/TREICHEL, a. a. O., S. 155.

[215] LEISTNER, a. a. O., S. 144.

[216] Vgl. DACHS, a. a. O., S. 162, Anm. 27; TODTE, a. a. O.

Ernst Reindel (1899-1965)

Ernst Reindel stellt wieder einen Sonderfall unter den Scharfrichtern des Deutschen Reichs dar. Er quittierte 1943 seinen Dienst. Da hatte er aber dem Reichsjustizministerium schon lange und intensiv Dienste geleistet. Reindel galt als der berüchtigte „Henker und Schlächter von Berlin", der die Männer des Widerstandes in Berlin-Plötzensee auf Befehl Hitlers an Fleischerhaken aufgehängt haben soll.[217]

Friedrich Wilhelm Ernst Reindel war ein Enkel des früheren Scharfrichters Wilhelm Reindel; er kam am 30. November 1899 als Kind von Marie Emma und Ernst August Karl Heinrich Reindel im Haus Steinkuhlenstraße 3 in Magdeburg zur Welt. Er besaß eine Abdeckerei in Gommern und bat die zuständige Behörde bereits im Juni 1925 erfolglos um Anstellung als Scharfrichter.[218]

Ab Januar 1934 arbeitete Reindel als Gehilfe des Scharfrichters Gröpler. Als am 19. Mai 1934 die Antifaschisten Johnny Dettmer, Hermann Fischer, Arthur Schmidt und Alfred Wehrenberg in Hamburg-Altona von Gröpler hingerichtet wurden, durfte Reindel eine Exekution durchführen.[219]

Ab März 1935 vertrat Reindel Gröpler regelmäßig und führte bei jeder dritten Enthauptung selbst den tödlichen Hieb aus. Am 24. Juni 1935 ordnete der Justizminister an, „daß der Abdeckereibesitzer Ernst Reindel aus Gommern, Bez. Magdeburg, der z. Zt. Gehilfe bei Gröpler ist, in größerem Umfange als bisher Hinrichtungen unter der Aufsicht Gröplers selbst vornimmt. Gröpler ist demgemäß angewiesen worden, Reindel etwa jede dritte Hinrichtung zu übertragen ..."[220]

Ab Ende 1936 ersetzte Reindel Carl Gröpler ganz und übernahm mit Ausnahme von Herbert Engler, der zwei Jahre zuvor wegen Veruntreuung und Beamtenbestechung zu 18 Monaten Haft verurteilt worden war, auch dessen Gehilfen.[221]

Ernst Reindel hatte zu Beginn des Hitler-Regimes vor dem Landgericht Magdeburg erfolgreich eine Erhöhung der Scharfrichtervergütung erwirkt, „die eine würdige Vergütung für höchstpersönliche Dienste darstellt, damit er das Bewußtsein hat, daß seine Tätigkeit entsprechend" gewürdigt werde.[222]

Ernst Reindel übernahm die Amtsgeschäfte von Carl Gröpler am 30. Juli 1937.[223] Im Zuge der „Neuordnung des Scharfrichterwesens" vom 25. August 1937 wurde Reindel, neben Friedrich Hehr und Johann Reichhart, zum Hauptscharfrichter des Deutschen Reiches ernannt.

---

217 DACHS, a. a. O., S. 110.

218 Gesuch des Abdeckereimeisters Ernst Reindel (Gommern) um Anstellung als Scharfrichter vom 26. 6. 1925 und Schreiben des Oberstaatsanwalts in Magdeburg vom 7. 8. 1925 an den preußischen Justizminister, in: GStA Berlin, Rep. 84a/4599.

219 ANDREAS SEEGER/FRITZ TREICHEL, Hinrichtungen in Hamburg und Altona 1933-1945, Hamburg 1998, S. 36.

220 EBBINGHAUS/LINNE, a. a. O., S. 335.

221 EVANS, a. a. O., S. 812.

222 VON GOSTOMSKI/LOCH, a. a. O., S. 59.

223 BA R 3001, Nr. 1323, Bl. 213.

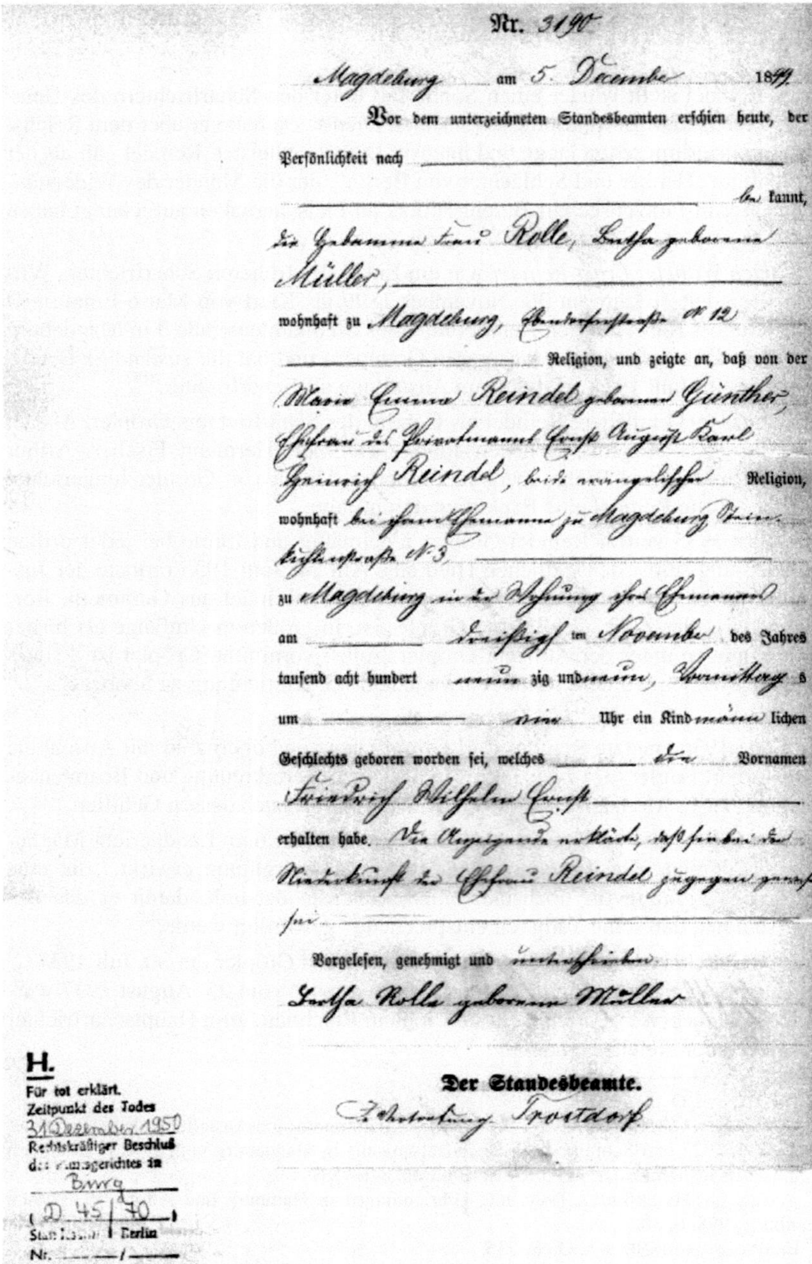

Nr. 3190

Magdeburg am 5. Dezember 1899.

Vor dem unterzeichneten Standesbeamten erschien heute, der Persönlichkeit nach bekannt,

die Hebamme Frau Rolle, Luise geborene Müller,

wohnhaft zu Magdeburg, Bandwirkerstraße No 12

Religion, und zeigte an, daß von der

Maria Emma Reindel geborene Günther,

Ehefrau des Zimmermann Ernst August Karl Heinrich Reindel, beide evangelischer Religion,

wohnhaft bei ihrem Ehemanne zu Magdeburg Steinkirchstraße No 3,

zu Magdeburg in der Wohnung ihres Ehemannes

am dreißigsten November des Jahres tausend acht hundert neunzig und neun, vormittags um neun Uhr ein Kind männlichen Geschlechts geboren worden sei, welches die Vornamen

Friedrich Wilhelm Ernst

erhalten habe. Die Anzeigende erklärte, daß sie bei der Niederkunft der Ehefrau Reindel zugegen gewesen sei.

Vorgelesen, genehmigt und unterschrieben

Luise Rolle geborene Müller

Der Standesbeamte.

In Vertretung Trostdorf

H.
Für tot erklärt.
Zeitpunkt des Todes
31 Dezember 1950
Rechtskräftiger Beschluß
des Amtsgerichtes in
Burg
(D 45/70)
Standesamt I Berlin
Nr. ——/——

Geburtsurkunde von Ernst Reindel, ausgestellt zu Magdeburg am 5. Dezember 1899.

Am 24. September 1937 in der Früh wurde der 27-jährige Willy Roloff, der vier Menschen ermordet und drei von ihnen beraubt hatte, im Richtraum des Strafgefängnisses Plötzensee von Ernst Reindel mit dem Fallbeil hingerichtet. Roloff sollte als einer der schlimmsten Mörder in die brandenburgische Kriminalgeschichte eingehen.[224]

Scharfrichter Carl Gröpler und dessen Nachfolger Ernst Reindel waren wohl mit die Letzten, die trotz der Möglichkeit der Guillotinierung bis 1937 auch mit dem Handbeil hinrichteten, und zwar in Berlin-Plötzensee,[225] Breslau, Hamburg-Stadt und Königsberg.

Johann Reichhart, ab 1937 der Dritte im Bunde der Hauptakteure, sagte dem Journalisten Erich Helmensdorfer im „Spiegel“ vom 23. April 1949, zwar habe man in Preußen bis 1937 mit dem Handbeil hingerichtet (er selbst habe das nie getan, wohl aber sein Berufskollege Reindel aus Magdeburg), „doch sei es ein ganz gewöhnliches, besonders gehärtetes Schwungbeil gewesen, keine Spur von Quecksilberfüllung“.

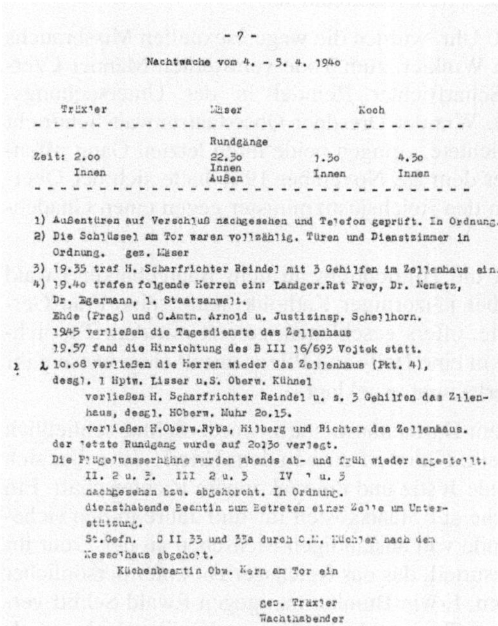

- 7 -

Nachtwache vom 4. - 5. 4. 194o

Träxler   Mäser   Koch

- - - - - - - - - - - - - - - - - - - -

Rundgänge

Zeit: 2.oo Innen | 22.3o Innen Außen | 1.3o Innen | 4.3o Innen

- - - - - - - - - - - - - - - - - - - -

1) Außentüren auf Verschluß nachgesehen und Telefon geprüft. In Ordnung.
2) Die Schlüssel am Tor waren vollzählig. Türen und Dienstzimmer in Ordnung. gez. Mäser
3) 19.35 traf H. Scharfrichter Reindel mit 3 Gehilfen im Zellenhaus ein.
4) 19.4o trafen folgende Herren ein: Landger.Rat Frey, Dr. Nemetz, Dr. Egermann, 1. Staatsanwalt.
Ehde (Prag) und O.Amtm. Arnold u. Justizinsp. Schellhorn.
1945 verließen die Tagesdienste das Zellenhaus
19.57 fand die Hinrichtung des B III 16/693 Vojtek statt.
2 2 1o.o8 verließen die Herren wieder das Zellenhaus (Pkt. 4), desgl. 1 Hptw. Lisser u.S. Oberw. Kühnel
verließen H. Scharfrichter Reindel u. s. 3 Gehilfen das Zllenhaus, desgl. HOberw. Muhr 2o.15.
verließen H.Oberw.Ryba, Hilberg und Richter das Zellenhaus.
der letzte Rundgang wurde auf 2o13o verlegt.
Die Flügelwasserhähne wurden abends ab- und früh wieder angestellt.
II. 2 u. 3. III 2 u. 3 IV 1 u. 3
nachgesehen bzw. abgehorcht. In Ordnung.
diensthabende Beamtin zum Betreten einer Zelle um Unterstützung.
St.Gefn. C II 33 und 33a durch C.M. Küchler nach dem Kesselhaus abgeholt.
Küchenbeamtin Obw. Kern am Tor ein

gez. Träxler
Wachthabender

Bericht der Nachtwache im Gerichtsgefängnis Dresden 4.-5. April 1940, Blatt aus dem Gefängnis-Tagebuch, in dem unter anderem die Hinrichtung von Ladislav Vojtěch aus Prag aufgeführt ist. Der gegen 19.30 Uhr verspätet eingetroffene Scharfrichter erklärte, er sei nicht in Kenntnis gesetzt worden, dass die Hinrichtung noch am gleichen Abend erfolgen sollte. Um 19.56 Uhr wurde das Urteil vollstreckt. Entnommen aus: Herkt, a. a. O., S. 101.

---

[224] Der Fall ausführlich: WOLFGANG KRÜGER, „Eine unheimliche Mordserie (1931-1936)“, in: Kriminalchronik des Dritten Reiches, Band I (1933-1937), Arnstadt 2008, S. 289 ff.

[225] Zwischen 1933 und 1936 sollen in Plötzensee nach den Informationen der Gedenkstätte Deutscher Widerstand insgesamt 45 Hinrichtungen mit dem Handbeil stattgefunden haben. 1937 wurde dort eine Arbeitsbaracke als Ort der Hinrichtungen bestimmt. Die Hinrichtungen in Plötzensee vollzog meistens Scharfrichter Ernst Reindel. War dieser verhindert, kam Johann Reichhart mit einem Wagen und vier bis sechs Gesellen aus München. (KOCH, a. a. O., S. 303.)

Das Zuchthaus Brandenburg war eines der berüchtigsten Menschenschlachthäuser der Nazizeit. In der dortigen Autogarage wurden von 1940 bis 1945 insgesamt 1807 politische Gefangene von dem Scharfrichter Ernst Reindel, dem drei Metzgergesellen als Gehilfen dienten, ums Leben gebracht.[226]

Nach der Reorganisation der Scharfrichterbezirke im Herbst 1942 war Reindel Henker im Bezirk 6, Dresden, Weimar und Frankfurt am Main. Ab 1942 fungierte er als erster Scharfrichter im Zuchthaus Halle. Er betrieb zu diesem Zeitpunkt noch immer die Abdeckerei in Gommern, einer Kleinstadt im Südwesten des Landkreises Jerichower Land, nicht weit von Magdeburg, und brachte von dort auch seine Gehilfen mit. Frankfurt am Main wurde offensichtlich wegen der langen Reise dorthin wieder aus dem Bezirk herausgenommen.

Am 26. Juni 1941 wurde der 24-jährige Josef C. aufgrund ergangenen Urteils des Sondergerichts in Hamburg vom 29. April 1941 im Untersuchungsgefängnis der Hansestadt Hamburg von Ernst Reindel hingerichtet. „Nach 9 Sekunden meldete der Scharfrichter, daß das Urteil vollstreckt sei."[227]

Am 22. Dezember 1941, um 6.30 Uhr, wurden die wegen sexuellen Missbrauchs an Kindern, begangen an Frieda Winkler, zum Tode verurteilten Männer Czernek und Baron durch den Scharfrichter Reindel in der Untersuchungs-Haftanstalt Dresden hingerichtet. Wie der Dresdner Oberstaatsanwalt Schuricht als Leiter der Vollstreckung berichtete, „gingen beide ihren letzten Gang offensichtlich stark erschüttert". Unter dem 29. November 1941 hatte sich der Oberreichsanwalt in einem Bericht an den Reichsjustizminister gegen einen Gnadenerweis ausgesprochen.[228]

Im Jahre 1942 vollzog Reindel die Hinrichtung an dem Bautechniker Ewald Schlitt. Schlitt, ein gläubiger, aber jähzorniger Katholik, hatte seine Frau Gertrud, mit der er drei Kinder hatte, öfters geschlagen, zuletzt mit dem Teppichklopfer im Juni 1940. Sie wurde in eine Heil- und Pflegeanstalt eingewiesen, ihr Mann wegen schwerer Körperverletzung angeklagt.

Als Gertrud Schlitt dann an einem Darmkatarrh starb, wurde Schlitt schließlich zu fünf Jahren Zuchthaus verurteilt. Hitler erfuhr von dem Urteil, „ist außer sich und schimpft über die volksfremde Justiz und die reaktionäre Richterschaft. Ein Gewaltverbrecher wie Schlitt gehe auf Staatskosten für fünf Jahre in den sicheren Bau, während Hunderttausende von anständigen Menschen an der Front ihr Leben einsetzen ..."[229] Das Todesurteil, das das Reichsgericht unter persönlicher Leitung seines letzten Präsidenten, Erwin Bumke, nun gegen Ewald Schlitt verhängte, war ein Justizmord. Zwei Tage nach dem neuen Urteilsspruch, am 1. April 1942, um sieben Uhr, wurde Ewald Schlitt nach Dresden überführt. Noch am selben Tag, um 11.30 Uhr, ordnete das Reichsjustizministerium (Kammerge-

---

[226] WALTHER GEORG OSCHILEWSKI, Junge Menschen – Monatshefte für Politik, Kunst, Literatur und Leben aus dem Geiste, Frankfurt am Main 1981, S. XX.
[227] ALEXANDRA PRZYREMBEL, „Rassenschande", Göttingen 2003, S. 420.
[228] FRIEDRICH KARL KAUL, Geschichte des Reichsgerichts, Band 4 (1933-1945), Glashütte im Taunus 1971, S. 189, 193.
[229] HANS-DIETER OTTO, Lexikon der Justizirrtümer, München 2003, S. 112.

richtsrat Huppenschwiller) die „sofortige Vollstreckung“ des Urteils an und bestimmte hierfür den Scharfrichter Reindel.[230]

Am 26. April 1942 sagte Hitler in der Sitzung des Reichstages: „Ich werde von jetzt ab in diesem Fällen eingreifen und Richter, die ersichtlich das Gebot der Stunde nicht erkennen, ihres Amtes entheben!“[231]

„16 Frauen und Männer enthauptete der Scharfrichter Reindel aus Gommern 1942 auf dem Gelände des Zuchthauses Dreibergen, sein Handbeil brachte er mit“, berichten die „Norddeutschen Neuesten Nachrichten“ mit Blick auf Reindels Einsatz in der mecklenburgischen Landes-Strafanstalt Dreibergen.

Dass Reindel zu diesem Zeitpunkt noch mit dem Handbeil arbeitete, wird an anderer Stelle vermutlich nicht untermauert.

Zeugenaussagen berichten, dass Ernst Reindel auch zuständig für das Strafgefängnis an der Kletschkaustraße 31 in Breslau gewesen sei (wie auch Hehr aus Hannover). Dort wurden, kurz vor dem Einmarsch der sowjetischen Truppen (6. Mai 1945) die letzten politischen Häftlinge von den Nationalsozialisten erschossen. Die Leichen wurden in der Nachkriegszeit exhumiert. „Das verborgene Beil der Guillotine wurde ebenfalls aufgefunden.“[232]

Die politische Broschüre „Wir klagen an! 800 Nazi-Blutrichter“ nennt zahlreiche von Ernst Reindel 1942 und 1943 hingerichtete Personen.[233]

Am 23. November 1942 vollstreckte Ernst Reindel das erste Todesurteil im „Roten Ochsen“ in Halle (Saale). Hingerichtet wurde der 45-jährige Michael Skrandis, der wegen Einbrüchen unter Ausnutzung der Verdunkelung verurteilt worden war. Als Richtwerkzeug diente das Fallbeil.[234]

Eine Vorrichtung zum Erhängen wurde im „Roten Ochsen“ im März 1943 installiert. Ernst Reindel bat in einem Gesuch vom 4. April 1943 darum, ihn „zu solchen Hinrichtungen falls angängig nicht heranzuziehen“. Offensichtlich war er der nervlichen oder moralischen Belastung eines Scharfrichters nicht mehr gewachsen.[235]

Dennoch: Kurz bevor in der Nacht vom 3. auf den 4. September 1943 bei einem Luftangriff auf Berlin auch die Strafanstalt Plötzensee von alliierten Bomben mehrfach schwer getroffen wurde, hatte Hitler die lange Bearbeitungsdauer der Gnadenverfahren beim Reichsjustizminister gerügt. Nun wurde bei dem Luftangriff auch der Hinrichtungsschuppen getroffen und das Fallbeil schwer beschädigt. „Im Hinrichtungsraum war das Dach abgedeckt, der Fliesenfußboden teil-

---

[230] KAUL, a. a. O., S. 202.
[231] OTTO, a. a. O., S. 113.
[232] PAUL PEIKERT, „Festung Breslau“ in den Berichten eines Pfarrers: 22. Januar bis 6. Mai 1945, Berlin 1970, S. 38, unter Bezugnahme auf: KAROL JONCA, Skazancy czechoslovaccy we wroclawskich wiezieniach gestapo w latach 1939-1945 (2004).
[233] AUSSCHUSS FÜR DEUTSCHE EINHEIT (Hrsg.), Wir klagen an! 800 Nazi-Blutrichter – Stützen des Adenauer-Regimes, Ostberlin 1959, S. 121 f.
[234] WERNER FREITAG/ANDREAS RANFT/KATRIN MINNER, Geschichte der Stadt Halle, Band 1, 2006, o. S.
[235] SCHERRIEBLE/BOHSE/SPERK, a. a. O., S. 175, unter Bezugnahme auf BA R 3001, Nr. 1324, U. 249.

weise zerstört und das Fallbeil vom Brand angegriffen, aus der Bettung ausgebrochen und lag am Boden. Wieweit es noch verwendungsfähig ist, muß eine nähere Untersuchung ergeben, mit der das Gefängnis Tegel bereits beauftragt ist", berichtete das Reichsjustizministerium am 6. September 1943.

Beschleunigt wurde nun der Abschluss der Gnadenverfahren für die Verurteilten. In Plötzensee bereitete Scharfrichter Reindel mit seinen Gehilfen die Hinrichtungen vor. Abends trafen auch ein Landgerichtsdirektor als Vertreter des Oberreichsanwalts beim Volksgerichtshof und ein Staatsanwalt von der Staatsanwaltschaft beim Landgericht Berlin als „Vollstreckungsleiter" ein. Weil das Fallbeil zerstört war, wurden jeweils acht Häftlinge am Galgen an der hinteren Wand erhängt. Allein in der Nacht vom 7. auf den 8. September 1943 starben auf diese Weise 186 Menschen.[236]

Im Zuchthaus Halle vollstreckte der Scharfrichter Ernst Reindel am 29. Oktober 1943 das Todesurteil an dem elsässischen Widerständler Théodore Gerhards.[237]

Am 1. Dezember 1943 schied Ernst Reindel aus dem Dienst als Scharfrichter, allerdings mit der Begründung, dass er es nicht für lohnend befunden habe, beiden Berufen, Abdecker und Scharfrichter, gleichzeitig nachzugehen. Die offizielle Version legte die Generalstaatsanwaltschaft von Naumburg am 6. Dezember 1943 dar: „Dafür, daß er wohl als einziger Scharfrichter neben seinem Amt ein bürgerliches Gewerbe betreibt, werden ihm, rein zahlenmäßig, seine Einnahmen als Scharfrichter in der Hauptsache weggesteuert. Angesichts der immer zunehmenden Inanspruchnahme Reindels als Scharfrichter und der damit verbundenen Vernachlässigung seines Gewerbes (Abdeckerei) sieht Reindel in dem ihm verbleibenden Gewinn keine angemessene Vergütung für sein schweres Amt."[238]

Diese Kündigung war ein einmaliger Vorgang in der Justizgeschichte des Dritten Reiches. Bis zur Bestellung eines Nachfolgers vollzog Friedrich Hehr die Hinrichtungen im „Roten Ochsen". Er setzte seine Tätigkeit unter alliiertem Befehl im westlichen Teil Deutschlands bis 1948 fort.[239]

Über Ernst Reindel ist noch überliefert, dass er, wie angeblich andere Scharfrichter auch, zum Zeitvertreib zwischen Exekutionen Karten gespielt haben soll. Auch soll er einmal einen Bewohner seines Dorfes hingerichtet haben. Zudem hat er, wie Friedrich Hehr und Wilhelm Röttger, die Zahl seiner Hinrichtungen zu Papier gebracht.

Ende Mai 1945 verhaftete die Rote Armee Ernst Reindel und drei seiner Gehilfen in Gommern. Während Reindel aus der Internierung zurückkehrt sein soll, verschwanden die Gehilfen spurlos.[240]

---

[236] Internetauftritt der Gedenkstätte Deutscher Widerstand, 2003, www.gdw-berlin.de.
[237] SCHERRIEBLE/BOHSE/SPERK, a.a.O., S. 229. Gerhards stammte aus Saverne (* 01.02.1900).
[238] Zitiert nach: EVANS, a. a. O., S. 863.
[239] Ausführlich: SCHERRIEBLE/BOHSE/SPERK, a. a. O., S. 173.
[240] SCHERRIEBLE/BOHSE/SPERK, a. a. O., S. 175, unter Bezugnahme auf BA R 3001, Nr. 1324, U. 249. Ernst Reindel ist am 31. Dezember 1950 laut rechtskräftigem Beschluss des Amtsgerichts Burg (D 45/70) für tot erklärt worden.

Wilhelm Röttger (1894-1946)

Zwischen 1933 und 1945 wurden in der Berliner Haftanstalt über 2500 Menschen hingerichtet. Wilhelm Friedrich „Willi“ Röttger, ein Pferdemetzger und Fuhrunternehmer aus Moabit, hatte von 1942 bis 1945 zentrale Hinrichtungsstätten in Berlin-Plötzensee und Brandenburg-Görden zu betreuen. Er erhängte und köpfte und vollzog mit seinen drei Gehilfen[241] von allen Scharfrichtern des Dritten Reichs mit großem Abstand die meisten Hinrichtungen.

In einem Handschreiben des Reichsjustizministeriums vom 30. Dezember 1942 wandte sich der Ministerialrat im Reichsjustizministerium Dr. Wolfgang Mettgenberg an den Frankfurter Generalstaatsanwalt Dr. Kurt Wackermann. Er teilte ihm mit, dass er sich am 6. Januar 1943 mit ihm treffen wollte, um in Preungesheim die Richtstätte zu besichtigen. Auch empfahl er ihm für die Henkersarbeit auf dem Schafott den Scharfrichter Röttger aus Berlin und seinen Gehilfen.[242]

In einem Schreiben vom Juli 1942 wurde gesagt, dass der Reichswirtschaftsminister durch einen Erlass zugestimmt habe, an Aufsichtsbeamte, die in der Nacht vor der Hinrichtung mit der Beaufsichtigung der Verurteilten und den Vorbereitungen der Vollstreckung betraut waren, jeweils einige Zigaretten ohne Abgabe von Karten zu verabfolgen. Für die Strafanstalt Preungesheim wurden zunächst monatlich 100 und ab 1. November 1942 200 Zigaretten zur Verfügung gestellt.[243]

„Er schlich mehr als er ging“, wird über Wilhelm Röttger berichtet, auch dass er „ein großer, starker Mann“ gewesen sei. In einem Interview hat der Henker, der den Krieg und die Flucht Richtung Westzone heil überstand, später erläutert, was das hieß: „Den Verurteilten wurde die Schlinge um den Hals gelegt, dann wurden sie hochgehoben. Dann habe ich die Schlinge, wie man einen Rock aufhängt, an einem Haken befestigt.“[244]

Der freischaffende Henker Röttger vollzog die Hinrichtungen in der Strafanstalt Plötzensee für ein Jahresfixum von 3000 Reichsmark plus 30 Mark Kopfprämie. So hat er in der siebten Septembernacht des Jahres 1943, um die Zahl der zum Tode Verurteilten „weisungsgemäß schnell zu reduzieren“, insgesamt 5580 Mark verdient, für 186 „Vollstreckungen“. „Ich erinnere mich an keinen, der geweint hat, geschrieen oder sich gewehrt“, erzählte der evangelische Pfarrer Hermann Schrader, der damals ein dutzend Mal dabei sein musste.[245]

Im September 1943 wurden insgesamt 324 Personen durch Scharfrichter Röttger hingerichtet.[246]

---

[241] Darunter sollen die Moabiter Brüder namens Thomas gewesen sein, der eine Schmied, der andere Wirt der „Sängerklause“, so HANS HALTER, „An der Richtstätte kein Hitler-Gruß“, in: Der Spiegel 8/1979 vom 19.02.1979, S. 100 f.

[242] NN, 1994 – Das Mahnmal vor der JVA Frankfurt III, Perspektivnetz, 20. Dezember 2006, S. 2.

[243] Ebenda, S. 3.

[244] Ebenda.

[245] Ebenda.

[246] PETÄR STOJANOV, Reichstagsbrand – Die Prozesse in London und Leipzig, Wien u. a. 1966, S. 320.

Willi Röttger, „der Henker mit der speckigen Joppe"[247], wohnte an der Waldstraße in Moabit und hatte nebenbei ein großes Fuhrgeschäft. Er wirkte im Umgang wie ein „besserer Herr", galt als „wohlhabender Mann". Sonst stammten die Scharfrichter gewöhnlich aus dem Fleischerhandwerk.[248] Röttger soll zudem „für seinen Schalk berüchtigt" gewesen sein.[249] Er „sprach von seiner Arbeit gern als einer Mission, die er den Aufgaben des Geistlichen gleichstellte".[250] Gebürtig stammte er aus Hannover, wo er 1894 das Licht der Welt erblickte. Im Ersten Weltkrieg diente er im Kesselraum eines Schlachtschiffs, danach arbeitete er als Automechaniker, als Leichenträger in einem Bestattungsunternehmen und als Scharfrichter-Gehilfe.

Der britische Historiker Richard J. Evans wusste in seinem Standardwerk, „Rituale der Vergeltung", keine näheren Angaben über den Scharfrichter Röttger und sein Ende zu machen, lediglich: „Andere mögen bei Bombenangriffen oder allerletzten Gefechten ums Leben gekommen sein. Zumindest ein Scharfrichter, nämlich Willi Röttger, wäre für die deutschen Behörden kaum akzeptabel gewesen, da er im Gefängnis Plötzensee die Hinrichtung der Männer des 20. Juli durch den Strang vorgenommen hatte."

1946 wurde der ehemalige „Henker von Berlin" in einem Krankenhaus in Hannover entdeckt, wohin er sich geflüchtet hatte, weil dort nicht so streng gesucht wurde. „Wilhelm Friedrich Rottger, notorious 52-year-old executioner, has now been found and arrested in Hanover after long search ...", verlautete in einer Pressemeldung aus Berlin vom 26. August 1946.[251] Kurz nach seiner Verhaftung ist Röttger in einem Gefängnis in Hannover gestorben (13. September 1946).[252]

In den „Hannoverschen Neuesten Nachrichten" vom 24. August 1946 erschien ein Artikel über Wilhelm Friedrich Röttger mit der Überschrift „Der Henker des 20. Juli: Der Scherge Hitlers in Hannover festgenommen", in dem über die von ihm angewandte Form des Erhängens berichtet wird.[253]

„Der Henker Röttger war einer der größten Menschenschlächter des Dritten Reiches. Die Mehrzahl der im Zuchthaus Brandenburg-Görden Hingerichteten fiel unter seinem Beil."[254]

---

247 Peter Weiss Jahrbuch für Literatur, Kunst und Politik im 20. Jahrhundert (PWJ), Band 2, Opladen 1993, S. 38.

248 Aufbau, kulturpolitische Monatsschrift, hrsg. vom Kulturbund zur Demokratischen Erneuerung Deutschlands, 5. Jahrgang, Heft 5, Berlin 1949, S. 28.

249 PETER JOKOSTRA, Tuchfühlung, Hamburg 1965, S. 22.

250 ACHIM KESSLER, „Schafft die Einheit!" – Die Figurenkonstellation in der Ästhetik des Widerstands von Peter Weiss, Berlin 1997, S. 65.

251 News of Germany, Band 2, 1946, S. 25: „Berlin Briefs – Notorious Executioner Found".

252 MAX FRENZEL/WILHELM THIELE/ARTUR MANNBAR, Gesprengte Fesseln – Ein Bericht über den antifaschistischen Widerstand und die Geschichte der illegalen Parteiorganisation der KPD im Zuchthaus, Berlin 1976, S. 97, das Todesdatum aus: MANFRED OVERESCH, Das besetzte Deutschland 1948-1949, Augsburg 1992, S. 812.

253 HOFFMANN, a. a. O., S. 873.

254 FRENZEL/THIELE/MANNBAR, a. a. O., S. 97.

Ein Beispiel von Scharfrichter-Dynastien: Celle

„Jetzt kommt Simon von Celle / Jetzt die redlichen Herren / Jetzt die Biedermänner alle.“ So sang man einst in Celle zu einem alten Volkstanz und beschrieb damit den letzten Gang eines zum Tode Verurteilten. Meister Simon, das war der Scharfrichter, die redlichen Herren die Vertreter der Stadt, der Gerichtsbarkeit und der Geistlichkeit, die nach altem Gesetz einer Hinrichtung beiwohnen mussten. Natürlich folgte viel schaulustiges Volk diesem Zug.

Das Amt des Scharfrichters wurde verliehen und die Bedingungen für ein solches in Konzessionen oder Lehnbriefen festgelegt. Die Voraussetzungen für die Übernahme eines Amtes war die Fähigkeit, Torturen und Hinrichtungen beanstandungslos vornehmen zu können. Diese bedingte deshalb sowohl eine fachgerechte Bedienung der Folterwerkzeuge und -maschinen wie auch eine einwandfreie Vollstreckung der Todesstrafe.

Diese urkundliche Belehnung ist für die Vogteien Beedenbostel, Bergen, Bissendorf, Eicklingen, Hermannsburg und Winsen a. d. Aller nachgewiesen, indem unter dem 9. August 1654 dem Scharfrichter in Celle Martin Henning und seinen Erben die Meisterei und Abdeckerei in eben diesen Bezirken übertragen wurde.

Bei Untersuchungen zur Genealogie der Scharfrichterfamilien fällt auf, dass bestimmte sich über lange Zeit an einem Ort gehalten haben. In der Literatur wird häufig auf die Familie Suhr hingewiesen, die über ein Jahrhundert in Celle das Amt der Scharfrichter und Abdecker versehen hat.

Die Celler Scharfrichter wohnten außerhalb der Stadtmauern in der „St.-Georg-Straße“ in der „Masch“, die der Vorstadt Blumlage zugehört. Zunächst finden wir Eintragungen in den Büchern der Stadtkirchen-Gemeinde, ab 1658 aber nicht mehr, da seinerzeit die Blumlage mit der Kirche St. Georg eine eigene Gemeinde wurde. Leider sind die Kirchenbücher aus der Zeit vor 1761 nicht mehr erhalten, die genealogischen Zusammenstellungen enthalten also beträchtliche Lücken.

Johann Glenzdorf und Fritz Treichel ermittelten 1970 den zwischen um 1570 und 1610 in Celle wirkenden Scharfrichter Hans Pflug (Nr. 6280). Dieser war nach deren Angaben verheiratet mit Dorothea Renzhausen, Tochter des Scharfrichters in Wunstorf Lorenz Renzhausen. Woher die Information über Hans Pflug (oder niederdeutsch „Plog“) stammt, ist ungewiss, da die Quellen bei Glenzdorf/Treichel leider nie genannt werden. Sie hat aber insofern einige Glaubwürdigkeit für sich, als 1619 in Celle eine Anna Ploges einen Martin Lowe heiratete. Dieser Martin Lowe/Lawe/Laue o. ä. war, was im Celler Heiratsregister allerdings nicht gesagt wird, Scharfrichter in Gifhorn. Dort schloss die Anna Ploges/Pflug später noch eine zweite Ehe.

Claus von der Havestadt wird als Scharfrichter in Celle, ohne Quellenangaben, ebenfalls bei Glenzdorf/Treichel (Nr. 1642) genannt. Mit Quellenangaben erscheint er in der 1979 im Druck erschienenen Doktorarbeit von Gisela Wilbertz „Scharfrichter und Abdecker im Hochstift Osnabrück ...“ (S. 166). Von der Havestadt wurde unterm 14. Januar 1627 bestallt (Nds. HptStA Celle Br. 61 Nr. 854, Bl. 3). Außerdem wurden in Celle 1628 bis 1646 sechs Kinder des Claus von der Havestadt getauft, wobei ebenfalls sein voller Name genannt ist. Zwischenzeitlich und nach 1646 muss er an einem anderen Ort gewohnt haben, vermutlich in Burgdorf.

Weiteren Aufschluss gibt eine Eintragung im Celler Stadtkirchenbuch. Der „Scharprichter von Vltzen“ Ernst Sche(e)rmesser ließ 1629 in Celle ein Kind taufen: „Ernst Schehrmester des Scharfrichters kind von Uelzen (getauft) den 23. Aug. 1629. Gevatter: M. Claus frauw, Hinrich Segelken fraw, Tyle freyen tochter, Name Maria Magdalena.“ Ernst Sche(e)rmesser war ein Sohn des Uelzener Scharfrichters Paul Sche(e)rmesser, seine älteren Geschwister waren 1597 an der Pest gestorben. Das Kind wurde wohl nur zufällig in Celle während eines Verwandtenbesuchs geboren, denn die Ehefrau Sche(e)rmesser war eine Schwester der (2.) Ehefrau des damaligen Celler Scharfrichters, Claus von der Havestadt. Letztere ist auch Patin des Kindes „M. Claus fraw“. Von 1638 bis zu seinem Tod am 12. Februar 1651 war Ernst Sche(e)rmesser Scharfrichter in Nienburg.

Am 18. September 1631 wurden in Celle die Zwillinge von Harmen Sche(e)rmesser, des jüngeren Bruders von Ernst Sche(e)rmesser, der damals Scharfrichterknecht in Celle war, getauft. Von den Zwillingen wird nur der Name der Tochter Maria genannt, das andere Kind wird bald nach der Geburt gestorben sein.

Am 11. Februar 1637 wurde Harmen Sche(e)rmesser Scharfrichter in Uelzen. Am 26. April 1638 sollte seine mittlerweile zweite Trauung vollzogen werden, jedoch weist ein Zusatz darauf hin, dass sie nicht stattfand. Sie wurde dann am 5. Juli des Jahres in Celle vorgenommen, und zwar mit der nicht näher bezeichneten Scharfrichtertochter Elisabeth Rathmann.

In Abschrift wurde die Urkunde vom 14. Januar 1627 vom folgenden Scharfrichter in Celle, Hans Kerner (oder Körner), 1638 als „Muster“ für den eigenen Bestallungsbrief vorgelegt. Als Nachfolger von Claus von der Havestadt erscheint ab 1639 in den Celler Kirchenbüchern aber nicht Hans Kerner, sondern „Hans von der Havestadt“. Ob hier ein Namensirrtum vorliegt, ist nicht bekannt.

Seit etwa 1640 ist dann in Celle die Familie Henning (Haning) drei Jahrzehnte tätig gewesen. Das war zunächst Meister Hinrich Henning, dessen Witwe am 17. Juli 1647 in der „Masch“ verstarb. In der zweiten Generation war es seit 1654 Meister Martin Henning, dem in Celle vier Töchter geboren wurden: Ilse Catharina (4. August 1648), Anna Elisabeth (20. November 1650), Margareta Elisabeth (8. Juli 1653) und Maria (30. Juni 1657). Ein Sohn Gottfried, um 1690 Scharfrichter in Glückstadt, ist in den Geburtsregistern nicht mehr verzeichnet, wird aber doch in Celle geboren sein und ist nur wegen des Fehlens der Bücher nicht nachweisbar. Am 3. Dezember 1665 heiratete Martin Henning in Nienburg die jüngste Tochter von Ernst Sche(e)rmesser, Anna Margaretha.

Martin Henning soll in den letzten Jahren vor seinem Tod (um 1674??) Scharfrichter in Walsrode gewesen sein. Ein Schreiben vom 21. März 1660 an die fürstliche Regierung in Celle unterschrieb Meister Martin Henning noch selbst, und zwar mit dem Zusatz „Scharffrichter hieselbst", im folgenden Schriftverkehr ist von seiner hinterlassenen Witwe die Rede. Unter dem 14. Mai 1668 übertrug die fürstliche Regierung die Meisterschaft an „M. Casten von der Havestadt". Noch weitere Schreiben nennen jenen Carsten von der Havestadt, aber bereits 1678 taucht nur noch die Witwe desselben in den Akten auf (Meister Carsten hatte 1669 Magdalene Farnecke, Witwe des Herforder Scharfrichters Henrich Clauss, geheiratet).

Danach erhielt die hallensische Scharfrichterfamilie Gebhard(t) Einzug in Celle. Benedix Gebhard(t) war Scharfrichter in Celle von Michaelis 1678 bis Ostern 1693. Die Familie Gebhard(t) war in der Altmark, der Priegnitz und im Bereich der unteren Saale beheimatet. Benedix Gebhard(t) heiratete die Witwe seines Vorgängers und ging nach seiner Tätigkeit in Celle nach Calbe (Saale), um dort das gleiche Amt auszuüben. Dort wurde er am 4. Dezember 1707 begraben.

In den Jahren 1691 bis 1693 wurde ein Rechtsstreit zwischen dem Knopfmacher Heinrich Meyer, Im Kreise in Celle, als Kläger und Magdalene (auch: Marlene) Farnecke, des Scharfrichters Meister Benedix Gebhard(t) Ehefrau, als Beklagter ausgetragen, in dem es um die Herausgabe von 43 Talern ging.[255] Der Schriftverkehr setzt ein mit einer Bittschrift des Scharfrichters an die Regierung in Celle vom 16. Oktober 1691, die Gebhard(t) mit „Benedix Gebhard, Scharffrichter alhir" eigenhändig unterschrieb. „Hochgeehrte Herren, ... ist ohne Weitläuffiges anführen aus dem am 14. Aug. a. c. übergebenen Memorial vorhin schon Bekandt, daß Ich die vor meine Fraw, Marlenen Farnecken, an den Knopffmacher im Kreyse, Henrich Meyer, außgezahlete 43 rT. von Ihr wiedergefoderrt, dieselbe aber in dem untern 26. Aug. a. c. zur Hochfürstl: Cantzley eingebrachten Memorial solche 43 rT mir disputirlich zu machen undt wohl gahr darumb zu bringen gedenket ..."

Der Hofamtmann und Burgvogt Johann Heinrich Plünneken brachte am 11. Januar 1693 in „Zelle" zu Papier:

Auff Ew. Excell. erhaltenes Rescript vom 28ten passato Habe Ich zwar von der Hiesigen Scharffrichterin Magdelenen Farneke, Beweißthum gefohdert, ob die von ihren Manne Bendix Gebhardt in seinen Hause verfloßene und Ihr Bißher Hinterhaltene mobilia und Haußgeräht Ihr gehörete, da Sie dan Berichtet, daß durch Zeugen solches nicht zuBeweisen stünde Gestalt solche mobilia Sie von ihren Erste Manne Casten geErbet, und von Münster mit anhero gebracht hette, ...

Der Schriftverkehr der Akte endet mit einem Schriftsatz vom 9. Oktober (8bris) 1693, in dem zur „publicirung der Bereits abgefaßeten urthell der 25te hujus [= 25. Oktober] angesetzet" wurde, wozu beide Parteien vorgeladen wurden.

Aber auch das Landesarchiv Nordrhein-Westfalen, Abteilung Westfalen, gibt Informationen über eben diese Familie Gebhard(t) preis. So ist dort abgelegt die Bewerbung der Magdalene Farnecke, Frau des Meisters Benedix Gebhard(t), um

---

[255] Stadtarchiv Celle L 4 841 (112 durchnummerierte Seiten).

den Nachrichterdienst für ihre Kinder, 1688, die Beschwerde der Eingesessenen der Vogtei Hartum wegen nicht rechtzeitiger Beseitigung des krepierten Viehs und die Rechtfertigung des Halbmeisters Benedix Gebhard(t), 1689, sowie der Rechtsstreit von 1691 zwischen Benedix Gebhard(t) und Hans Caspar Voß wegen angeblicher Aufwiegelung der Eingesessenen.[256]

Dem weiteren Schriftverkehr ist zu entnehmen, dass unmittelbar im Anschluss an Benedix Gebhard(t) (Ostern 1693) dem Meister Jürgen Tornedde (Dernedde) die Meisterschaft und die Abdeckerei in der Burgvogtei Celle und den Ämtern Beedenbostel, Bergen, Bissendorf, Eicklingen, Hermannsburg und Winsen a. d. Aller übertragen wurde.

Nachfolger des ca. 1695/96 verstorbenen Jürgen Tornedde wurde der zweite Ehemann von dessen Witwe Catharina Müller, Franz Melchior Voigt aus Hannover, der 1697 auch dort das Scharfrichteramt von seinem verstorbenen Bruder übernahm.

Am 11. Oktober 1700 finden wir einen Hinweis auf die eben erfolgte Verleihung der Meisterschaft und Abdeckerei an den Meister Jacob Sauer (auch Suhr geschrieben). Laut Schreiben vom 27. September 1706 ging nunmehr bereits die Meisterschaft auf Suhrs ältesten Sohn, Christoph Philipp Suhr, über.

Christoph Philipp Suhr, geboren in Hoya am 25. Januar 1680 (?, Kirchenbuch beschädigt), heiratete am 12. Mai 1707 in Wolfenbüttel Sybilla Johanna Kannenberg, eine Tochter des dortigen Scharfrichters, Johann Martin Kannenberg (getauft 20. März 1687). Sein Nachfolger in Celle war sein ältester Sohn, Johann Ludolph Suhr, geboren in Celle um 1709 und gestorben in der Blumlage am 7. April 1769. Dieser heiratete am 24. November 1740 Gertrud Maria Funke, eine Tochter des Scharfrichters in Uetze, Jürgen Wilhelm Funke.

Sein Sohn (offenbar aus einer ersten Ehe) Johann Philipp August Suhr, geboren im Oktober 1737, trat die Nachfolge an. Im Jahre 1774 heiratete er Sophia Dorothea Funke, Tochter des Scharfrichters in Uetze Johann Christoph Funke. Er starb in der Blumlage am 23. Oktober 1800.

Dieser Ehe entstamenn 13 Nachkommen. Die am 7. Mai 1782 geborene Tochter Gusta Henrica Margaretha heiratete am 5. Mai 1801 Meister Johann Diederich Poel, Scharfrichter in Neustadt/Rbge.[257]

Die Exekution des wegen Totschlags verurteilten Landchirurgus Johann Wilhelm Holstein am 4. Februar 1791 nahm der Sohn des Nachrichters, „ein junger Mensch von 16-17 Jahren“, vor und verrichtete auf diese Weise sein Meisterstück. Dem Alter nach handelte es sich um das älteste der 13 Kinder aus dieser Ehe, Rocher Jacob Eberhard Ludolf Suhr. Dieser war am 19. Juni 1775 geboren

---

[256] Landesarchiv NRW A 201 660: Scharfrichter und Abdecker im Fürstentum Minden 1577-1733, Bl. 61, 246, 254.

[257] Die 13 Nachkommen sind mit ihren Lebensdaten aufgelistet in: Ralf Busch, „Zur Geschichte der Celler Scharfrichter“, Sachsenspiegel 19, Cellesche Zeitung vom 22.05.1965, mit zusätzlichen Hinweisen im Sachsenspiegel 36, Cellesche Zeitung vom 18.09.1965.

und somit erst 15 Jahre alt gewesen, als er dem Holstein auf dem Richtplatz vor dem Hehlentor Celles mit dem Schwert den Kopf vom Rumpf abtrennte.

Aus der Ehe von Johann Philipp August und Sophia Dorothea Suhr stammte ferner Heinrich Andreas Gottfried August Suhr, von dem behauptet wird, er sei der (vor-)letzte Scharfrichter von Celle gewesen. Dies weisen die Akten aber nicht aus. Als „Halbmeister“ ließ er (geboren am 13. Mai 1782) in Dörverden und in Brelingen je ein Kind taufen, doch wo er sich dazwischen aufhielt, ist bislang unbekannt. 1828 wohnte er (wieder) in Celle, und damals, beim Tod einer Tochter, erscheint er als „Arbeitsmann“. Auf den Taufscheinen aus Dörverden und Brelingen, die die beiden dort geborenen Söhne bei ihrer Heirat vorlegten, wird er natürlich Halbmeister bzw. „Nachrichter“ (so durften sich ja seit 1825 im Königreich Hannover alle Abdeckereipächter titulieren) genannt. Beim Tod seiner Frau und bei seinem eigenen Tod (29. Juli 1852) ist überhaupt kein Beruf angegeben, während er bei der Heirat eines weiteren Sohnes als „der verstorbene Schuhmacher“ bezeichnet ist. Dass er Scharfrichter in Celle war, erscheint auch deshalb etwas zweifelhaft, weil sich seine „Amtszeit“ 1828-1852 mit der jener Personen überschneiden würde, die ganz sicher „Scharfrichter“ bzw. „Nachrichter“ in Celle waren. Seine Heirat mit Catharine Dorothea Regine Müller fand in Celle (Stadtkirche) am 4. Oktober 1807 statt. Sie war eine Tochter des Kaufmanns Christoph Friedrich Müller und Enkelin des Pastors Johann Georg Wildes zu Beedenbostel.

Im Jahre 1808 wurde Johann Gerhard Christoph Funke als „dortiger herrschaftlicher Nachrichter“ genannt. Die Konzession, die sich auch über die Ämter Westen, Thedinghausen und Meinersen erstreckte, datiert vom 30. Dezember 1808. Um den 18. April 1809 beantragte der Nachrichter Funke in Celle die Anlegung einer Halbmeisterei in den Amtsvogteien Bergen und Hermannsburg.

Funke, ursprünglich mit der Meisterschaft im Amt Meinersen betraut, amtierte bis zu seinem Tode im Jahre 1820 und lebte auch in der Blumlage, dann trat 1820 Johann Heinrich Miethling aus Hameln die Nachfolge an (verheiratet mit Sophie Miethling, geb. Kaiser), bei dem sich Nachrichterei, Meisterschaft und Abdeckerei über die gleichen Ämter erstrecken sollte wie bei seinem verstorbenen Vorgänger (Konzession vom 25. September 1820). Nach seinem Tod erhielt Joseph Voß die Konzession (um 1825). Am Schluss folgte mit Wirkung vom 1. Juli 1830 der im Jahre 1790 in Heiligenstadt geborene Heinrich Müller, der sich zwar noch Scharfrichter nannte, in Celle (und Uetze) jedoch nur die Abdeckerei betrieb und auch sonst nie eine Hinrichtung vollzog.

Was die Amtshandlungen der Scharfrichter anbelangt, geben zwei im Niedersächsischen Landesarchiv -Hauptstaatsarchiv Hannover“ aufbewahrte Akten Auskunft, die seinerzeit vom Amtsgericht Celle nach Hannover überstellt worden waren und die Bezeichnungen „Gerichtliche Vernehmungen in Kriminalsachen (Mord, Diebstahl) 1557-1586“ und „Sammlung von Urteilen aus Kriminalprozessen 1587-1687“ führen.[258]

[258] Nds. HptStA Hann. 72 Celle Nr. 16 und 17.

Darin befinden sich zwischen 300 und 400 Kriminalurteile, welche nach Erlass der Peinlichen Halsgerichtsordnung Kaiser Karls V. vom Jahre 1532 von dem zuständigen Kriminalgericht in Celle abgegeben waren, und zwar in der Zeit von 1557 bis zum Schluss des 17. Jahrhunderts.

Die dort abgelegten Urteile sind Konzepte; sie tragen in der Regel keine Unterschrift und kein Datum und enthalten oft zahlreiche Korrekturen. Untersuchungsakten fehlen.

Todesurteile wurden bei weitem nicht immer ausgesprochen. Urteile wegen Mordes und Totschlags liegen aus dem 16. und 17. Jahrhundert 50 bis 60 vor, etwa 50 sind wegen Körperverletzung mit tödlichem Erfolg und Tötung im Raufhandel ergangen. Auch wegen schwerer Körperverletzung ist regelmäßig auf den Tod durchs Schwert erkannt, in einem Falle auf Abhauen der linken Hand, in weniger schweren Fällen auf Aushauen mit Ruten und Landesverweisung. Die Strafe des Raubes war nach Artikel 126 der Peinlichen Halsgerichtsordnung der Tod durch das Schwert, und diese Strafe wurde in den aus dem 16. und 17. Jahrhundert vorliegenden etwa 50 Fällen vollstreckt.

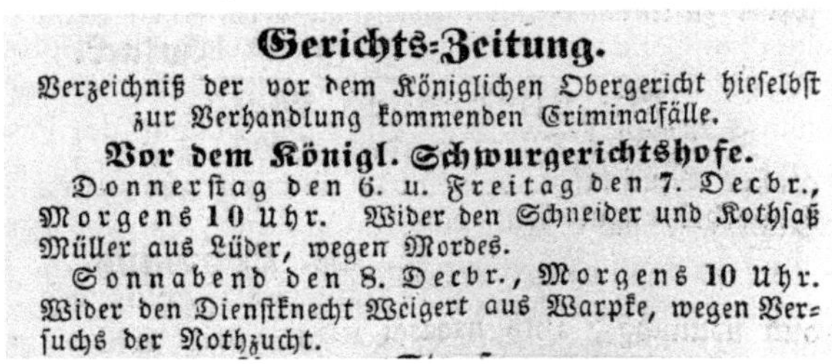

Gerichts-Zeitung.

Verzeichniß der vor dem Königlichen Obergericht hieselbst zur Verhandlung kommenden Criminalfälle.

Vor dem Königl. Schwurgerichtshofe.

Donnerstag den 6. u. Freitag den 7. Decbr., Morgens 10 Uhr. Wider den Schneider und Kothsaß Müller aus Lüder, wegen Mordes.

Sonnabend den 8. Decbr., Morgens 10 Uhr. Wider den Dienstknecht Weigert aus Warpke, wegen Versuchs der Nothzucht.

Cellesche Anzeigen vom 5. Dezember 1855. Repro: Florian Stutzke

Die Zeit der öffentlichen Hinrichtungen in Celle endet am 4. April 1856. Damals wurde auf dem Galgenberg der wegen Mordes beziehungsweise Totschlags verurteilte Schneider und Kötner Johann Heinrich Müller aus Lüder enthauptet, allerdings vom Scharfrichter Christian Schwarz aus Groß Rhüden. Bei der vorletzten Hinrichtung an der Stelle, am 19. März 1847, als der wegen Raubmordes verurteilte Burgdorfer Schlachter Heinrich Thöne enthauptet wurde, waltete der Scharfrichter Christian Ludwig Fröhlich aus Hoya seines Amtes.

Celler Scharfrichter legten am Ende letztmalig bei den übrigen drei Hinrichtungen nach der Franzosenzeit Hand an, und zwar am 5. Mai 1818 an dem Mörder-Liebespaar Anne Ilse Möhring, geborene Cordes, und Johann Friedrich Möhring aus Gannerwinkel beziehungsweise Steinke (mit eisernen Keulen), am 1. September 1819 an dem Schweden Johann Andersson (hier musste der Halbmeister Suhr dem sehr ungeschickten Scharfrichter Funke das Schwert entreißen, um das Werk zu vollenden)[259] und 1822 am Mörder Johann Heinrich Henjes aus Riepe.[260]

---

259 Nds. HptStA Hann. 72a Nr. 7091.

260 Nds. HptStA Hann. 70 Nr. 3545.

Die Rolle des Scharfrichters, beschrieben in einer Enzyklopädie von 1825

Johann Georg Krünitz,

Dr. Johann Georg Krünitz's ökonomisch-technologische Encyklopädie, oder allgemeines System der Staats=, Stadt=, Haus= und Landwirthschaft, und der Kunstwirtschaft in alphabetischer Ordnung,

Früher fortgesetzt von Friedrich Jakob und Heinrich Gustav Floerke, und jetzt von Johann Wilhelm David Korth, Doktor der Philosophie,

Hundert und vierzigster Theil, welcher die Artikel Schai bis Schauspiel enthält.

Berlin 1825

S. 208 ff.

Scharfrichter, Nachrichter, Henker, ein Richter, welcher die zuerkannten Leib= und Lebensstrafen an den Verbrechern vollzieht, weiter scharf, das ist, an Leib und Leben richtet. Das Wort Scharfrichter ist die anständigere Benennung, da man sie sonst Nachrichter, Henker nannte. Die Benennung stammt vermuthlich noch aus denjenigen Zeiten her, da noch der jüngste Richter oder Beisitzer eines Gerichtes, die Todesurtheile an den Verbrechern zu vollziehen pflegte; im Schwed. skarpraettare. In einem andern Verstande des Wortes scharf heißt in Graubünden der Censor, Scharfrichter, dessen Beisitzer aber Gaumer, von dem veralteten Gaum, Sorge, Aufsicht.

Bei den Römern waren die Carnifices oder Henker, von den Lictoren sowohl in ihren Amtsverrichtungen, als Rechten, sehr verschieden; denn letztere wurden nur am meisten zur Bestrafung unruhiger Römischer Bürger gebraucht, dahingegen erstere alle Arten von peinlichen Strafen unter der Anordnung und Aufsicht der Triumvirorum Capitalium, meistens außerhalb der Stadt, vollziehen mußten, und geschah es zuweilen, daß eine peinliche Strafe in der Stadt vollzogen wurde, so bedeckte man entweder die Bildsäulen der Götter, Simulacra Deorum, oder brachte sie an einen andern Ort. Die eigenthümlichen Henker (Carnifices) waren gewöhnlich Fremde und lebten bei den Römern in großer Verachtung; denn man glaubte ihre Gegenwart verunreinige die Luft und die Menschen. Sie konnten kein Römischer Bürger seyn, daher durften sie auch nicht in den öffentlichen Versammlungen (Comitiis) erscheinen, mußten außerhalb der Stadt, vor dem Esquilinischen oder Mäcischen Thore wohnen, und unterschieden sich bei ihren Amtsverrichtungen durch das Tragen eines besonderen Glöckchens. Wegen dieser Glocke, welche diente das Volk zu warnen, sich in Acht zu nehmen, nannte man sie auch Viros Titinnaculos. Zuweilen wird auch der Carnifex bei den Schriftstellern Servus publicus, Stadtdiener, genannt, und war wieder von den Speculatoren verschieden; denn die letzteren waren gewissermaßen, nur als die Unterbedienten oder Handlanger der ersteren in einigen Fällen anzusehen, sie pflegten sich die Kleidung und dasjenige, was der verurtheilte Missethäter mit in das Gefängniß gebracht hatte, anzumaßen, wenn solche nicht den Werth von fünf Goldgulden übertrafen. Der Gerichtsplatz vor dem Esquilinischen oder Mäcischen Thore (Ante portam Maetiam) worauf in der Folge unter den Kaisern viele vornehme Römer hingerichtet wurden, war eigentlich ein Schindanger, worauf man das todte Vieh schleppte. Man nannte ihn, auch Sestertium, weil er drittehalb Meilen, Semitertio lapide milliari, das ist, 12,500 Schuh von Rom entfernt war. Der Henker vollzog nur an Knechten, Räubern, Mordbrennern x. Die (sic!) zuerkannten Strafen, indem er sie zuweilen zu todt geißelte oder kreuzigte. Wurden aber Freigeborne zum Tode verurtheilt, so wurden sie von einem Gerichtsdiener (Lictor) entweder zu todt geprügelt oder enthauptet.

Was die alten Deutschen anbetrifft, so hatten diese, was die Verfassung der Vollstreckung peinlicher Strafen anbelangt, sehr verschiedene Grundsätze; denn anstatt besondere Personen zur Vollziehung peinlicher Urtheile anzusetzen oder dieselben wohl deshalb gar für unredlich zu halten, lag die Pflicht, die peinlichen Urtheile zu vollziehen, zuweilen den Priestern ob, besonders in Absicht solcher Verbrechen, die in dem Kriege oder in den Versammlungen begangen waren. Sie wurden dieserhalb auch Gottes Frohnen genannt. Häufig vollzog der jüngste Gerichtsschöpfe die peinlichen Urtheile, und man pflegte ihn wegen seiner letzten Stimme, die er bei der Entscheidung hatte, und von der ihm obliegenden Eröffnung der peinlichen Urtheile, den Nachrichter zu nennen. Man findet jedoch Beispiele, daß die Deutschen die Vollziehung peinlicher Strafen dem Ankläger, dem nächsten oder ältesten Schwerdtmagen des Beleidigten, oder auch wohl gar den Mitschuldigen und andern Verbrechern überlassen haben. Die Verrichtungen eines Scharfrichters wurden bei den alten Deutschen so wenig für schimpflich angesehen, daß vielmehr, nach dem Zeugnisse verschiedener Geschichtsschreiber, sogar Deutsche Fürsten und regierende Landesherren solche freiwillig übernommen haben. Unter andern behaupten die Geschichtsschreiber, daß der Herzog Heinrich von Mecklenburg, Herzog Alberts Sohn, welcher von den Geschichtsschreibern bald der Erste, bald der Fünfte und bald der Achte genannt wird *), um den Ermahnungen seines Vaters möglichst eine Genüge zu thun, und das Land von Straßenräubern zu reinigen, sich keine Mühe habe verdrießen lassen, die Freibeuter in ihren Schlupfwinkeln aufzusuchen, unvermuthet anzusprengen und sie auf der Stelle zu bestrafen. Man erzählt, daß er, um die Hinrichtung sogleich vollziehen zu können, jederzeit einen Vorrath von Stricken an dem Sattel seines Pferdes geführt, und beim Erwischen der Räuber ihnen sogleich den Strick um den Hals mit den Worten: Du moist my durch den Ring kieken, geworfen habe. So sollen auch Kirchen und andere heilige Oerter, den Räubern keine vor den Verfolgungen des Fürsten gegeben, und ihm daher die genannten Verrichtungen den Beinamen eines Scharfrichters oder Henkers zu Wege gebracht haben.

*) Wenn man mit Franken in der Aufzählung Mecklenburgischer Fürsten, die den Namen Heinrich geführt haben, die Burewine, den Pilger und Heinrich den Löwen ausläßt, so muß man von ihm anfangen, und dann ist er der Elfte. Rechnet man aber mit Buchholzen die vier genannten Fürsten dazu, so ist er der Fünfte. Zählet man außer diesen noch Heinrich Burewin den Dritten, dessen Sohn Heinrich und den Vater Bruder jenes Heinrichs, der im Jahre 1321 starb, mit dazu, so ist, er der Achte.

Man hat ihm zu Dobberan, wo er begraben liegt, zum Andenken seiner angeblichen Thaten, folgende besondere Grabschrift gesetzt:

Nobilis Henricus Magnopolis pacis amicus,
Defuncto patre jam cum Magno Duce fratre
Coepit regnare per regnum strenue guare
Forte Scholis didicit male doctos quomode vicit,
Pax et Justitia fuit ejus Philosophia
Per quam purgata stetit ejus Publica strata.
Tute mercator ivit quivisque viator
Tectos sub larvis nequam silvis vel inarmis
Noctibus errantes fractis domibusque locantes
Sub doliis gentes et earum res rapientes
Investigavit, suspendit vel gladiavit,
His nunquam vere pacem permisit habere
Non obdormivit ablativos, ubi scivit
Ecclesiae postes subit et lucis rapit hostes
Noluit ad regimen patriae committere crimen
Intulit tamen ipse claustris quandeque gravamen
Noscitur expresse, quod erat sibi saepe necesse
Hic graviter cecidit, sicut gens plurima vidit,
In torneamentis sub equi mole prementis
Ducitur ad lectum, quem visit plebs ibi tectum
Cernitur urina, nil juvit eum medicina
Flet populus moritur, juxta patrem sepelitur
De quo gaudebat mala gens, sed justa dolebat.
Sicut viventes sic sunt socii morientes
Quorum majestas nihil est modo sive potestas
Liquid eas rerum aubstantia pompa dierum
In tenebris vermes lacerant nudos et intermes
Sed quae gesserunt hinc secum nulla tulerunt
Esto Deus lenis pie judex his sine poenis.
Ducet eos pone simul in vitae regione
Nate, Pater flamen sacer hoc fac poscimus, Amen.

Man findet davon auch eine Deutsche, aber sehr fehlerhafte, Uebersetzung, die ich hier nicht anführen will. Nach der vorstehenden Grabschrift scheint es außer Zweifel zu seyn, daß der oft bemeldete Herzog Heinrich eigentliche Henkerverrichtungen unmittelbar übernommen habe; allein andere Geschichtsschreiber zweifeln dennoch daran, daß es ganz seine Richtigkeit habe; denn diejenigen Geschichtschreiber, die solches vertheidigen, berufen sich auf Kranz, der aber so wenig ein gleichzeitiger Geschichtsschreiber ist, als seine angeführten Quellen, woraus er geschöpft haben will. Aus diesem Grunde bedient sich Buchholz folgender gemäßigter Ausdrücke: „Heinrich war ein eifriger Verfolger der Straßenräuber, welche er ohne Barmherzigkeit zum Galgen verdämmte." Andere wollen auch den Beinamen des Fürsten Heinrichs nicht gelten lassen, und behaupten, daß man ihm nicht sowohl den Beinamen Suspensor, als vielmehr Superbus gegeben habe. Nach Frank's Zeugniß ist es der genannte Fürst Heinrich von Mecklenburg nicht allein gewesen, der es seiner Würde nicht nachtheilig gehalten hat, in eigener Person Scharfrichter= und Henkerarbeiten zu verrichten, sondern der Herzog Otto von Lüneburg, mit dem schiefen Beine, soll auch um dieselbe Zeit, nämlich im Jahre 1380 und den folgenden Jahren, gleiche Geschäfte übernommen haben. Frank berichtet von diesem letzten Fürsten, daß er bei dem Mangel eines Strickes, den Räubern sogar den Halfter seines Pferdes um den Hals geworfen habe. Noch andere angesehene Fürsten im Deutschen Reiche, haben die angestellten Scharfrichter ebenfalls einer ganz vorzüglichen Gnade gewürdiget.

Bei den Israeliten wurde der Missethäter von dem ganzen Volke gesteiniget, woraus erhellt, daß nach den Grundsätzen jener Völker, die Vollstreckung der Lebensstrafen keinesweges für schimpflich angesehen worden; wenn gleich bei Mordthaten der Bluträcher das Recht hatte, dem Mörder und Todschläger, der ihm überliefert wurde, und den er außerhalb der Freistatt antraf, auch ohne gerichtliche Untersuchung und Warnung das Leben zu nehmen, so wurden nach dem Mosaischen Gesetze, zur Vollziehung peinlicher Strafen, in der Regel keine besondere Leute angesetzt, sondern nach dem Unterschiede der Fälle die peinlichen Strafen von dem Ankläger, dem Richter, den Zeugen oder den Kriegsknechten vollzogen, und zuweilen wurde sogar die Rache den nächsten Verwandten überlassen. Was die spätere Anrüchtigkeit der Scharfrichter anbetrifft, besonders in dem 16ten, 17ten und 18. Jahrhunderte, so ist diese so wenig dem Mosaischen Gesetze, als den Sitten der alten Deutschen gemäß, besonders da nach den letzteren, sogar Geistliche und Gerichtsschöpfen Scharfrichter=Arbeiten verrichteten. Sie liegt wohl vorzüglich in den Eindrücken, welche die Amtsverrichtungen der Scharfrichter verursachen. Jene Anrüchtigkeit faßte zuerst bei Einführung des Römischen Rechtes in Deutschland Wurzel, und wurde durch die angenommenen Grundsätze des Canonischen Rechtes in Deutschland im vierzehnten Jahrhunderte, fingen die Gerichtsschöpfen an, sich der Vollziehung peinlicher Strafen zu entziehen, und das Amt eines Nachrichters mußte nothwendig in Verachtung kommen, da das Canonische Recht dem Scharfrichter eine Irregularität beilegte, und überhaupt alle diejenigen, die in den Blutgerichten saßen, sowohl von der Tonsur, als von der Erwerbung geistlicher Beneficien gänzlich ausschloß. Daß die Gerichtsschöpfen ehemals Scharfrichter=Arbeiten verrichteten, geht aus vielen Stadtrechten hervor. So heißt es unter andern in einem gewissen Stadtrechte von dem Amte des jüngsten Schöpfen: „Zu siene Ambacht höret och, daß er de Verurthelten zu den Galgen us soll vuren, und die Oegen mit einem Tuche verbinden, den Galgen uffrichten, die Leiter anlegen, den Dieb an die Leiter welzen, und ze Jungst, der an des Vogtes stadt ist, der nimmet in und knüpfet ime das Seil an den Hals und heinket in, so eime aber die Hand verurtheilet wirdt, da soll der Stockwärter die Barten haben, und der an des Vogtes stadt da ist, der hebt einen Hulcinschlegel uf und schlegt ihm die Handes ab – der an des Vogtes stadt da ist, der stichet die Oegen uß, die Hocken schneidet er us, die hobet er er abe."

In dem 16. Jahrhunderte finden sich bereits verschiedene Beispiele, daß die Vollziehung peinlicher Strafen gewissen Leuten als ein besonderes Amt übertragen worden. (sic!) Aus den eingeführten Grundsätzen des Römischen und Canonischen Rechtes in Deutschland ist es ohne Zwang zu erklären, warum der Reichsabschied von 1530 es den Nachrichtern zu einer besondern Pflicht macht, sich durch ihre Kleider von einander auszuzeichnen, und warum nach andern statuarischen Rechten dieselben von Erlangung des Bürgerrechts und der Gewerbe ausgeschlossen und dagegen angehalten werden, sogar außerhalb der Stadt zu wohnen. Nach dem Tit. von Nachrichtern heißt es in dem Reichsabschiede wegen der Kleidung: Es soll auch eine jede Obrigkeit ein fleißiges Einsehen thun, daß sich die Züchtiger, Nachrichter und Feldmeister oder Abdecker mit ihrer Kleidung tragen, damit sie vor andern mögen erkannt werden." Diese Vorschrift der Reichsgesetze wegen der besonderen Kleidung der Scharfrichter ist fast völlig außer Gebrauch gekommen, man findet selten Beispiele ihrer Anwendung. Noch im Jahre 1517 erhielt der Scharfrichter zu Worms eine besondere päbstliche Erlaubniß das Abendmal zu genießen. Nach einigen statutarischen Verordnungen ist es noch heutiges Tages den Scharfrichtern nicht erlaubt, öffentlich mit andern Bürgern zu communiciren. In den neueren Reichsgesetzen ist die vormalige Anrüchtigkeit, die den eigentlichen Scharfrichtern oder Nachrichtern anklebte, gänzlich aufgehoben, und es kann ihnen so wenig die Erlangung des Bürgerrechts, nebst der Zulassung zu Zünften und Handwerkern, als ihren Kindern die Erlernung eines Handwerkes oder eines andern ehrlichen Gewerbes streitig gemacht werden. Es versteht sich jedoch hier, daß nur von solchen Scharfrichtern die Rede ist, die nicht zugleich Abdecker sind; denn in Absicht solcher Nachrichter, die zugleich Abdecker sind, hat es bei dem angeführten Reichsschluß, nach denen die Schinder, bis auf die zweite Generation, nachdem die erste eine andere ehrliche Lebensart erwählet und darin mit den Ihrigen zum wenigsten an dreißig Jahre fortfährt, von Innung, Zünften und Gewerben ausgeschlossen werden, lediglich das Bewenden. Würde jedoch einem Scharfrichter die Cavillerey zwar mit verliehen seyn, derselben sich aber zum Abdecken des todten Viehes besondere Leute oder Knechte halten, so versteht es sich von selbst, daß unter solchen Umständen aller Vorwurf wegfallen müsse, indem ein Scharfrichter den Schindern nicht gleich geachtet werden kann, ihn auch sodann die Fähigkeit, das Bürgerrecht in einer Stadt zu erlangen, bei dem Mangel entgegenstehender Gesetze nicht abzusprechen ist, am wenigsten ist aber seinen Kinder (sic!) der Zugang zu Innungen und Zünften zu versagen. Im Reichsschluß wegen der Handwerksmißbräuche von 1731 § 4 und 5 heißt es: „Demnach auch allbereit in der Polizey=Ordnung de Anno 1548, Tit. 37 und 1577, Tit. 38 wegen gewisser Persohnen versehen, daß deren Kinder von denen Gaffeln, Aemtern, Gülten, Innungen, Zünfften und Handwerkern nicht ausgeschlossen werden sollen, so hat es dahin sein festes Bewenden und sollen berührte Constitutiones künftig durchgängig genau befolgt, nicht weniger auch die Kinder derer Landgerichts= und Stadtknechte, wie auch derer Gerichts=, Frohn=, Thürn=, Holz= und Feldhüter, Todtengräber, Nachtwächter, Bettelvögten, Gassenkehrer, Bachfeger, Schäfer x., in Summa keine Profession und Handthierung, dann bloß die Schinder allein bis auf die zweite Generation, in sofern allenfals die erstere eine andere ehrliche Lebensart erwählet und darinn mit denen ihren 30 Jahre lang continuiret hätten, ausgenommen, verstanden, und bei denen Handwerkern ohne Weigerung zugelassen werden." Nach dem Gerichtsgebrauch, wird daher in Beistimmung der Reichsgesetze einem Scharfrichter niemals verwehrt, in der Stadt zu wohnen, sich eine eigene Wohnung anzuschaffen und sogar das Bürgerrecht zu erlangen. Eben so wenig ist darüber ein gegründeter Zweifel, ob ein Scharfrichter ein gültiger Zeuge seyn und ob derselbe in einem Testamente zum Erben eingesetzt und sogar einen Bruder und einer Schwester vorgezogen werden kann? Diese Fragen werden gegenwärtig ohne Bedenken zum Besten der Scharfrichter beantwortet und kein Rechtsgelehrter hält die Frage mehr zweifelhaft: Ob ein Scharfrichter als eine persona turpis im rechtlichen Verstände anzusehen sei? zu verneinen. Der mit Scharfrichtern gepflogene Umgang, oder der bloße Gebrauch ihre Werkzeuge, oder das Heirathen ihrer hinterlassenen Wittwe bewirkt eben so wenig eine Art von Anrüchtigkeit. Die neueren Grundsätze, daß der Nachrichter nicht für unredlich oder anrüchtig zu halten, weil er ein sehr nützlicher Mann im Staate ist, vertheidiget schon Luther in seiner Postille über das Evangelium am 4ten Trinitatis Sonntage, es heißt daselbst: „Darum ist Meister Hans ein sehr nützlicher und dazu ein barmherziger Mann; dann er steuert den Schalk, daß er es nicht mehr thue, und wehret den andern, daß sie es nicht nachthun. Denn für ihm schlägt er den Kopf ab, den andern, hinter ihm, dräuet er, daß sie sich fürchten für den Schwerdt und Friede halten; das ist eine große Gnade und eitel Barmherzigkeit." Ob aber dennoch die entgegengesetzten Grundsätze nicht vielleicht wenigstens entfernte Mittel werden könnten, die Lasterhaften von Begehung der Verbrechen abzuhalten? wäre eine Frage, sagt Quistorp, die um so mehr eine gründlichere Untersuchung verdiente, als von den Römern, diesem so klugen Volke, wohl zu vermuthen steht, daß ihre Meinung von der Anrüchtigkeit der Scharfrichter auf guten Gründen gebaut gewesen sei; denn, zugegeben, daß, um die Menschen vom Verbrechen abzuhalten, der Gedanke, dadurch in die Hände unehrlicher Leute zu gerathen, nicht bei allen Lasterhaften gleich groß seyn mag, und bei vielen erst ein gewisser Schwung der Gedanken und eine nicht gemeine Seele vorausgesetzt werden müsse, so würde doch im Allgemeinen nicht füglich gesagt werden können, daß er bei Niemanden ein Mittel, ihn vom Verbrechen abzuhalten, gewesen sei. Ich bin vielmehr davon völlig überzeugt, daß auch sogar die bloßen Vorurtheile, womit der gemeine Mann die Gerichtsbediente, besonders den Scharfrichter und Schinder noch heutiges Tages anzusehen pflegt, allerdings vielen Nutzen haben, und zuweilen gleiche Furcht, als die bevorstehende Strafe selbst verursacht, hervorbringen, und vielleicht dazu mitwirken, daß Laster und Verbrechen nicht allgemeiner werden. Ohnedies lassen sich überhaupt keine solche Mittel gedenken, die stark genug wären, die Entstehung aller und jeder Verbrechen zu verhindern und die nicht bei diesem und jenem ihre Kraft verlören. Eine genauere Prüfung und weitere Nachforschung, besonders bei peinlichen Verhören, dürften vielleicht ergeben, daß vorstehende Gedanken bei der Criminal=Gesetzgebung sehr viele Aufmerksamkeit verdienten.

Quistorp hat hierin nicht Unrecht; denn in den jetzigen aufgeklärten Zeiten, wo man den Nimbus von so machen (sic!) Ehrfurcht, Furcht x. einflößenden Gegenstände wegzuziehen sucht oder verscheucht, hat die Moralitat nicht gewonnen, sondern verloren.

Die Befugniß, einen Scharfrichter zu bestellen, gebührt der Gerichtsherrschaft, und ist daher nach der Regel für kein Regal zu achten; eben so pflegt auch die Cavillerey in Deutschland gewöhnlich mit dem Scharfrichterdienste verbunden zu seyn, obgleich verschiedene Rechtslehrer jene der Regel nach zu den Regalien gerechnet wissen wollen.

Unter der Benennung eines Scharfrichters versteht man im allgemeinen meistentheils diejenige Person, die von der Obrigkeit dazu bestellt worden ist, um die in peinlichen Fällen ausgesprochenen Urtheile zur Vollziehung zu bringen; es ist daher sehr fehlerhaft, wenn man im gemeinen Leben hier und da den Henker für gleichbedeutend mit dem Worte Scharfrichter und Schinder nimmt; auch Rechtsgelehrte haben sich dieses zu Schulden kommen lassen. Es ist aber ein großer Unterschied unter Schinder, Henker und Scharfrichter. Die Arbeiten des Schinders, welcher auch Abdecker, Rasenmeister, Kleemeister, Wasenmeister, Caviller, Halbmeister, Racker, Abschälner, Feldmeister, Kaltschlächter x. genannt wird, welche von diesen Leuten nur allein und von keinen andern verrichtet zu werden pflegen, sind stinkend und schmutzig. Hierzu gehören die Reinigung der Cloacken und heimlichen Gemächer, die Abdeckung des verreckten Viehes, die Einscharrung des an der Viehseuche gefallenen Viehes, das Todschlagen der mit Zeichen nicht versehenen Hunde, die Lieferung des Luders auf den Schindanger und an die Jägerey zu den Wolfs= und Luchshütten, die Wegbringung des geschlachteten untüchtigen Viehes, die Besorgung des Schindangers, auch hier und da, Kraft besonderer Verträge; die Aufziehung einiger Jagdhunde für die Herrschaft, Säuberung der Gefängnisse von Wust und Unflat x. Der Henker und Scharfrichter haben die grausamen Arbeiten zu verrichten, welche bestehen, theils in der Angreifung des Missethälers, zum Beispiel in dem Angriff und Auskleiden zur Folter, theils in der Peinigung selbst und in Vollstreckung der peinlichen Strafen; dahin werden gerechnet das Köpfen, Henken, Ausstäupen, Abschneiden der Ohren und Nase, Ausschneiden der Zunge, Abhauen der Hand oder Finger, Brandmarken, das Zwicken mit glühenden Zangen, Wippen, Ersäufen, Rädern, Schleifen, Viertheilen, Verbrennen, das schimpfliche Zerbrechen der Wappen, Schilde und Helme, die Execution am Bildniß, die Anschlagung des Namens an den Galgen, die Zerbrechung des Degens, Erklärung und Wegjagung eines Schelmen, das Vergraben unter dem Galgen, der Widerruf in eines andern Namen, das Schwören der Urphede in eines andern Seele, das Verbrennen der Pasquille und anderer ärgerlicher Schriften. Der Scharfrichter(,) auch Nachrichter, Freymann, Meister Hans, Meister Hämmerling, Meister Fix, Femer, Angstmann, Peinlein, Nothbote und Frohnbote genannt, berührt nie den Verbrecher, sondern verrichtet nur das Köpfen. Bei der Folter und Vollziehung anderer Lebens=, Leibes= und Ehrenstrafen macht er nur die Anordnung und läßt sie durch den Henker oder Meister, und den Knechten verrichten. Wenn von der Obrigkeit, außer dem Scharfrichter, kein Henker bestellt ist, so hält sich jener, außer zum Köpfen, welches er, wie schon oben angeführt worden, selbst verrichtet, seine eigenen Leute, durch welche er die Peinigung und übrigen grausamen Arbeiten unter seiner Anordnung verrichten läßt. An manchen Orten versieht auch der Scharfrichter die Arbeiten des Henkers und sogar des Abdeckers; er verliert dann aber auch die Vorzugsrechte des Scharfrichters, und wird in die Klasse der Henker und Schinder herabgesetzt; dieses scheint auch die Ursache zu seyn, warum an vielen Orten diese so verschiedene Benennungen (sic!) mit einander verwechselt werden. Wenn daher die Rechtswohlthaten oder nachtheiligen Rechtsverfügungen dieser Leute bestimmt werden sollen, so ist nicht auf ihren Namen, sondern allein auf die Art ihrer Verrichtungen Rücksicht zu nehmen, und ein Verbrecher, der ohne Verlust seiner Ehre mit dem Schwerdte hingerichtet werden soll, muß gehört werden, wenn er sich einen Scharfrichter, der zugleich Henker ist, verbittet, und einen solchen verlangt, der weder Henkers= noch Abdeckers=Arbeiten verrichtet. Einem bloßen Henker ist es auch nicht erlaubt, eine Arbeit des Scharfrichters zu verrichten, und ein bloßer Abdecker kann nicht anders, als auf den Nothfall zu Henkersarbeiten gebraucht werden. Nach Mecklenburgischen Landesgesetzen muß sich der Scharfrichter, wenn mit seinem Dienste zugleich die Cavillerey verbunden ist, zwei tüchtige Knechte halten, wobei so viel als möglich auf einheimische und solche Leute gesehen werden soll, die mit guten Pässen versehen sind. Durch diese Knechte sollen nun die Scharfrichter, in Ermangelung eines besondern Untermeisters, die öffentliche Ausstäupung der Verbrecher, die Strafe des Henkens, Räderns und Verbrennens, ingleichen das Verbrennen der öffentlichen Schmäh= oder ketzerischen Schriften, das Anschlagen der Namen der Verbrecher an den Galgen, das Begraben der Leichname an ehrlosen Plätzen, das Todschlagen der Hunde bei vorhandener Gefahr und anderer abgängig gewordenen Hausthiere x. verrichten lassen.

Die Obliegenheiten der Scharfrichter und der ihnen dafür gebührende Lohn, sind, nach der ihnen bei dem Antritte ihres Dienstes ertheilten Instruction am meisten zu beurtheilen. Nach deren Inhalt ist auch vorzüglich zu bestimmen, ob der Scharfrichter allein zu denjenigen Pflichten, die ihm nur in engerer Bedeutung obliegen oder überhaupt zu allen denen, wozu sonst nur Halb- oder Untermeister verbunden sind, gehalten werde. Auf die ihnen ertheilte Instruction, auf eine getreue Amtsführung, sowohl bei Vollziehung der Strafen, als bei dem Gebrauche der Marter, wo solche noch üblich sind, ferner auf eine genaue Verschwiegenheit der Dinge, die sie bei der Marter, oder sonst bei Verrichtung ihres Amtes erfahren, und endlich auf einen strengen Gehorsam gegen das peinliche Gericht, pflegen die Scharfrichter besonders vereidet und vor geschehener Vereidung nicht leicht zu Amtsverrichtungen zugelassen zu werden. Ein einmal geleisteter Amtseid pflegt aber auf alle nachfolgende Verrichtungen, ohne daß in jedem besondern Fall, eine Wiederholung nöthig wäre, Beziehung zu haben. Die Bambergische Halsgerichtsordnung schreibt das Formular des Scharfrichter=Eides genau vor. Er lautet Art. IX: „Ich sol und wil meines genedigen Herrn von Bambergk und seiner genaden Stifft schaden warnen, frommen werben, in meinem Ampt getreulich dienen, peynlich fragen und straffen, wie mir von seiner Gnaden weltlichen Gewalt jedesmals bevolhen würdt, auch darumbt nit mer dann zymlich belonung nemen, alles nach laut diser Ordnung, was ich auch in peynlicher Frage höre oder mir sunst in geheym zu halten, bevolhen wirdet, dasselbige will ich nymant ferner eröffnen, auch alle erlaubung genanntes meines gnedigen Herrn Hoffmeisters, Marschalks oder Haußwoydts nyedert zyben und derselben geschefften und gebotten gehorsam und willig sein, alles getreulich und one allerley geverd, also helff mir Gott und die Helligen." – In der Karolinischen peinlichen Gerichts=Ordnung findet man es zwar nicht, indessen hat es keinen Zweifel, daß die vorgängige Vereidung der Scharfrichter auch nach der letztern nothwendig und solchergestalt stillschweigend bestätiget worden sei. Art 96 der peinlichen Gerichts=Ordnung heißt es: „Item wenn der Beklagt entlich zu peynlicher straff geurtheylt wirt, soll der Richter an den Ortten da es gewonheyt, seinen stab zerbrechen, und den Armen dem Nachrichter bevelhen und bei seinem Eydt gebieten, die gegeben Urtheyl getrewlich zu volnziehen." — In Ermangelung eines besonders angestellten Scharfrichters muß man sich in vorkommenden Falle denselben von einem nahe gelegenen Orte erbitten, der aber sodann auf die gegenwärtige oder bevorstehende Execution zu vereiden ist.

„Der Tisch des Henkers". Nach einer Zeichnung von M. Wiegand, aus der Sonderbeilage zum „Buch für Alle", 58. Jahrgang, 1927. Repro: Blazek

Zu den besondern Rechten und Privilegien der Scharfrichter gehörte ehemals, daß sie die gesprochenen Urthel eröffnen und verkündigen mußten, woher sie auch den Namen Nachrichter erhielten. Es heißt nämlich im 218sten Art. der peinlichen Gerichts=Ordnung. „Item das die Urtheyl durch den Nachrichter und nit den Richter oder Urtheiler ausgesprochen und eröffnet werden.“ Allein die peinliche Gerichts=Ordnung verwirft diese Gewohnheit ausdrücklich und zählt sie zu den unzuläßigen und daher zu den eigentlichen Mißbräuchen, dahingegen gehört zu den gegründeten Gerechtsamen der Scharfrichter, daß sie bei der Verrichtung ihres Amtes völlige Sicherheit genießen und daß sogar nach der peinlichen Gerichts=Ordnung auf dem Richtplatze öffentlich ausgerufen und bei Leib und Gut verboten werden soll, den Scharfrichter auf keine Weise zu behindern, auch wenn es ihm mißlange, nicht Hand an ihm zu legen.

Im Art. 97 der peinlichen Gerichts=Ordnung heißt es: „Item so der Richter nach der endturtheyl sein stab gebrochen hat, desgleichen auch so der Nachrichter den Armen auff die Richtstat bringet, soll der Richter öffentlich ausrufen oder verkünden lassen und von Oberkeyt wegen bei Leib und gut gebieten, dem Nachrichter keynerley Verhinderung zu thun, auch ob jm mislüng nit Handt anzulegen.“ Das in der peinlichen Gerichts=Ordnung bestätigte Friedansrufern (sic! *Friedausrufen*) ist wahrscheinlich zur Sicherheit der Scharfrichter von der Zeit an nothwendig geworden, als mit der Einführung des Römischen Rechtes in Deutschland die vormalige Begriffe von der Anständigkeit, peinliche Urtheile zu vollziehen, aufhörten, und man an deren Stelle die dazu besonders angestellten Leute oder Scharfrichter zu hassen anfing, weil man sie als solche Leute ansah, die um des Lohnes willen an den Martern und dem Blute der Sterbenden sich vergnügten und deren ordentliches Handwerk es mit sich brachte, wehrlose Menschen, die ihnen keine Beleidigung zugefügt hatten, zu quälen. Das feierliche Friedausrufen zur Sicherheit des Scharfrichters, pflegte späterhin, ja selbst noch bis auf die neuere Zeit, bei dem Mangel besonderer Landesgesetze nur dann zu geschehen, wenn dazu gegründete Besorgnisse (sic!) eine Veranlassung geben; obgleich nach einigen statutarischen Rechten die dem Scharfrichter zugefügte Gewaltthätigkeit am Leben und mit dem Verluste der Güter zu bestrafen ist, so wird doch in Entstehung derselben, der beschriebene Unfug nach den Grundsätzen von Aufruhr und Gewaltthätigkeiten bestraft, man läßt es aber meistentheils bei einer Leibesstrafe bewenden, macht inzwischen diese sofort bei der Verkündigung des Friedens namhaft. Nach dem Lübeckschen Rechte Tit. 18, Art. 1 heißt es: „Wenn sich Jemand so keck dünken lassen würde, er sei jung oder alt, der sich an dem Bödel oder Frohnen oder seinen Dienern in Verrichtung seines Amts der Iustitien, unangesehen, ob es ihm mislingen möchte, mit der That, und Hand, in was Weise solches geschehen könnte, oder möchte, vergreiffen, beschädigen und verletzen, der oder dieselben sollen mit ihren Helffern und Helffers Helffern, wo sie angeben und überwiesen, am Leben mit dem Schwerdt gestrafft werden.“ Auch im Verdenschen Statute beim Puffendorf [In Obs. jur. vniu. T. 1 statut. 160.]. „Vorhalede jemand einen Rathman oder Rades Dener in der Stadt Denste mit scheldeworten, de schall in des Rades Broke staen, und bjdden den Sakewolden dorch Gott dat he idt eme vorgeven will. Schlöge oder wundede averst jemand einen Radtman oder Rades Dener in der Stadt Denste, sin Liff und Gut schall staen in des Rades gewalt.“

Wenn es gleich als ein besonderes Vorrecht der Scharfrichter angegeben zu werden pflegt, daß sie bei vorgefallenen Entleibungen die Befugniß haben, den Wagen, worauf vielleicht der Selbstmord geschehen, das Pferd, das der Selbstmörder geritten, ingleichen alles dasjenige, was an dem Orte, wo der Körper des Selbstmörders befindlich ist und dem letzteren eigenthümlich zugehört hat, sich anzumaßen, in sofern der Scharfrichter bei dem Körper stehend unten und oben, auch auf allen Seiten in dem Umfange, es mit seinem Richtschwerdt erreichen kann, so lassen sich gleichwohl diese Gerechtsame im Allgemeinen um so weniger vertheidigen, als nach der ausdrücklichen Vorschrift der peinlichen Gerichts=Ordnung, den Erben eines Selbstmörders ihr Erbrecht allenthalben völlig ungekränkt und ohne die mindeste Kürzung oder Einschränkung frei bleiben muß. Vermöge dieser Grundsätze mag einem Scharfrichter, der sich in Absicht der hinterlassenen Güter eines Selbstmörders diese, oder jene Befugniß anmaßt, den Beweis einer etwanigen (sic!) gegenseitigen Observanz um so weniger frei gelassen werden, als derselbe, wenn er auch nach aller Strenge geführt werden könnte, dennoch, was die Sache selbst anbetrifft, verderblich seyn würde, indem die Gesetze vergleichen angebliche Rechte des Scharfrichters in keine Wege bestätigen, vielmehr schlechterdings verwerfen; dagegen pflegt man aber dem Scharfrichter diejenige Kleidung, die ein Verurtheilter am Tage seiner Hinrichtung getragen hat, gewöhnlich nicht streitig zu machen. Wegen des Ersteren lautet der 135ste Artikel der peinlichen Gerichts=Ordnung: „Wo sich aber eyn Person ausserhalb obgemelter offenbaren Ursachen, auch in Fällen, da er sein Leid alleyn verwirkt oder sunst aus Krankheyten des Leibes, Melancolei, gebrechlichkeyt jrer Sin, oder ander vergleichen Blödigkeiten selbst töttet, derselben erben sollen deshalb an jrer Erbschaft nicht verhindert werden, und darwider keyn alter gebrauch, gewonheyt oder satzung statt haben, sondern hiemit revociret, cassiret und abgethan sein und inn disem und andern dergleichen Fällen, unser Keyserlich gescheiden Recht gehalten werden."

Zu den besonderen Privilegien der Scharfrichter kann man ferner rechnen, daß sie in demjenigen Gerichtszwange, wobei sie angestellt worden, nicht allein von Wachen, Frohn= und andern persönlichen Diensten, ingleichen den sonstigen gewöhnlichen Abgiften und Steuern befreit sind; auch, wenn nach des Ortes Verfassung öffentlich gebrauet werden muß, ihr eigenes Bier brauen dürfen, sondern auch die Vollziehung peinlicher Strafen und die Anordnung der Folter sich mit gänzlicher Ausschließung anderer anmaßen können. An einigen Oertern haben die Scharfrichter an öffentlichen Marktagen, bei feierlichen Begebenheiten, und bei Bekanntmachung obrigkeitlicher Verordnungen verschiedene Gerechtsame und damit zugleich einige zugebilligte Vortheile. Nach den Lübeckschen Rechten wird die dem Scharfrichter, seiner Familie undt seinen Leuten zugefügte Beleidigung allemal doppelt bestraft. Die Strafe selbst kann aber nach den Bemerkungen der Ausleger, nach der Verschiedenheit der Vergreifung und wenn daraus großes Unheil, Mord und Aufruhr entstanden ist, zur Gefängniß=, Leib= und Lebensstrafe anwachsen. Es heißt daher im Lübeckschen Rechte, Tit. 18. Art. 2. „Wenn.sich jemand an ihm, seinem Weib und Knechten in gerichtlichen bürgerlichen Sachen, im Vorladen, Pfanden und sonst ungebührlich erzeigen und verhalten würde, derselbe soll mit doppelter Strafe belegt werden."

Dasselbe verordnet auch das Sächsische Landrecht L. 1, Art. 8. „Des Frohnen Buß ist auch zwiefältig und sein wehrgeld nach seiner Gebuhrt, nach der Zeit, da er zum Frohnboten gekohren wird.“ In der Glosse heißt es unter andern merklich: „Daß er Buß und wehrgeld zwiefach, hat, daß nimmt er einmal von seiner Person wegen, das andere mahl von seines Amptes wegen.“ — Wenn gleich die peinliche Gerichts=Ordnung dem Scharfrichter erlaubt, nach geschehener Execution die Frage an den Richter: „Ob er recht gerichtet habe? ergehen zu lassen, und die ihm zu ertheilende Antwort ebenfalls genau bestimmt, so ist jedoch diese überflüssige Förmlichkeit fast ganz außer Gebrauch oder doch wenigstens ohne Nutzen, die Warnungsrede an die Zuschauer nach einer vollzogenen Todesstrafe, pflegt jetzt an einigen Orten meistentheils nur von dem Prediger oder dem Richter, nicht aber von dem Scharfrichter gehalten zu werden.

Außer den angeführten Rechten sind die übrigen Befugnisse der Scharfrichter am meisten aus den ihnen ertheilten Instructionen zu beurtheilen, und hernach ist auch die Frage: Ob dem Scharfrichter das Recht, von den Zentpflichtigen für sich eine gewisse Abgabe zu begehren, zustehe? vorzüglich zu beantworten. Von Andern wird den Scharfrichtern noch das Recht, Arm= und Beinbrüche, auch andere körperliche Gebrechen zu heilen, gegeben; allein derselbe kann sich solches nur dann anmaßen, wenn er seine Geschicklichkeit genugsam bewiesen und die obrigkeitliche Vergünstigung dazu erhalten hat. Dagegen ist an den mehrsten Orten die Gewohnheit, daß den Scharfrichtern, wenn sie anders die Kunst verstehen, das Schneiden der Hunde und Katzen, wie auch überhaupt die Heilung der Thiere, wenn solche krank sind, ausschließungsweise überlassen zu werden pflegt. Das Recht, Arm= und Beinbrüche, auch andere körperliche Schäden zu heilen, findet nur in den Staaten Statt, wo die Wundarzneikunst noch in einem tiefen Schlummer liegt, wo sich aber diese erhoben hat, da dürfte wohl der Scharfrichter keine Kur übernehmen, da sie dabei überhaupt nur empirisch zu Werke gehen, und keine gründlichen Kenntnisse der Anatomie des Körpers und der Wirkungen der Mittel, die sie zu verordnen pflegen, besitzen. Indessen wenn wir auf den Grund, auf die Entstehung der Arzneikunst sehen, sie möchte wohl die Erfahrung, wenn sie mit einem gesunden Beobachtungsgeiste gepaart ist, manche Heilung bewirken, die der schulgerechteste oder vielmehr der Kandidat der Heilkunst, der das strengste Examen bestanden, nicht zu bewirken im Stande ist. — Auch wo Thierarzneischulen sich befinden, wird das Praktisiren in diesem Zweige der Heilkunst dem Scharfrichter untersagt; allein es wird damit nicht so strenge genommen, weil man auch dem Schäfer dergleichen Kuren zu verrichten nicht nur erlaubt, sondern es sogar ausdrücklich verlangt wird, daß er sie verstehe. Auch was die Entleibung der Selbstmörder anbetrifft, so ist es nicht überall gebräuchlich, daß der Scharfrichter die Hinwegbringung derselben zu besorgen hat, sondern es sind dazu besondere Armenwächter bestellt, die auch die Verlassenschaft oder vielmehr dasjenige, was sich bei dem Körper und an demselben befindet, nach sich nehmen und behalten.

Nach dem Zeugnisse einiger Rechtslehrer succediren die Scharfrichter im Heergeräthe; der älteste Sohn eines Nachrichters bekommt das beste Richtschwerdt, die anderen Söhne aber die übrigen, die noch vorhanden sind. — An einigen Orten haben die Scharfrichter besondere Vorrechte erlangt, so zum Beispiel in Zürich, wo man den Scharfrichter zur adelichen Zunft rechnet. Er sitzt bei feierlichen Mahlzeiten mit im Zimmer, doch an einem besonderen Tisch. Dieses soll von einer Unternehmung des Adels gegen die Freiheit des Volkes herrühren, wo solches die Oberhand behielt und dafür zur Strafe den Scharfrichter in die adeliche Zunft setzte.

Daß auch ein Scharfrichter die Befugniß habe, seine Knechte nach Gefallen anzunehmen und zu entlassen, auch sie wegen ihrer Vergehungen, in so fern diese nicht in eigentliche Verbrechen ausarten, zu bestrafen, soll nach Quistorp keinem Zweifel unterworfen seyn; indessen pflegen den Scharfrichtern in den meisten Ländern bei der Annahme ihrer Knechte gewisse Einschränkungen gemacht zu werden. In Berlin steht der Scharfrichter mit seinen Knechten unter dem Kammergerichte; s. weiter unten.

Was den Henker anbetrifft, so hat ihn nach der Regel derjenige zu bestellen, welchem die peinliche Gerichtsbarkeit zusteht, und also auch derjenige, welcher die patrimonialpeinliche Gerichtsbarkeit hat; wo aber dem Scharfrichter zugleich die Besorgung des Henkeramtes aufgetragen wird, da versteht es sich von selbst, daß die Bestellung der zur Henkersarbeit nöthigen Leute von ihm abhängt. Der Henker muß die zu seinem Amte erforderlichen Gaben besitzen, und also von allen denjenigen Gebrechen des Leibes und der Seele frei seyn, welche ihn an der Ausübung seiner Amtsverrichtungen hindern; er muß vornämlich sein Amt in jedem Falle nach der vom Richter erhaltenen Vorschrift, nach den Gesehen und dem Herkommen verrichten, und wird, wenn er gelinder, oder grausamer verfährt als das Urtheil vorschreibt, billig gestraft. Bei der Annahme zum Amte wird er von der Obrigkeit beeidiget, getreulich zu dienen, die Vorschriften des Richters genau zu befolgen, was er bei der peinlichen Frage hört oder ihm sonst geheim zu halten befohlen wird, Niemanden zu eröffnen x. Es kann ihm niemals die Wahl der Strafen, der Folterwerkzeuge oder der Art, jene zu vollziehen, oder diese anzulegen, wie es ehemals durch Mißbräuche öfters geschehen ist, überlassen werden, und der Richter muß in allen solchen Fällen genaue Aufsicht auf ihn haben. Man hielt den Henker ehemals mehr als den Scharfrichter für unehrlich, daher ihm auch z. B. in der Kirche ein eigener Stand angewiesen und er bei Versammlungen ehrlicher Bürger, z. B. in Wirthshäusern, bei Hochzeiten, nicht zugelassen, in keine Zunft und zu keinem Ehrenamte aufgenommen wird, und ein brüderliches Testament, in welchem derselbe einem Bruder des Testirers vorgezogen worden, als pflichtwidrig angefochten werden kann.

Was nun die Belohnungen oder den Gehalt der Scharfrichter anbetrifft, so ist hierüber nichts Genaues oder vielmehr nichts allgemein Uebliches festgesetzt. Er bekommt an einigen Orten einen jährlichen Gehalt, an andern wird ihm statt dessen die Abdeckerey, welche mit manchen Vortheilen verbunden ist, verliehen, wofür er der Herrschaft etwas Gewisses entrichten muß, oder sie wird ihm auch wohl förmlich verpachtet, wie die Scharfrichterey bei Berlin. Es wird ihm hierbei noch jede Arbeit besonders belohnt, und diese Bezahlung nennt man Henkersgeld s. auch Th. 23, S. 16. Dieses Henkergeld ist weder der Ankläger, noch der Angeklagte oder Inquisit, sondern der peinliche Gerichts=Herr zu tragen schuldig, weil es zu der Bestellung der peinlichen Gerichte, welche ihm obliegt, gehört; jedoch besteht an einigen Orten die Gewohnheit, daß die Unterthanen zur Bestreitung des Henkersgeldes bald nach den Häusern, bald nach den Hufen ihrer Ländereyen beitragen müssen; allein der Gerichtsherr, welcher eine solche Gewohnheit behauptet, hat die Vermuthung wider sich, und muß sie also beweisen. Die Scharfrichter und Henker trieben ehemals die Erhöhung ihres Lohnes bis zur größten Ausschweifung, da sie z. B. die Verrichtungen, welche zu einer Handlung gehörten, ohne Noth vermehrten und für jede besonders bezahlt zu werden verlangten, da sie für begnadigte Verbrecher das Henkersgeld forderten, für sich und ihre Leute Zehrungskosten verlangten, wenn gleich die Execution in der Stadt oder nahe am Thore geschah, und überhaupt große Belohnungen nach Willkühr forderten. Die meisten Landesherren sahen sich dadurch bewogen, den Scharfrichtern gewisse Taxen vorzuschreiben und in denselben den Lohn für jede Arbeit genau zu bestimmen, und die üblich gewesenen Mißbräuche, daß sie sich zum Beispiel für jede zu einer Execution erforderlichen besonderen Handlung, als für die erste Besteigung eines neuen Galgens, für die Führung des Schinderkarrens an den Ort, wo der Leichnam eines Selbstmörders sich befindet, für die bei der Execution gebräuchlichen Geräthschaften besonders bezahlen ließen, abzuschaffen.

Daß die Scharfrichtereyen auch ehemals zum Lehn gegeben worden, erhellt aus einer Urkunde des Kaisers Sigismund vom Jahre 1436, worin er dem Pfalzgrafen Stephan aufträgt, den die Stadt Ehenheim im Elsaß mit den Gebrüdern Wepfermann wegen der Kosten bei den Blutgerichten hatten. Die Urkunde, welche dieses Lehn deutlich ausdrückt, steht beim Schoepflin [Alsar. Illust. Tum. II., p. 355.] abgedruckt; sie lautet: „Uns haben unsere und des Reichs libe Getrewe die von obern Ehenheim fürgebracht, wie Heinrich und Franz Wepfermann gebrüdere, von uns und dem Reiche ein Lehn haben, genannt das Hengker Lehn und was dazu gehört zu Ehenheim in der Stadt, davon sie derselben pflichtig sin, was die Stadt übelthätiger Lüte richten thut, daß danne die Wepfermanne dem Richter lohnen sollen mit allen Kosten, der doruff geht, als ihre Vorderen – one alle Wiederrede gethan haben, dem sie aber nun nicht mehr genug thun und dennoch solch ihr Lehn nutzen und niessen wollen.“ Aus dieser angeführten Stelle läßt sich mit Gewißheit schließen, daß die Wepfermanne aus dem Grunde ein Lehnstück in der Stadt Ehenheim vom Römischen Reiche hatten und nutzten, wofür sie schuldig waren die Kosten zu bezahlen und zu tragen, wenn in der Stadt Uebelthäter hingerichtet wurden. Der Ausdruck der Urkunde: den Richter lohnen mit allen Kosten, der doruff geht, ist zwar etwas dunkel, weil man nicht genau weiß, ob darunter die Kosten zu verstehen sind, die der Kriminalrichter, so die Untersuchung führt x. macht, oder die so der Scharfrichter verursacht, der den Uebelthäter executirt, da aber die Urkunde diese sonderbare Gattung von Lehen deutlich ein Henkerlehn nennt, so muß man fast vermuthen, daß darunter der Scharfrichter und dessen Kosten eigentlich zu verstehen ist. Auch in der Mark werden die Henker mit ihrem Amte belehnt, und sie bezahlen, oder der Scharfrichter für sie, bei der Belehnung die Lehenwaare (sic!), sonst darf aber kein weiteres ungewöhnliches Lehngeld von ihnen genommen werden, sondern bloß zur Anerkennung der lehnbaren Verbindung geben sie jährlich ein gewisses Geld, Leder, Eimer oder Handschuhe.

Hier noch Einiges über den Scharfrichter nach neuern Grundsätzen, besonders des Preußischen Rechts. Der Scharfrichter wird gegenwärtig vom Magistrate bestellt, und ist der peinlichen Gerichtsherrschaft unterworfen, dahingegen wird der Henker vom Forstamte bestellt und hat dort seinen Gerichtsstand, jedoch kann ihn kein landsässiger Edelmann setzen, wenn er gleich das Forstrecht besitzt, weil dieser Gegenstand zur forstlichen Hoheit oder zum landesherrlichen Forstpolizeyrechte gehört. Dies ist auch der Grund, warum in den Preußischen Ländern, desgleichen im Hessischen, Nassauischen, Mecklenburgischen x. die Scharfrichter mit den Feldmeistereyen von dem Oberjägermeisteramte, unter welchem sammt dem Hausvogteiamte zu Berlin, sie in Amtssachen ihren Gerichtsstand behalten, förmlich beliehen werden, wie davon ein Königlicher Lehenbrief vom 28. August 1727 beim Siegel nachzusehen ist. Die Annahme und Beeidigung des Scharfrichters darf nicht eher vorgenommen werden, als bis er sein Kunststück im Kopfabschlagen abgelegt, und bewiesen hat, daß von ihm niemals ein Aaß abgedeckt worden, obgleich er nachher dergleichen Verrichtungen durch Halbmeister und seine Knechte vornehmen lassen kann, wie schon oben angeführt worden. Begeht er bei der Hinrichtung Fehler, so darf ihn der Pöbel nicht mißhandeln; die Obrigkeit bestraft ihn. Auch ist ihm genau die Art und Weise vorgeschrieben worden, wie er bei der Marter, wo er zugleich die Inquisiten mit Salben zu versehen hat, und beim Staupenschlagen, desgleichen bei andern Executionen zu verfahren hat; er ist jedoch nicht schuldig, dabei die Zubehörungen an Rädern, Leitern und Ketten herzugeben. Beobachtet er nicht die Verordnungen wegen Abdeckung des Viehes bei Viehseuchen, so wird er mit dem Verluste der Feldmeistereyen an leib und leben gestraft. Was die Belohnung für die scharfrichterlichen Amtsverrichtungen anbetrifft, so ist davon schon oben, S. 231, Erwähnung geschehen, daß sie theils auf Verträgen, theils auf dem Herkommen, und theils auf landesherrlichen Verordnungen beruht; außerdem müssen noch bei Reisen das Fuhrlohn, Futter, Essen und Trinken vergütet werden. Nach den Preußischen Gesetzen müssen sich die Scharfrichter grau kleiden, welches aber nicht mehr befolgt wird, und für ihre Abdecker haften, und verbleiben in Ansehung ihrer peinlichen Verrichtung, unter der Gerichtsbarkeit des Kammergerichts und des Kriminalgerichts, aber in Ansehung der Bestallung, Patente, Lehngelder, Eimer=, Hunde= und Abzugsgelder, ingleichen der Polizeysachen, stehen sie unter dem Oberjägermeister= und Hausvogteiamte, oder an deren Statt unter dem Stadtmagistrate, von welchem sie, besonders bei Viehseuchen, Befehle annehmen müssen. Was die Anrüchtigkeit oder Unehrbarkeit der Scharfrichter anbetrifft, so beruht der ehemalige Wahn derselben nicht auf dem Römischen Rechte, wie schon oben bemerkt worden, nach welchem die Hinrichtung mit dem Schwerdte eben so wenig unehrlich macht, sondern auf den kanonischen Rechtsprinzipien, daß er Menschenblut vergieße, und seine Hände damit besudle; eben so rührt auch die Anrüchtigkeit des Henkers aus dem kanonischen Rechte her, und sie ist noch im Reichsschlusse vom Jahre 1731, Art. 4. beibehalten, und auf sein Weib und seine Nachkommenschaft bis ins zweite Glied ausgedehnt worden. In dem neueren Reichsschlusse, vom Jahre

1772, sind aber die Kinder und Abkömmlinge der Abdecker, welche die Arbeit ihrer Eltern nicht mitgetrieben haben, noch treiben wollen, für zunftfähig und bei ehrlichen Gesellschaften für zuläßig erklärt worden. Die Söhne der Scharfrichter können dagegen akademische Würden erlangen, und es darf ihnen das Praktiziren nicht verwehrt werden. Eben so wenig dürfen sie von Handwerken und allen Gewerben ausgeschlossen werden, und ihre Töchter können sich an ehrliche Handwerker verheirathen.

Bei der peinlichen Urthelsvollstreckung pflegte der peinliche Richter zum Scharfrichter zu sagen: Meister Hans findet ihm das Urthel. Dieser antwortete: Wenn ich ihm das Urthel finden soll, so will ich ihn hinaus führen und legen auf vier Räder, auch richten über ihn zwischen Himmel und Erde, damit ers nicht mehr thue. Was nun den Abdecker anbetrifft, so dürfen alle Thiere, die nicht eßbar sind, des Gewinnstes wegen von Niemanden anders, als vom Abdecker getödtet und abgezogen werden. Man darf das verreckte Vieh bloß aus den Ställen und dem Hofe schaffen, und allenfalls auch auf den Schindanger schleppen. Wer ihm hierin Eingriffe thut, dem kann er durch Aufsteckung des Messers oder Stellung des Karrens vor die Thür beschimpfen. Hiervon sind bloß die Aerzte und Barbiere ausgenommen. Dann muß er insbesondere Aufsicht, über die Hunde trogen, und kann sie im Sommer bei Ermangelung eines Zeichens und jetzt, im Preußischen, eines Halsbandes mit dem Namen und der Wohnung des Inhabers, aufgreifen. Das Todtschlagen auf freier Straße, welches sonst üblich war, ist jetzt, als den Sitten entgegen, abgeschafft worden. Auch ist den Knechten im Preußischen anbefohlen worden, herrenlose oder mit keinem Halsbande versehene Hunde, zu allen Tageszeiten im Winter und Sommer aufzugreifen. Er darf ferner kein Luder frei liegen lassen, sondern muß es binnen 24 Stunden wegschaffen. Bei einer ausgebrochenen Viehseuche muß er das verreckte Vieh, welches man ihm nebst dem kranken Viehe jedesmal anzuzeigen hat, 5 Ellen oder 5 Schue tief auf dem Schindanger, der nicht zu nahe an der Landstraße oder am Orte angebracht seyn darf, unabgedeckt vergraben, und einen Rauch von Wachholder oder Brennholz umher machen. Wo keine Veterinärschulen vorhanden sind, sollen sie sich auch Kenntniß von der Vieharzneykunst erworben haben, und darüber examinirt werden. Es ist ihnen verboten, ihre Hunde weder in die Heiden, noch an infizirte Oerter mitzunehmen; auch dürfen sie nicht mit ihrem Karrengewinde, Geschirre und ihren Kleidern, die sie bei der Verscharrung des an der Seuche gefallenen Viehes gebraucht haben, durch andere Oerter fahren, oder sich derselben an gesunden Oertern wieder bedienen.

Was die öffentlichen Abgaben anbetrifft; so sind sie davon ganz befreiet; sie erhalten das Holz zum Bauen aus der Stadtheide umsonst geliefert, genießen die Accisefreiheit wegen ihrer Karrenpferde, nicht aber von andern Sachen. Was den Abdecker anbetrifft, s. auch den Art. Feld=Meister, Th. 12, S. 512 u. f.

[umfassende Quellenliste]

Zwei Beispiele eines hochnotpeinlichen Halsgerichts

Ernst Mühry, Hannoversche Gerichtszeitung für Schwurgerichte 1 (1850), S. 265 ff.

XXXI. Hinrichtungen des Bergmanns Georg Carl Wagener zu Zellerfeld und des Johann Heinrich Regulett zu Blumenthal.

I.

Actum Zellerfeld, den 9. August 1850, Morgens.

Gegenwärtig:

Berg- und Stadtrichter Neuß,
Bergamtsassessor Hunaeus,
Amtsassessor Wuthmann,
Bergamtsassessor Brüel,
Bergamtsauditor v. d. Bussche, Dr.

Nachdem zur Hinrichtung des zum Tode verurtheilten Inquisiten, Bergmanns Georg Carl Wagener von Clausthal, der heutige Tag bestimmt war, so hatten sich, zur Abhaltung des hochnothpeinlichen Halsgerichts, die obenstehenden Beamten, imgleichen der Gerichtsvoigt Büte, versammelt, und an der, auf hiesigem Marktplatze, dem Gefangenhause gegenüber, auf einer errichteten Tribüne befindlichen, Gerichtstafel die Mitglieder des Gerichts Platz genommen.

Gleich nach 9 Uhr wurde der Inquisit Wagener, im Armensünderanzuge und gefesselt, durch zwei Wächter und den Gefangenwärter Sander aus dem Gefangenhause vorgeführt, und wurde Inquisit, dessen Oberkörper nach vorn gebogen war, mehr von den Wächtern getragen, als daß er freiwillig ging. Die beiden Geistlichen, welche den Inquisiten in der letztern Zeit zum Tode vorbereitet hatten, begleiteten ihn.

Hiernächst wurde sodann die Sitzung von dem Berg- und Stadtrichter Neuß eröffnet, und der Inquisit Wagener, zuvor seiner Fesseln entledigt, vor die Schranken des Gerichts geführt, woselbst Inquisit, da er zu stehen nicht vermochte, auf einem Stuhle niedergesetzt, und von den beiden Wächtern und dem Gefangenwärter gehalten wurde.

Die im Laufe der Verhandlungen dem Inquisiten Wagener vorgelegten beiden Fragen, wörtlich lautend:

1. Georg Carl Wagener! du bist am 23. Mai d. J. vor dem Königlichen Schwurgerichtshofe zu Göttingen unter Anklage gestellt: daß du am 3. Juni 1849, Nachmittags, auf dem Schwarzenberge, dem Feldjäger Schmidt aus Camschlaken die, an dessen Kopfe, laut des Obductions-Protokolls vom 10. Juni 1849, und des gerichtsärztlichen Gutachtens vom 25sten desselben Monats, vorgefundenen, mehrfachen tödtlichen Wunden und Verletzungen, in Folge von Schlägen mit einer Art, mit überlegtem Vorsatze, zugefügt habest, und daß der Verwundete, in Folge dieser Läsionen, gestorben sei!

Ist es nicht so? Antworte!

2. Georg Carl Wagener! du bist durch den Ausspruch der Geschwornen schuldig erkannt, den Jäger Schmidt nach deinem, nicht überlegten, bestimmt und geradezu auf Tödtung gerichteten Vorsatze, mittelst Schlägen mit einer Art, tödtlich verwundet zu haben!

Ist es nicht so? Antworte!

wurden von ihm nicht beantwortet, und sind darauf von den Mitgliedern des Gerichts bezeugt.

Nachdem hierauf das vom Schwurgerichtshofe zu Göttingen, unterm 23. Mai d. J., abgegebene, und von des Königs Majestät nicht gemilderte, Todesurtheil dem Inquisiten nochmals wörtlich vorgelesen worden, wurde vom Berg- und Stadtrichter Neuß der Stab gebrochen, und Inquisit, Georg Carl Wagener, dem mit Vollziehung der Todesstrafe beauftragten Scharfrichter Schwarz aus Hannover übergeben, welcher, nachdem ihm und seinen Gehülfen Schutz bei Verrichtung der Execution gerichtsseitig verheißen war, die Vollziehung der erkannten Strafe zusagte.

Hierauf wurde sodann der Inquisit auf dem für ihn bereit gehaltenen Wagen, in Begleitung der beiden Geistlichen, Pastor Heering von hier und Pastor Armknecht aus Clausthal, unter dem Geläute der Armensünderglocke, fesselfrei durch den Ort nach dem, vor dem Schulenburger Holze, neben der Chaussee auf der Trift errichtete, Hochgerichte gefahren, und hier das wider ihn ergangene Todesurtheil von dem Scharfrichter Schwarz aus Hannover, in Gegenwart der unterzeichneten Beamten, rasch und mit großer Geschicklichkeit vollzogen. Das Haupt des, bei Abhaltung des Halsgerichts, auf dem Wege zum Richtplatze und auf das Schaffot fast getragenen und ganz zusammen gekauerten, Inquisiten Wagener wurde mit einem Hiebe vom Rumpfe getrennt, und erscholl, nach glücklich vollbrachter Execution, von der, zwischen 15 bis 20,000 Menschen betragenden, Zuschauermenge ein lautes Bravo.

Weder bei Hegung des Halsgerichts, noch auch bei Vollziehung der Execution, fiel die geringste Störung und Unordnung vor.

Actum ut supra

in fidem

Neuß. Wuthmann. Hunaeus. Brüel. v. d. Bussche.

Es war am 18. Julius a. c, daß der zum Tode, mittelst Enthauptung, verurtheilte Inquisit, Georg Carl Wagener, von Göttingen in das hiesige Gefangenhaus zurückgeliefert worden.

Alsobald übernahmen die beiden unterzeichneten Geistlichen des Verurtheilten specielle Vorbereitung zum Tobe, welches Geschäft, wegen Abwesenheit des einen und wegen der erst zu treffenden Wahl des andern Geistlichen aus Clausthal, während 2 Tage durch den Herrn Superintendenten Wohltmann in Zellerfeld gewiß kräftig genug vorbereitet warb. —

Die Arbeit schien vergeblich, und schon gab man männiglich die Hoffnung auf, daß der starre, verstockte Sinn würde gebrochen werben.

Deshalb wurden auch die beiden Geistlichen, nach Berathung mit den Ephoren der beiden Nachbarstädte, darin einig, daß an das heilige Abendmahl nicht gedacht werden könne. — Doch plötzlich brach der starre Sinn — von der Nacht des 6. auf den 7. August datirt sich der Anfang zur Reue —, und so hat denn der Inquisit heute, am 8ten m. c., bei dem Abschiede von seinen Kindern, gleichsam eine Verurtheilung seines bisherigen Lebens ausgesprochen. —

Deshalb will der unterzeichnete Geistliche aus Zellerfeld auch heute Abend nach 8 Uhr dem zur Buße kommenden Manne das heilige Abendmahl reichen; um so mehr, da er es selbst zu wiederholten Malen verlangt hat. — Er hat es empfangen in Gegenwart des Aebitums und der Amtsunterbedienten, mit zerknirschtem Sinn, weinend und wimmernd wie ein Kind, so daß es nicht mehr bezweifelt werben kann, er sei in sich gegangen. — Dieses ist bezeugt der strengsten Wahrheit gemäß.

Zellerfeld x.

Heering, P. Diaconus
in Zellerfeld.
Armknecht, Archidiac,
in Clausthal.

II.

Programm

wegen Hinrichtung des Delinquenten Johann Heinrich Regulett aus Rekum, Amts Blumenthal.

Der Tag der Hinrichtung ist auf Dienstag, den 20. August 1850, bestimmt.

Am Tage zuvor wird der Verurtheilte in die Gefängnisse des Amts Blumenthal abgeliefert, und von fünf Mann Landgendarmen bewacht.

Er wird durch die dazu aufgeforderten Prediger zum Tode bereitet.

Das peinliche Halsgericht wird zu Blumenthal auf dem Vorhofe des Gefangenhauses, vor der Eingangsthür desselben, abgehalten.

Der Richtplatz ist auf einem Hügel am Wege von Rekum nach Neuenkirchen.

Am Dienstage, den 20. August, Morgens 6 Uhr, wird das Gericht vom Kirchthurme zu Blumenthal herab eingeläutet, und dieses Geläute wiederholt sich um 8 und kurz vor 10 Uhr, jedesmal während 5 Minuten.

Um 8½ Uhr stellt sich eine Cavallerie-Abtheilung von 24 Mann vor dem Gefangenhause und den zu beiden Seiten desselben befindlichen Gärten, längs der Heerstraße, von dem Hause des Dr. jur. Rohdenburg bis zur Schleusenbrücke auf, um unbefugte Personen von dem Eintritte in den Vorhof des Gefangenhauses abzuhalten und die eingefriedigten, mit Früchten bestellten, Gärten und

Räume daneben vor Beschädigungen zu schützen, jedoch mit Freilassung der Straße selbst. Zum Schutze der neben und hinter dem Gefangenhause befindlichen, sowie der benachbarten Gärten wird ein Infanterie-Detachement von 25 Mann mit 2 Landgendarmen verwandt.

Zu derselben Zeit findet sich der Commandant der Landgendarmen mit der disponiblen Mannschaft auf dem Hofe vor dem Gefangenhause ein. Es dienen bis dahin, daß der Verurtheilte den Wagen besteigt, sämmtliche Landgendarmen, mit Ausnahme von drei Mann, welche den Delinquenten-Wagen begleiten, zu Fuß, und sorgen für Ruhe und Ordnung.

Um 7 Uhr wird der Verurtheilte gekleidet.

Um 8 Uhr begeben sich die Herren Prediger zu demselben, und bereiten ihn zum Tode.

Die Gerichtspersonen, in großer Uniform gekleidet, versammeln sich um 9½ Uhr, nebst dem Landphysicus Herrn Dr. Tasche aus Scharmbeck, im Gefangenhause.

Das Militair, soweit darüber nicht bereits vorstehend verfügt ist, versammelt sich Morgens, spätestens um 9 Uhr, auf dem Richtplatze, um solchen gegen den Andrang des Publikums zu schützen. Die Infanterie umkreiset den Richtplatz, und wird die Cavallerie dazu verwandt, die Auffahrt frei zu halten.

Die Gerichtstafel wird unterdessen auf dem Platze, vor dem Eingange zum Gefangenhause, aufgestellt, und der Tisch mit schwarzem Tuch bedeckt.

Auf den Tisch werden die Schwurgerichtsakten nebst dem Stabe niedergelegt.

Gegen 10 Uhr nehmen die Gerichtspersonen ihre Plätze an dem Tische ein.

Der Hausvoigt tritt auf die rechte Seite desselben, der Scharfrichter auf die unfern des Tisches.

Pünktlich 10 Uhr, wenn das letzte Geläute aufgehört hat, wird der Verurtheilte durch die Herren Prediger bis vor die Thür des Gefangenhauses, und von da durch den Gefangenwärter Lohse, bis auf etwa fünf Schritte Entfernung, vor das Gericht geführt. Er ist fesselfrei und ohne Kopfbedeckung.

Die Gerichtstafel wird von Landgendarmen umstellt.

Der Hausvoigt gebietet Stille.

Sämmtliche Gerichtspersonen erheben sich mit entblößtem Haupte von ihren Sitzen.

Der Dirigent eröffnet das Gericht mit folgenden Worten:

> „Es ist ein peinliches Halsgericht, zu dessen Abhaltung wir hier heute versammelt sind. Ich eröffne dieses peinliche Gericht im Angesichte des allmächtigen und allgegenwärtigen Gottes, des obersten und höchsten Richters. Ich eröffne es im Namen Sr. Majestät des Königs, unsers allergnädigsten Fürsten und Herrn, auf höhern Befehl und kraft erhaltenen Auftrages."

Hierauf setzen sich die übrigen Gerichtspersonen.

Der Dirigent bleibt stehen und spricht:

„Das peinliche Halsgericht ist eröffnet. Darum tretet vor:

Johann Heinrich Regulett aus Rekum! Ihr seid des Verbrechens der Ermordung des Steueraufsehers Wehe angeklagt, und wegen dieser Missethat in peinliche Untersuchung gerathen. Die Untersuchung hat stattgefunden vor dem Königlichen Schwurgerichtshofe in Stade; Ihr seid, nach abgelegtem Geständnisse, in öffentlicher Sitzung des Schwurgerichtshofes, des Todes schuldig gesprochen, und darauf zur Erleidung der gesetzlich verwirkten Strafe verurtheilt, die bei der Schwere des Verbrechens auch die Königliche Gnade nicht hat mildern können."

Der Dirigent läßt das Erkenntniß des Schwurgerichtshofes, mit Erwähnung des vom Oberappellationsgerichte abgegebenen Erkenntnisses und der verworfenen Begnadigungsgesuche, vorlesen (wobei die übrigen Gerichtspersonen sich erheben), und fährt dann fort:

„So ist denn die Strafe der Hinrichtung durch das Schwert gesetzlich und unabänderlich wider Euch ausgesprochen. Und da auch der Befehl unverzögerter Vollziehung dieser Todesstrafe ergangen ist, so breche ich diesen Stab zum sinnbildlichen Zeichen Eurer nicht abzuwendenden Trennung von der lebenden Menschheit. Aber wir heben unsere Blicke zum Himmel empor, den Allbarmherzigen zu bitten, daß Er Euch als reuigen Sünder Vergebung angedeihen lassen, und Euch aus Gnaden in sein höheres himmlisches Reich aufnehmen wolle."

Der Scharfrichter tritt vor, und der Dirigent spricht zu ihm:

„Wir übergeben Ihnen diesen Verurtheilten, damit Sie die Todesstrafe durch das Schwert an ihm vollziehen.

Handeln Sie dabei nach Pflicht und Gewissen."

Der Dirigent verkündet sodann die Beendigung des peinlichen Halßgerichts, indem er spricht!

„Das peinliche Halsgericht ist beendigt."

Sobald diese Worte gesprochen sind, fahren die Wagen vor, welche zuvor, um 9½ Uhr, auf der Straße, in der Nähe des Gefangenhauses, sich eingefunden, und unter Aufsicht des Hausvoigts sich geordnet haben.

Sie folgen in nachstehender Ordnung:

1. der vierspännige Wagen für den Delinquenten, an dessen Seite ein Landgendarm sitzt, in Begleitung der beiden Herren Prediger;
2. der Wagen des Scharfrichters;
3. der Wagen der Gerichtspersonen und des Landphysicus;
4. der Wagen für den Rücktransport der Herren Prediger.

Der, Verurtheilte besteigt den Wagen zuerst. Er und der begleitende Landgendarm fahren rückwärts; beiden gegenüber die Prediger.

(Eine Aufsteige-Leiter wird mitgenommen.)

An jeder Seite des Wagens reitet ein Landgendarm; der Commanbant derselben hinter dem Delinquenten-Wagen. Sobald der Zug vom Gefangenhause sich in Bewegung setzt, werden die Glocken vom Blumenthaler Kirchthurme geläutet, und wird damit eine Viertelstunde fortgefahren.

Der Zug nach dem Richtplatze beobachtet folgende Ordnung:

Der Zug wird von einem Detachement Cavallerie eröffnet.

Es folgt:

1. der Wagen des Delinquenten mit seiner Bedeckung;
2. der Wagen des Scharfrichters;
3. der Wagen der Gerichtspersonen und des Landphysicus.

Der Zug wird von einem Detachement Cavallerie beschlossen.

Der Amtsvoigt Rohr zu Neuenkirchen hat früh Morgens, durch die beorderten Arbeiter, den Richtplatz, nach näherer Anweisung, abzupfählen, und mittelst eines Seils den dadurch gebildeten Kreis völlig abschließen zu lassen, doch so, daß die Anfahrt einstweilen offen bleibt.

Außer den Gerichtspersonen, dem Landphysicus, dem Scharfrichter mit seinen Leuten, den Amtsunterbedienten und Landgendarmen, sowie den Commandeurs der verschiedenen Waffengattungen, wird Niemand in den Kreis gelassen.

Die Amtsunterbedienten und Landgendarmen sorgen für Ordnung, und hindern den Andrang der Menschen zum Richtplatze,

Nun formirt die Infanterie den Kreis am Fuße des Richthügels, und die begleitende Cavallerie stellt sich, vereint mit der bei dem Richtplatze befindlichen, unfern des letztern, auf.

Der Delinquent wird bei seiner Ankunft an der Gerichtsstätte zwischen den beiden Predigern, und in Begleitung eines Landgendarmen, zum Hügel hinauf geführt, nachdem der Scharfrichter mit seinen Gehülfen sich schon dahin begeben hat.

Vor dem Aufgange zum Richtbügel nehmen die Amtsunterbedienten und der Commandant der Landgendarmerie zuvor dort ihren Platz.

Die Beamten begeben sich auf den Richthügel.

Der Delinquent erhält den letzten Trost der Religion durch die Geistlichen.

Der Scharfrichter verichtet (sic!) die Execution.

Das Grab des Hingerichteten ist schon vorher am Fuße des Richthügels hergestellt, und der Sarg in Bereitschaft gehalten.

Das Einlegen der Leiche, Vernageln des Sarges, Einsenken desselben in die Gruft, geschieht durch die Gehülfen des Scharfrichters.

Ein stilles Gebet macht den Schluß der ganzen traurigen Handlung.

Dem Scharfrichter und dessen Gehülfen wird auf dem Rückwege das Geleite durch ein Cavallerie-Detachement, auf Verlangen, gegeben.

Actum Blumenthal, den 20. August 1850.

Gegenwärtig:

Oberamtmann Brauns,
Amtsassessor Niemeyer,
" Langenbeck,
Amtsauditor von Einem.

In Gemäßheit des Rescripts der Königlichen Justiz-Canzlei zu Stade, vom 2/4. d. Mts., hatten die obenstehend benannten Beamten, als von den Aemtern Blumenthal und resp. Osterholz dazu deputirt, sich heute in Blumenthal, behuf Abhaltung des hochnothpeinlichen Halsgerichts über den zum Tode durch das Schwert verurtheilten Johann Heinrich Regulett aus Rekum, zusammen gefunden.

Nachdem es bereits 10 Uhr Morgens geworden, der Verurtheilte um 7 Uhr gekleidet, und zwar mit weißem Beinkleide, weißem Kittel und weißer Mütze mit schwarzem Besatze angethan war, um 8 Uhr auch geistlichen Trost und Zuspruch durch die dazu requirirten Prediger, Superintendent Ruperti aus Lesum und Pastor Brüning aus Osterholz, erhalten hatte, fanden sich die obenstehend benannten Beamten, nebst dem Landphysicus Dr. Tasche aus Scharmbeck, im Gefangenhause zu Blumenthal ein, woselbst der Delinquent seit gestern detinirt wurde. Außerdem hatten sich die besagten Prediger dorthin begeben, wie auch die Amtsassessoren Freese und Albers aus Blumenthal.

Nachdem Johann Heinrich Regulett um 10 Uhr durch die Prediger bis vor die Thür des Gefangenhauses, und von da durch den Gefangenwärter weiter in die Nähe einer, unter freiem Himmel, in dem vor dem Gefangenhause befindlichen Hofe aufgestellten, schwarz behangenen Tafel geführt war, an welcher die in großer Uniform gekleideten Beamten zuvor sich niedergesetzt hatten, wurde dem Delinquenten ein Platz, etwa zwei Schritte von der Gerichtstafel entfernt, angewiesen, welchen er stehend und fesselfrei einnahm, während durch den Dirigenten des hochnothpeinlichen Halsgerichts, Oberamtmann Brauns, an ihn diejenige Rede gehalten wurde, welche in dem, diesem Protokolle angelegten, Programme enthalten ist. Darnach verlas der Amtsassessor Niemeyer das Erkenntniß des Königlichen Schwurgerichts zu Stade, vom 4. Mai d. J., und erklärte öffentlich, daß die gegen dieses Urtheil verfolgte Nichtigkeitsklage vom Königlichen Oberappellationsgerichte, mittelst Erkenntnisses vom 31. Mai 1850, verworfen, und die an des Königs Majestät gerichteten Begnadigungsgesuche abgeschlagen seien.

Während der Rede des Präsidenten, und bei Eröffnung des Urtheils, erhoben sich sämmtliche Beamten mit entblößtem Haupte und setzten sich, mit Ausnahme des Redners, bei den die Eröffnung des Urtheils betreffenden Worten.

Eine sehr große Menschenmenge hatte sich vor und in der Nähe des Gefangenhauses eingefunden; es wurde das Terrain, auf welchem das Gericht gehegt ist, durch Cavallerie und Infanterie vor dem Zudrange derselben geschützt.

Nach den Worten des Amtsassessors Niemeyer brach der Präsident den Stab, übergab dem Scharfrichter den Delinquenten, und verkündete den Schluß des Halsgerichts.

Es setzte sich darnach der Delinquent fesselfrei auf den für ihn bestimmten Wagen, desgleichen die ihn begleitenden Prediger; die Gerichtspersonen sammt dem Scharfrichter folgten in der im Programme näher bezeichneten Weise.

In fidem

Niemeyer. Langenbeck.

Continuatum in der Rekumer Haide, den 20. August 1850.

Gegenwärtig:

Amtsassessor Niemeyer,
" Albers und Freese,
" Langenbeck,
Amtsauditor von Einem.

Nachdem das hochnothpeinliche Halsgericht abgehalten war, begab sich das Gerichtspersonal, aus den oben benannten Personen bestestend, auf den Weg zum Richtplatz, welcher nicht der im Programm bezeichnete, vielmehr ein anderer, später aus Gründen der Zweckmäßigkeit gewählter, ist. Der Delinquent fuhr mit den Geistlichen auf einem vierspännigen Wagen voran, der übrige Zug, welchem Taufende von Zuschauern folgten und bereits voran gegangen waren, fand ganz in der im Programm bezeichneten Weise Statt, auch unter derselben militairischen Bedeckung. Der Weg bis zu dem, auf der Grenze zwischen Rekum und Farge liegenden, Richthügel dauerte eine kleine Stunde, war wegen des sehr stürmischen Wetters, Regens, Blitzes, Donners und Hagels ein sehr beschwerlicher und anstrengender. Das Militair und die Gendarmerie hielten musterhafte Ordnung; Nichts störte dieselbe, hier so wenig, als zuvor das Halsgericht.

Nachdem man auf dem Richthügel angelangt war, und der starke Regen etwas nachgelassen hatte, trennte der Scharfrichter Schwarz mit einem einzigen Hiebe das Haupt des Delinquenten meisterhaft vom Rumpfe. Johann Heinrich Regulett benahm sich bei dieser ganzen Scene gesetzt, und allem Anschein nach reumüthig. Die Geistlichen wichen bis zum letzten Augenblicke nicht von ihm. Pastor Brüning sprach einige Worte vor der Hinrichtung, Superintendent Ruperti hielt eine Rede unmittelbar nach der Execution. Die Leiche des Hingerichteten wurde nach diesem sofort auf dem Richtplatze beerdigt, dessen vorläufige Bewachung den Gendarmen aufgegeben wurde.

In fidem

Niemeyer. Langenbeck.

An
das Königliche Criminalamt
Osterholz.

Das unterm heutigen Dato von mir erforderte Attestat kann ich, der Wahrheit gemäß, dahin hierdurch ertheilen:

Daß ich den, wegen Mordes zum Tode verurtheilten, Johann Heinrich Regulett aus Rekum, auf Benachrichtigung resp. Ersuchen des Königlichen Criminalamts Osterholz vom 6. August d. J. an, als dem Tage der Hinrichtung, fast täglich, und zum Theil zwei Mal des Tages, als Seelsorger besucht und gehörig zum Tode vorbereitet habe.

Ich habe den Delinquenten im Ganzen empfänglich und bußfertig, seinen Mordfrevel bereuend, auch die Strafe als verdient anerkennend, und also mit vielen Thränen Trost suchend mehr und mehr befunden, obgleich man die Buße und Zerknirschung über den Gräuel seiner Sünde, um des Heils seiner armen Seele willen, immer gern noch inniger und bis in den Grund des Herzens noch gewaltiger eindringend zu wünschen und ihn zu erflehen, zum Theil betrübenden Anlaß finden mußte.

Am 19. August, Morgens um 9 Uhr, hat er, auf sein den 17ten ejus, Abends, mir aus eigenem Antriebe ausgesprochenes Verlangen, die heilige Communion durch meine Hand empfangen, wobei er sehr gerührt und tief gebeugt sich zeigte. Auf dem Wege zur Hinrichtung, während des mehr als 1½ stündigen Weges, hat er sich durchaus würdig, d. h. in Buße gebeugt, und durch den Heiland der Sünder Trost suchend und annehmend, bewiesen, und hat, also in Gott gefaßt, betend, und nach dem über ihn, auf den Todesstuhl sitzend, laut von mir gesprochenen Segen des dreieinigen Gottes, den durch seine gräuliche Mordthat leider! wohlverdienten Todesstreich empfangen. Gott sei seiner armen Seele gnädig! —

Pfarre zu Osterholz, den 22. August 1850.

Brüning, Pastor.

Scharfrichter in Preußen und im Deutschen Reich

Bilderlahe: Ortsteil der Stadt Seesen im Landkreis Goslar. Der Ortsteil mit etwa 500 Einwohnern liegt nahe dem Harz an den Ufern der Nette.

Carolina: Die wichtigsten Gerichtsordnungen des gemeinen Rechts waren für den Zivilprozess die Kammergerichtsordnungen von 1495 und 1555 und für den Kriminalprozess die von Kaiser Karl V. auf dem Reichstag zu Regensburg am 27. Juli 1532 als Gesetz („Des Kaisers Karl V. und des Heiligen Römischen Reiches Peinliche Gerichtsordnung") angenommene, von dem fränkischen Freiherrn und Bamberger Hofmeister Johann von Schwarzenberg und Hohenlandsberg entworfene peinliche Halsgerichtsordnung (Carolina, C. C. C., d. h. Constitutio criminalis Carolina). Die Carolina war das letzte große Werk der Reichsgesetzgebung. (Vgl. HÜSNIYE SAYGIN, Strafrechtsgeschichte- eine Quellenexegese von Teilen der Lex Salica, der Constitutio Criminalis Carolina und Beccaria, Quellenexegese, Norderstedt 2006, Seite 8.)

Carnifex: Lateinischer Begriff, der zunächst für Scharfrichter und Henker steht. Übertragen bedeutet er zudem Peiniger, Folterer, Schinder.

Georg V.: (1819-1878). Sohn von König Ernst August (1771-1858), 1851 bis 1866 König von Hannover. Der exilierte Monarch, der im Alter von 13 Jahren vollständig erblindet war, weigerte sich bis zum Schluss, seine Ansprüche auf das Königreich Hannover aufzugeben und die Annexion anzuerkennen.

Karl V.: (1500-1558). Kaiser Karl V. war eine der bedeutendsten Herrscherpersönlichkeiten der europäischen Geschichte. Als König von Spanien, Neapel und Sizilien, Kaiser des heiligen römischen Reiches deutscher Nation, Herrscher in Flandern, den Niederlanden und über große Gebiete in Mittel und Südamerika ging in seinem Reich tatsächlich die Sonne nicht unter. Zum ersten Mal wurde Europa in den Mittelpunkt eines Weltreiches gestellt. Karls Versuch, eine überregionale Ordnung für den ganzen Kontinent zu erreichen, scheiterte jedoch. Mit seinen Triumphen und Niederlagen, seinen Hoffnungen und Enttäuschungen stand er im Zentrum der Wende vom Mittelalter zur Neuzeit. (Vgl. Biographisch-Bibliographisches Kirchenlexikon, Band III (1992), Spalten 1140-1151, Autor: Urs Leu.)

Reichsstrafgesetzbuch: Das Reichsstrafgesetzbuch (RStGB) war das Strafgesetzbuch für die Staaten des Deutschen Reichs. Es wurde am 15. Mai 1871 verkündet (RGBl. 1871 S. 127) und trat am 1. Januar 1872 in Kraft.

Eduard Stemplinger: (1870-1964). Bekannter Gymnasiallehrer und Schriftsteller. Über 60 Bücher stammen aus seiner Feder.

Wilhelm II.: (1859-1941). Die deutsche Geschichte des zwanzigsten Jahrhunderts begann mit Wilhelm II. Er war von 1888 bis 1918 letzter Deutscher Kaiser und König von Preußen. Mit vollem Namen hieß der Monarch Friedrich Wilhelm Viktor Albert von Preußen.

Literatur

Matthias Blazek: Hexenprozesse – Galgenberge – Hinrichtungen – Kriminaljustiz im Fürstentum Lüneburg und im Königreich Hannover, Stuttgart 2006

Realität, Heimatgeschichte und Spannung in einem: Beschreibungen zahlreicher Kriminalfälle und Einzelschicksale zwischen Hamburg und Hannover.

Matthias Blazek: Carl Großmann und Friedrich Schumann – Zwei Serienmörder in den zwanziger Jahren, Stuttgart 2009

Die Serienmörder Carl Großmann und Friedrich Schumann (und kurz: Karl Denke).

Matthias Blazek: Haarmann und Grans – Der Fall, die Beteiligten und die Presseberichterstattung, Stuttgart 2009

Dieses Buch setzt neue Schwerpunkte. Hier steht weniger die Vorgeschichte im Vordergrund als die Ereignisse seit Haarmanns Festsetzung. Erstmals wird der komplette Presserummel um den „Werwolf von Hannover" ausgewertet. Bisher in der Literatur widersprüchlich dargestellte Informationen sind in diesem Buch auf Quellen basierend abgebildet.

Johann Dachs: Tod durch das Fallbeil – Der deutsche Scharfrichter Johann Reichhart (1893-1972), Berlin 2001

Als der Autor und pensionierte Polizist Johann Dachs 16 Jahre alt war, gab er dem Henker Reichhart die Hand – in der Stadtverwaltung von Straubing im August 1944. Reichhart unterhielt sich mit Dachs' Vorgesetztem, klagte dem Kriegskameraden, das „Attentat auf Hitler" mache ihm „viel Arbeit". (FOCUS Nr. 35 [1996])

Anna Ehrlich: Hexen, Mörder, Henker – Die Kriminalgeschichte Österreichs vom Mittelalter bis zur Gegenwart, Wien 2006

Die Historikerin und Juristin der Wiener Universität Dr. phil. Dr. iur. Anna Ehrlich spricht unter anderem über das Alltagsleben der Henker und auch über den NS-Henker Reichhart und seinen traurigen Rekord.

Richard J. Evans: Rituale der Vergeltung – Die Todesstrafe in der deutschen Geschichte 1532-1987, Hamburg 2001

Der in Cambridge lehrende Historiker Evans legt mit 1300 Seiten das umfassendste Werk zum Thema Todesstrafe in Deutschland vor.

Victor von Falk: Der Scharfrichter von Berlin – Roman nach Acten, Aufzeichnungen und Mittheilungen des Scharfrichters Julius Krautz, Berlin 1890

Roman mit 3119 Seiten.

Johann Glenzdorf, Fritz Treichel: Henker, Schinder und andere arme Sünder, 2 Bände, Münder/Deister 1970

Band 1: Beiträge zur Geschichte des deutschen Scharfrichter- und Abdeckerwesens.
Band 2: 5800 Scharfrichter- und Abdeckerfamilien.

Franz Irsigler, Arnold Lassotta: Bettler und Gaukler, Dirnen und Henker – Außenseiter in einer mittelalterlichen Stadt, Köln 1300-1600, Köln 1984/1989 (10. Auflage 2004)

Das Buch befasst sich im Wesentlichen mit der mittelalterlichen Gesellschaft der Stadt Köln. Das Buch wurde in Zusammenarbeit mit dem Kölnischen Stadtmuseum von Prof. Dr. Heiko Steuer herausgegeben. Seite 228 ff.: „Der Henker und seine Gesellen".

Albrecht Keller: Der Scharfrichter in der deutschen Kulturgeschichte (= Bücherei der Kultur und Geschichte 21), mit einem Vorwort von Christian Helfer, Bonn/Leipzig 1921, Nachdruck Hildesheim 1968, herausgegeben, bearbeitet und mit weiteren Fallbeispielen versehen von Michael Kirchschlager 2007

Der Historiker Dr. Albrecht Keller legte hiermit erstmals ein umfassendes und seriöses populärwissenschaftliches Buch zur Geschichte des deutschen Henkers vor. Keller verfolgt den Wandel des Rechtssystems von der grauen Vorzeit bis in die frühe Neuzeit und erklärt damit, wie es zur Herausbildung der Institution des Scharfrichters kam.

Tankred Koch: Geschichte der Henker – Scharfrichter-Schicksale aus acht Jahrhunderten, Herrsching 1991 (zuerst Heidelberg 1988)

Blutrünstig und grausam wie ihr Handwerk ist die Chronik der Scharfrichter und Henker. Ein düsteres und faszinierend makabres Kapitel der europäischen Kriminalgeschichte. 360 Seiten starkes Werk mit zahlreichen, sonst nicht frei verfügbaren Details über Scharfrichter nicht nur aus Deutschland.

Jutta Nowosadtko: Scharfrichter und Abdecker – Der Alltag zweier „unehrlicher Berufe" in der Frühen Neuzeit, Paderborn 1994

Die Autorin, Professorin für Sozial- und Wirtschaftsgeschichte der Frühen Neuzeit, präsentiert eine umfangreiche Auswertung des vorhandenen Archivmaterials über sämtliche Münchener Scharfrichter und Abdecker vor 1800 plus einiger von deren Kollegen in anderen Landesteilen Bayerns. Gegenstand der Untersuchung sind vor allem die wirtschaftliche Situation und die familiären Beziehungen beider Berufsgruppen, aber auch ihre gesellschaftliche Funktion zum Beispiel in der Medizin.

Petra Pechaček: Scharfrichter und Wasenmeister in der Landgrafschaft Hessen-Kassel in der frühen Neuzeit, Frankfurt am Main 2003

Anhand des umfangreichen Quellenmaterials werden die Tätigkeitsbereiche des Scharfrichters Strafvollzug, Abdeckereiwesen und „Medizin" beleuchtet. Ein weiterer Schwerpunkt liegt auf dem sozialen Umfeld und der gesellschaftlichen Stellung des Scharfrichters. Ein Blick auf den Wandel des Berufsbildes seit Ende des 18. Jahrhunderts schlägt den Bogen zur Gegenwart.

Eike Pies: Scharfrichter- und Schindersippen – Geschichte einer „unehrlichen" Berufsgruppe vom 16. zum 18. Jahrhundert, dargestellt am Beispiel des ehemaligen Kurfürstentums und Erzstifts Trier sowie in den angrenzenden Herrschaften, Quellen zur Familienforschung, Band 2/1, Solingen 2001

In diesem Buch werden Verfassung und Verwaltung sowie das Gerichtswesen im Kurfürstentum Trier geschildert und der Begriff der „Unehrlichkeit" erläutert. Der Autor berichtet weiter über Tätigkeitsbereiche, Berufssprache, Kleidung, Ausbildung, Werkzeuge, soziale Bildung und wirtschaftliche Verhältnisse der Scharfrichter, Henker und Wasenmeister bis hin zu ihrer Ehrlichsprechung. Es folgen die Strafvollzugsmaßnahmen mit Torturen, Leibes- und Lebensstrafen sowie fünf Protokolle von Hinrichtungen (1591-1803).

Henri Sanson: Tagebücher der Henker von Paris 1685-1847, nach einer zeitgenössischen deutschen Ausgabe ausgewählt von Eduard Trautner, Bibliothek des 18. Jahrhunderts, zwei Bände, Potsdam 1923

Die tragische Geschichte vom Anfang der berühmten französischen Henkerdynastie Sanson, über die Revolution bis hin zur Mitte des 19. Jahrhunderts, erzählt vom letzten Henker aus der Familie Sanson.

Ernst Schubert: Räuber, Henker, arme Sünder – Verbrechen und Strafe im Mittelalter, mit einem Nachwort von Thomas Vogtherr, Darmstadt 2007

Der Göttinger Landeshistoriker Ernst Schubert (1941-2006) erzählt von Hexen und Galeerenstrafen, vom Ausrauben des Opferstockes, vom Betrug beim Wiegen von Lebensmitteln, vom kleinen Diebstahl, von Folter, Mord und Totschlag. Insgesamt legt der Verfasser besonderen Wert auf die kulturelle Verankerung des Strafens in der mittelalterlichen Gesellschaft und sucht das mit einer chronologisch wie geografisch besonders breiten Streuung konkreter Belegstellen zu verdeutlichen. Fast 3000 Anmerkungen führt Schubert an.

Lorenz Schwietz: Das Tagebuch des Scharfrichters Schwietz aus Breslau über seine 123 Hinrichtungen, bearbeitet von Helmuth Kionka, Breslau 1924

Memoiren von Lorenz Schwietz, die E. Ruessmann verlegte, kurz bevor Schwietz sich das Leben nahm, mit zwei eingedruckten Bildnissen.

Wiebke Seitz: Vom Umgang mit Außenseitern und Randgruppen: Die Entstehung des Scharfrichters und seiner Aufgaben sowie seine Einordnung in die Gesellschaft des späten Mittelalters und der frühen Neuzeit, Hauptseminararbeit, Flensburg 2003

Die Autorin schreibt in der Einleitung: „Im Speziellen betrachte ich die den Scharfrichter von seiner Entstehung im späten Mittelalter bis zu seiner in der Neuzeit endenden Professionalisierung. Wie entwickelte sich sein Amt? Was waren seine Aufgaben und welche Personen nahmen sich ihrer an? In diesem Zusammenhang soll auch geklärt werden, was für ein Selbstkonzept die Scharfrichter hatten und wie sie sich innerhalb der Gesellschaft organisierten und arrangierten. Abschließen behandle ich die Frage, welche Auswirkungen die Unehrlichkeit speziell auf den Scharfrichter hatte, und wie der Umgang mit ihm war."

Harald Seyrl (Hrsg.): Die Erinnerungen des böhmischen Scharfrichters, erweiterte, kommentierte und illustrierte Neuauflage der im Jahre 1929 erschienenen Lebenserinnerungen des k.k. Scharfrichters Leopold Wohlschläger, Wien 1997

Im Jahre 1929 verfasste der böhmische (inzwischen tschechische) Scharfrichter Leopold Wohlschläger seine Erinnerungen an seine jahrzehntelange Tätigkeit als Henker von Prag. Als er selbst Scharfrichter von Böhmen wurde, hatte er auch Hinrichtungen im heutigen Österreich, wie in Wien oder in Wels, zu vollstrecken. Die Erinnerungen wurden aus dem Tschechischen übersetzt, umfangreich kommentiert, reich illustriert, 248 Seiten.

Harald Seyrl (Hrsg.): Die Erinnerungen des österreichischen Scharfrichters, erweiterte, kommentierte und illustrierte Neuauflauflage der 1920 erschienenen Lebenserinnerungen des k.k. Scharfrichters Josef Lang, Wien 1996

Eine der populärsten Figuren aus dem Wien der Zeit um 1900 war Josef Lang, seines Zeichens k.k. Scharfrichter von Wien. Er verfasste 1925 seine Erinnerungen an die Jahre seiner Tätigkeit und an viele Hinrichtungen, die auch zu einem Stück Zeitgeschichte geworden waren. In einem Anhang ist die Geschichte der Todesstrafe in Österreich von 1933 bis 1950 ausführlich in Wort und Bild behandelt, reich illustriert, 248 Seiten.

Thomas Waltenbacher: Zentrale Hinrichtungsstätten – Der Vollzug der Todesstrafe in Deutschland von 1937-1945 / Scharfrichter im Dritten Reich, Berlin 2008

Dieses Buch verdeutlicht die Modernisierung des Vollzugs der gesetzlich angedrohten Todesstrafe im Deutschland der 30er und 40er Jahre durch das Konzept einer konsequenten Intramuranhinrichtung, der einheitlichen Anwendung maschineller Enthauptungsgeräte und der Schaffung zentraler Vollstreckungsorte.

Im Buch verwendete Abkürzungen:

Abs.	Absatz
Abt.	Abteilung
a. c.	*anni currentis*, lateinisch für „laufenden Jahres“
Anl.	Anlage
Aufl.	Auflage
BA	Bundesarchiv Berlin
bearb.	bearbeitet
betr.	betreffend
Bl.	Blatt
Diss.	Dissertation
Dr. phil. Dr. iur.	Doktor(in) der Philosophie und Doktor(in) der Rechtswissenschaften
etc.	et cetera (und so weiter)
f.	folgend
ff.	folgende
GStA	Geheimes Staatsarchiv (Berlin)
Hrsg.	Herausgeber
hrsg.	herausgegeben
IRK	Kommission des Internationalen Roten Kreuzes
kk	kaiserlich und königlich
Nr.	Nummer
NRW	Nordrhein-Westfalen (Landesarchiv)
o. ä.	oder ähnlich
Rep.	Repertorium
RGBl.	Reichsgesetzblatt
RJM	Reichsjustizministerium(s)
RM.	Reichsmark
S.	Seite
s. Zt.	seiner Zeit
Thür.	Thüringen
u. a.	hier: und andere
usw.	und so weiter
Vgl.	Vergleiche
x.	etc., et cetera

DER VERFASSER

Matthias Blazek

Heimatkundler.

Veröffentlichungen:

Dörfer im Schatten der Müggenburg, 1997.
L'Histoire des Sapeurs-Pompiers de Fontainebleau, 1999.
Ahnsbeck, 2003.
Dorfgeschichte Wiedenrode, 2004.
Die Geschichte der Bezirksregierung Hannover im Spiegel der Verwaltungsreformen, 2004.
Dorfchronik Nienhof, 2005.
Schillerslage, 2005.
75 Jahre Ortsfeuerwehr Wienhausen, 2005.
Hexenprozesse – Galgenberge – Hinrichtungen – Kriminaljustiz im Fürstentum Lüneburg und im Königreich Hannover, 2006.
Das niedersächsische Bandkompendium 1963-2003, 2006.
Das Löschwesen im Bereich des ehemaligen Fürstentums Lüneburg von den Anfängen bis 1900, 2006.
Das Kurfürstentum Hannover und die Jahre der Fremdherrschaft 1803-1813, 2007.
75 Jahre Niedersächsische Landesfeuerwehrschule Celle 1931-2006, 2007.
Celle – Neu entdeckt, 2007.
Geschichten und Ereignisse um die Celler Neustadt, 2008.
Die Hinrichtungsstätte des Amtes Meinersen, 2008.
Haarmann und Grans – Der Fall, die Beteiligten und die Presseberichterstattung, 2009.
Carl Großmann und Friedrich Schumann – Zwei Serienmörder in den zwanziger Jahren, 2009.
Helmerkamp – unser Dorf, 2009.
Unter dem Hakenkreuz: Die deutschen Feuerwehren 1933-1945, 2009.
Wathlingen – Geschichte eines niedersächsischen Dorfes, Band 3, 2009.
Zahlreiche weitere Aufsätze und Quellenveröffentlichungen zur niedersächsischen Landesgeschichte.

Matthias Blazek:
Von der Landdrostey zur Bezirksregierung – Die Geschichte der Bezirksregierung Hannover im Spiegel der Verwaltungsreformen

Sie bestanden etwas über 180 Jahre: die niedersächsischen Bezirksregierungen. Zum 31. Dezember 2004 wurde das Ende der traditionellen Mittelbehörde besiegelt. Erstmals liegt nunmehr ein ausführliches Werk zur Geschichte der Bezirksregierung Hannover vor.

Matthias Blazek, geboren 1966 in Celle, Abitur 1987 an der Lutherschule Hannover, Studium an der Fachhochschule für Allgemeine Verwaltung in Hildesheim, verheiratet, drei Kinder, Publizist, Verfasser zahlreicher Dorf- und Verbandschroniken und Autor des „Sachsenspiegels“ der Celleschen Zeitung, hat sich in mühevoller Archivarbeit einem Thema gewidmet, das nunmehr auf 100 Seiten abgedruckt ist und einen interessanten wie fundierten Einblick in die Geschichte der Behörde und der Landeshauptstadt selbst gewährt.

Alles in allem liegt hier ein Nachschlagewerk für Verwaltungsmitarbeiter und Heimatkundler vor.

ISB N: 3-89821-357-9
ibidem, Stuttgart 2004, 102 S., 14,90 €

Matthias Blazek:
Hexenprozesse – Galgenberge – Hinrichtungen – Kriminaljustiz im Fürstentum Lüneburg und im Königreich Hannover

„Ich gebe zu, dass ich von vielen Kapiteln nur die Überschriften gelesen habe. Von Inquisitionen und Hinrichtungen, von Hexenverbrennungen und Martern, von Räubern, Mördern und von ihren Scharfrichtern konnte ich keine weiteren Details mehr ertragen. Aber diesen wahrhaft peinlichen Bereich der Heimatgeschichte nicht auszublenden, sondern öffentlich zugänglich zu machen, ist ohne Zweifel verdienstvoll."
Wathlinger Echo

Realität, Heimatgeschichte und Spannung in einem: Matthias Blazek fesselt den Leser mit seinem neuen Werk, „Hexenprozesse – Galgenberge – Hinrichtungen – Kriminaljustiz im Fürstentum Lüneburg und im Königreich Hannover". Der Chronist und Heimatkundler aus Adelheidsdorf hat die Ergebnisse seiner umfangreichen Recherchen in den niedersächsischen Archiven zu Papier gebracht. Zahlreiche Einzelschicksale aus den Orten um Celle, Uelzen, Lüneburg, Burgdorf, Lüchow und Dannenberg hat er zu Papier gebracht. Lücken in den Dorfchroniken werden geschlossen, wenn die Kriminalverbrechen angesprochen werden. Zu guter Letzt erfährt der Fall des Nickel List eine völlig neue Bewertung durch die Zuziehung weitgehend unberücksichtigter Quellen.

ISB N: 3-89821-587-3
ibidem, Stuttgart 2006, 320 S., 29,90 €

Matthias Blazek:
Das Kurfürstentum Hannover und die Jahre der Fremdherrschaft 1803-1813

„Schließlich kann man Matthias Blazeks Buch auch deshalb lesen, weil es – bei aller Genauigkeit – unterhaltsam ist.“
Schaumburger Wochenblatt

Diese Arbeit nimmt sich der Epoche der französischen Fremdherrschaft, der „Franzosenzeit“, der Jahre 1803 bis 1813 an. Es war die Zeit, in der der Kaiser der Franzosen Napoleon I. Niedersachsen in sein Kaiserreich einverleibte und für seinen jüngsten Bruder ein neues Königreich, das Königreich Westphalen, schuf. Das Kurfürstentum Hannover hatte sehr unter den Kontributionen zu leiden, die Franzosen nisteten sich scharenweise in den Häusern ein und ließen es sich gut gehen. Erst die Völkerschlacht bei Leipzig im Jahre 1813 setzte dem Treiben ein Ende.

Obwohl beispielsweise während des letzten Krieges wesentliche Akten aus der französischen Besatzungszeit 1803/04 in unseren Archiven verloren gegangen sind, können wir anhand des verbliebenen Materials doch noch mancherlei Einblicke in diese Zeit gewinnen und einige Schlaglichter auf die damaligen Verhältnisse in unserer Heimat werfen.

ISB N: 3-89821-777-9
ibidem, Stuttgart 2007, 152 S., 14,90 €

Matthias Blazek:
Die Hinrichtungsstätte des Amtes Meinersen

Inwieweit die in alten Karten eingezeichneten „Gerichte" auch zwingend Richtstätten waren, auf denen „arme Sünder" vom Leben zum Tod befördert wurden, ist nicht immer mit Bestimmtheit zu sagen, da die Quellenlage in Bezug auf die Kriminalgerichtsbarkeit in den Ämtern allgemein recht spärlich ist.

In Bezug auf Ohof ist die Aktenlage eindeutig. Diese Hinrichtungsstätte stellt in den Lüneburgischen Landen einen Sonderfall dar. Hier, an der Grenze Meinersens gegen Peine, war die Hinrichtungspraxis enorm. Bis zum Jahre 1829 wurden dort vermutlich fast 70 Kriminelle ins Jenseits befördert.

Matthias Blazek hat sich in mühevoller Archivarbeit einem Thema gewidmet, das nunmehr auf 150 Seiten abgedruckt ist und einen interessanten wie fundierten Einblick in diesen Abschnitt der niedersächsischen Landesgeschichte gewährt. Ein Register hilft dem Leser bei der Suche nach Angaben aus den 46 Dörfern des Amtes Meinersen. Auch das Amtsgericht Meinersen (1852-1959) ist ausführlich beschrieben.

Alles in allem liegt hier ein Nachschlagewerk für Chronisten und Heimatkundler vor.

ISB N: 978-3-89821-957-0
ibidem, Stuttgart 2008, 150 S., 19,90 €

Matthias Blazek:
Haarmann und Grans – Der Fall, die Beteiligten und die Presseberichterstattung

Der Fall um Haarmann wurde zum aufsehenerregendsten Kriminalfall seiner Zeit. Die genaue Zahl seiner Opfer konnte nie ermittelt werden, da Haarmann im Größenwahn und, um den Ermittlern zu gefallen, auch Morde gestand, die er nie begangen hatte und andererseits aus Scham das Töten von Kindern immer abstritt.

Dieses Buch setzt neue Schwerpunkte. Hier steht weniger die Vorgeschichte im Vordergrund als die Ereignisse seit Haarmanns Festsetzung. Erstmals wird der komplette Presserummel um den „Werwolf von Hannover" ausgewertet. Bisher in der Literatur widersprüchlich dargestellte Informationen sind in diesem Buch auf Quellen basierend abgebildet.

Dem Journalisten Matthias Blazek, Jahrgang 1966, ist mit diesem Buch ein besonderes Werk gelungen, das das vorhandene Schrifttum über jenen homosexuellen Kaufmann aus Hannover, der Leid über viele Familien gebracht hat, sinnvoll ergänzt.

ISB N: 978-3-89821-967-9
ibidem, Stuttgart 2009, 152 S., 15,90 €

Matthias Blazek:
Carl Großmann und Friedrich Schumann –
Zwei Serienmörder in den zwanziger Jahren

Der Serienmörder ist ein Medienphänomen des 20. Jahrhunderts. Als Serienmörder werden Menschen bezeichnet, die mit zeitlichem Abstand drei oder mehr Menschen ermordet haben. Im Gegensatz zu den Massen- und Rausch-Mördern plant der Serienmörder seine Taten; es handelt sich meist nicht um Affekttaten.

Seit den zwanziger Jahren des 20. Jahrhunderts hat es in Deutschland zahlreiche Serienverbrechen gegeben. Friedrich Schumann (1893-1921) kann man als ersten Serienmörder der Neuzeit in Deutschland bezeichnen, Carl Großmann (1863-1922), ein sexueller Sadist wie aus dem Lehrbuch, wird als die Bestie vom Schlesischen Bahnhof bezeichnet.

Beide Fälle sind durch das vorliegende Buch erstmals ausführlich dargstellt. Unveröffentlichte Fotos sowie neue Erkenntnisse und Quellen werden angeführt und auch Randnotizen in den Vordergrund gestellt. Am Schluss erlaubt sich der Autor zudem eine kurze Darstellung der „Denke-Affäre“. Karl Denke ermordete zwischen 1903 und 1924 in Münsterberg/Schlesien mindestens 31 Menschen und entzog sich am 22. Dezember 1924 der irdischen Gerechtigkeit.

ISB N: 978-3-8382-0027-9
ibidem, Stuttgart 2009, 154 S., 15,90 €

ibidem-Verlag
Melchiorstr. 15
D-70439 Stuttgart
info@ibidem-verlag.de

www.ibidem-verlag.de
www.ibidem.eu
www.edition-noema.de
www.autorenbetreuung.de